# Der richtige Platz

Eva-Maria Müller Tschopp
Eric Tschopp

# Der richtige Platz

Wasseradern, Erdstrahlung
und Elektrosmog mit Rute und Pendel finden
und harmonisieren

AT Verlag

2. Auflage, 2001


AT Verlag, Aarau, Schweiz
Fotos: Eric Tschopp, Eva-Maria Müller Tschopp
Illustrationen: Orlando Vazau, Eric Tschopp,
Eva-Maria Müller Tschopp
Umschlagabbildung: Lienhard Hofmann, Zürich
Satz und Gestaltung: Adrian Pabst
Lithos: AZ Grafische Betriebe, Aarau
Druck und Bindearbeiten: Kösel, Kempten
Printed in Germany

ISBN 3-85502-603-3

# Inhaltsverzeichnis


8 **Vorwort und Dank**

9 **Wovon dieses Buch handelt**
9 Wer kann rutengehen und pendeln?
10 Wie «funktioniert» das Rutengehen?
10 Die geistige Einstellung
11 Zuverlässigkeit
11 Ziel des Buches

13 **Die Werkzeuge**
13 Winkelruten oder L-Ruten
13 *Herstellung der Ruten*
14 *Rutengriffe*
15 *Rutenausschlag*
16 *Vorzüge der Winkelruten*
16 Astgabel oder V-Rute
16 *Herstellung der Rute*
17 *Rutengriffe*
19 *Rutenausschlag*
19 *Vorzüge der V-Rute*
19 Einhandrute
19 *Herstellung der Rute*
19 *Rutengriff*
20 *Rutenausschlag*
20 *Vorzüge der Einhandrute*
20 Pendel
20 *Herstellung*
21 *Vorzüge des Pendels*
21 Blosser Körper
22 Fähnchen

23 **Wasser muten**
23 Was ist eine Wasserader?
24 Gedankliche Einstellung
25 Übung mit dem Gartenschlauch
26 Genauigkeit
28 Wenn es nicht funktioniert
29 Flussrichtung
31 Wasserlauf verfolgen
32 Kreuzungen von Wasserläufen
33 Wassertiefe
34 Wassermenge
35 Peilen
35 Voreingenommenheit
36 Checkliste Rutengehen

37 **Andere Erdenergien**
37 Verwerfungen, Brüche, Erz- oder Kristalladern
38 Höhlen und Hohlräume

39 **Auswirkungen von Wasseradern**
39 Auswirkungen auf Pflanzen
39 *Strahlenflieher*
42 *Strahlensucher*
43 Auswirkungen auf Tiere
43 *Strahlenflieher*
44 *Strahlensucher*
44 Auswirkungen auf Gebäude und Strassen
45 Auswirkungen auf den Vorrat
45 Auswirkungen auf den Menschen

47 **Pendeln**
47 Handhaben des Pendels
48 Polaritäten pendeln
49 Polaritäten von Steinen
52 Salzwasser pendeln
52 Spielkarte finden
53 Felder von Gegenständen
55 Pendeln mit Diagrammen
57 Fernpendeln
58 Checkliste Pendeln

59 **Einfache Anwendungsbeispiele**
59 Pflanzen platzieren
60 Aufladen an Bäumen
60 Schlafplatz
61 Rosenquarze platzieren
62 Schmuck und Edelsteine

**63 Fragetechnik**
63 Mehrere ähnliche Fragen stellen
65 «Gut» und «schlecht»

**67 Grenzen**
67 Was soll man pendeln und was nicht?
68 Entscheidungen
68 Alltägliches
68 Zukunft pendeln
69 Eigener Vorteil
70 Für andere pendeln

**71 Schutz**
72 Gebete
72 Meditation, geistige Bilder, Mentaltraining
73 Erden
74 Reinigung
74 Musik von Peter Hübner

**75 Grundlagen des Rutengehens**
75 Felder: Ausstrahlung von Gegenständen
76 Materielle Ansätze
77 *Kirlianfotografie*
79 *Biofeedback*
79 *Biophotonen*
80 Feinstoffliche Ebenen
82 *Alternative Heilmethoden*
84 Pulsierende und fliessende Kräfte: magnetisch und elektrisch
84 *Magnetische Kräfte*
86 *Elektrische Kräfte*
89 Weihwasser und Heilwasser
90 Harmonie, Krankheit und Gesundheit

**93 Erdgitter**
93 Entstehung der Erdgitter
94 Globalnetzgitter
94 *Lage des Globalgitters*
96 *Eigenschaften der einzelnen Linien*
97 *Flussrichtung von Erdlinien*
98 *Muten des Globalgitters*
100 *Stärke von Erdlinien*
101 *Die Bovisskala*
102 *Pulsationskraft*
102 *Wechselwirkungen von Erdlinien*
103 *Muten von Reflexen*
104 Diagonalgitter
105 Andere Erdgitter
105 Geomantische Zonen
106 *Muten von geomantischen Zonen*
107 *Wechselwirkungen von geomantischen Zonen*
108 Ley-Linien
108 *Muten von Ley-Linien*
109 *Eigenschaften von Ley-Linien*
110 *Wechselwirkungen von Ley-Linien*

**111 Wirkung von Erdgittern**
111 Wirkung auf Tiere und Pflanzen
113 Wirkung auf Menschen
114 *Fallbeispiele*
117 Geomantie
117 *Lage und Ausrichtung von Kirchen*
119 *Ausrichtung von anderen Gebäuden*
121 *Prähistorische Steinreihen und Monumente*

**127 Schwingungen von Gegenständen und Baumaterialien**
127 Materialschwingung
129 *Wasserbetten*
129 *Muten von Materialschwingungen*
130 Spiegel und Metallgegenstände
130 Formschwingung
131 *Muten von Formschwingung*
132 Farbschwingung
133 Symbole, Ornamente und geistiger Gehalt
133 *Labyrinthe*
135 *Kreuze*
136 *Runen*
136 *Embleme und Firmenlogos*
137 *Ornamente*
139 *Geistiger Gehalt*

139 *Religiöse Gegenstände und Sinnsprüche*
140 *Muten von Symbolen und Ornamenten*

**143 Elektrosmog**
143 Allgemeines zum Elektrosmog
145 Materielle Gesichtspunkte
146 Feinstoffliche Gesichtspunkte
147 *Feinstofflich «verschmutzte» Erdgitter*
150 Materielle Elektrosmogquellen ausserhalb des Hauses
150 *Hochspannungsleitungen*
151 *Eisenbahnlinien*
152 *Transformatoren*
152 *Sende- und Antennenanlagen für Radio, Fernsehen, Telefon und Polizeifunk*
153 *Radaranlagen und Sender für das D- oder E-Netz des Mobiltelefons*
153 *Satelliten*
154 *Röntgengeräte in Arztpraxen und Krankenhäusern*
154 Materielle Elektrosmogquellen innerhalb des Hauses
154 *Beleuchtung*
154 *Leuchtziffern*
155 *Elektrogeräte*
155 *Mobiltelefone und Funkrufempfänger (Pager)*
155 *Mikrowellenherde*
156 *Kabel in den Wänden und Sicherungskästen*
156 *Heizungen*
156 *Wasserleitungen*
156 *Netzfreischalter als einfache Möglichkeit zur Harmonisierung*
157 Feinstoffliche Störquellen von Elektrosmog
Muten von technischen Störungen

**161 Wirkung von Elektrosmog**
161 Wirkung auf Pflanzen
163 *Stresstriebe und chaotisches Wachstum*
165 *Gehemmtes Wachstum*
165 *Schädlingsbefall*
166 *«Stresskragen» und Klumpfuss*
168 *Wucherungen und aufgesprungene Rinde*
168 *Blattbüschel*
168 *Abbiegen von Baumspitzen*
168 *Verdorren*
170 *Missbildungen bei Blumen und Kulturpflanzen*
171 Wirkung auf Menschen
171 *Fallbeispiele mit Elektrosmog*
173 Wirkung auf Tiere
173 Wirkung auf Wasser

**175 Harmonisierungsmöglichkeiten**
177 Abschirmen oder Harmonisieren?
178 Prüfen einer Harmonisierungsmassnahme
179 Hausmittelchen und Naturprodukte
180 *Kork*
180 *Glühbirnen*
180 *Hohlgefässe*
181 *Spiegel oder Wasser unter dem Bett*
181 Kupfer
181 *Kupferdraht ums Bett*
182 *Kupfermatten*
182 *Entstörgeräte*
182 Sand und Steine
184 Symbolische Harmonisierungsmöglichkeiten
184 *Spirale*
185 *Doppelkreuz*
186 Pyramiden
187 Harmonisierung beim Bau eines Hauses
188 Harmonisiergeräte
189 Wasser
189 *Wasseraufbereitung*
190 *Wasserbelebung*

**193 Ausblick**

196 Literaturhinweise

# Vorwort und Dank

Das vorliegende Buch ist aus unserer jahrelangen Forschungstätigkeit und aus Dutzenden von Kursen und Seminaren entstanden, in denen wir unser Wissen an andere Menschen weitergegeben haben. Durch die Fragen, die uns am häufigsten gestellt wurden, haben wir gelernt, was Anfängern im Rutengehen und Pendeln am meisten Mühe bereitet. Dieses Wissen haben wir einfliessen lassen, und wir haben versucht, komplizierte Sachverhalte einfach darzustellen.

Da Rutengehen und Pendeln ein faszinierend vielseitiges Gebiet ist, wollen wir auf möglichst viele verschiedene Themen hinweisen. Es geht uns mehr darum, einen Überblick zu schaffen, als in alle Details zu gehen. Sinn und Zweck des Buches ist letztlich die Anregung zu eigener Forschung.

Wir möchten allen Wesen danken, welche uns in unserer Arbeit unterstützt und begleitet haben. Allen voran gebührt unser Dank unseren Pflanzen in Haus und Garten, welche durch unsere Experimente manches erleiden mussten. Sie wiesen uns durch ihre Beschwerden immer wieder auf verborgene Fehler hin.

Orlando Vazau erstellte mit grosser Sorgfalt die Skizzen und Zeichnungen dieses Buches, welche viel zu einem besseren Verständnis beitragen. Für seine stete Hilfsbereitschaft bedanken wir uns ganz herzlich.

Während all der Jahre verfolgte Jürgen Horn unsere Arbeit mit grossem Interesse und unterstützte uns mit seinen kritischen Einwendungen. Er war unser Gewährsmann bei allen technischen Fragen. Schliesslich half er uns mit Ausdauer beim Durcharbeiten des Manuskriptes und wies uns auf manche Mängel hin. Wir möchten ihm dafür herzlich danken.

Wir danken Frau Schmidhofer für ihre sorgfältige Lektoratsarbeit.

# Wovon dieses Buch handelt

Seit alters beschäftigen sich Menschen mit der Frage nach dem «guten Platz» für ein Haus oder eine Schlafstätte. Die ältesten Darstellungen von Rutengängern sind über viertausend Jahre alt und zeigen, wie jemand mit einem Stück Holz in der Hand die Gegend nach günstigen oder ungünstigen Energien untersucht. Heute ist allgemein bekannt, dass Wasseradern einen störenden Einfluss auf die Gesundheit ausüben können. Daneben gibt es aber noch sehr viele andere energetische Einflüsse, die sich förderlich oder schädlich auf uns auswirken. Erdstrahlen, unterirdische Erzvorkommen oder Hohlräume spielen dabei ebenso eine Rolle wie Gegenstände und technische Einrichtungen. Je mehr man sich damit beschäftigt, desto komplexer und interessanter erscheinen die Zusammenhänge. Alles hängt mit allem zusammen und beeinflusst sich gegenseitig.

Auf der anderen Seite steht die Naturwissenschaft, die dieses gesamte Wissen ignoriert und behauptet, es handle sich dabei lediglich um Aberglaube und Einbildung. Was nicht durch sie als Hüterin des «wahren» Wissens bewiesen ist, existiert in ihren Augen nicht. Alle Rutengänger werden pauschal als Scharlatane verunglimpft, und jeder Versuch, ungünstige Energien zu harmonisieren, wird als Geschäftemacherei abgetan. Mit schöner Regelmässigkeit bemühen sich die Medien, vor solch unseriösen Leuten zu warnen, ihre Geräte als nutzlos hinzustellen und sie rein nach deren Materialwert zu beurteilen. Da die Naturwissenschaft die Funktionsweise dieser Geräte nicht versteht, können sie in ihren Augen keinen Nutzen bringen.

Für den Laien ist es schwierig, sich ein eigenes Urteil zu bilden, solange er auf «Fachleute» angewiesen bleibt. Andererseits würde sich ein Wissen nicht über so lange Zeit erhalten, wenn alles nur Unsinn wäre.

Wir möchten Ihnen durch dieses Buch zeigen, wie Sie selbst zu Fachleuten werden. Wenn Sie lernen, mit Rute und Pendel zuverlässig zu arbeiten, können Sie sich Ihr eigenes Urteil bilden. Sie lassen sich in Ihrem Forscherdrang nicht durch scheinbar gelehrte Professoren bremsen, sondern finden selbst neue und aussagekräftige Ergebnisse.

Wir möchten Sie anleiten, die Welt mit anderen Augen zu sehen, indem wir Ihnen mit vielen Bildern zeigen, wie sich unterschiedliche energetische Einflüsse natürlicher oder technischer Art auf die Gesundheit von Pflanzen auswirken können. Mit der Zeit werden Sie viele Energien am Pflanzenwuchs erkennen können, ohne dass Sie dazu eine Rute zur Hand zu nehmen brauchen. Ihr Weltbild wird sich dadurch allmählich wandeln.

## Wer kann rutengehen und pendeln?

Mit Ruten und Pendeln verhält es sich wie mit einem Blindenstock. Es sind Werkzeuge, die uns helfen, uns in einer Welt zurechtzufinden, die sich unseren normalen Sinnen verbirgt. Wenn sich ein blinder Mitmensch mit seinem Stock durch die Strasse tastet, ist es für uns Sehende beeindrucken und erstaunlich, mit welcher Behendigkeit er sich durch die Welt bewegt, ohne sich zu verirren oder zu stolpern. Freilich wird sich nicht jeder dieses Hilfsmittels mit gleicher Leichtigkeit bedienen. Mancher traut sich vielleicht nie auf neue, unbekannte Wege, während andere alleine in ferne Länder reisen.

Genauso kann jeder Mensch lernen, mit Hilfe von Rute und Pendel Energien zu spüren und zu interpretieren. Damit muss man sich in die energetischen Strukturen vortasten und die Orientierung darin sorgfältig lernen. Durch intensives Beobachten und Üben lässt sich eine Virtuosität erreichen, die ungeschulten Menschen «übersinnlich» erscheinen muss.

Nicht jeder besitzt dieselben Talente. Dies gilt auch

für das Rutengehen und Pendeln. Es gehört mit zur Schulung in dieser Kunst herauszufinden, wo die eigenen Stärken und Schwächen liegen. So mag sich jemand auf die Suche nach Vermissten spezialisieren, während andere mehr für Schlafplatzuntersuchungen begabt sind oder sich in Geomantie vertiefen. Kaum jemand ist in allen Bereichen der Radiästhesie gleich gut und zuverlässig.

Um das Rutengehen zu erlernen, braucht es als einzige Voraussetzung den Wunsch und Willen, dies zu tun. Er wird Ihnen die nötige Ausdauer zum Üben verleihen und die Geduld, aus anfänglichen, unausweichlichen Fehlern zu lernen. Um präzise Ergebnisse zu erzielen, ist es unumgänglich, sich immer wieder selbst zu überprüfen und den Antworten gegenüber kritisch zu bleiben, ohne sich allerdings durch zu viele Zweifel selbst zu blockieren.

Rutengehen und Pendeln erfordert eine gute Konzentrationsfähigkeit. Ausserdem ist es hilfreich, wenn Sie Übung darin haben, sich zu entspannen, denn in entspanntem Zustand fällt es Ihnen wesentlich leichter, die ungewohnten Energien durch Ihren Körper fliessen zu lassen, um den Rutenausschlag zu ermöglichen.

## Wie «funktioniert» das Rutengehen?

Die Rute oder das Pendel sind einzig und allein Werkzeuge oder Hilfsmittel. Es ist vollkommen unwichtig, aus welchem Material sie beschaffen sind oder welche Form sie haben. Sie tragen keinerlei «magische Kräfte» in sich. Würde man eine komplizierte Vorrichtung aufbauen, bei der eine Rute an Drähten mechanisch über das Gelände geführt wird, so bliebe sie ohne jeden Ausschlag. Die wesentlichen Elemente beim Rutengehen sind der Körper und das menschliche Bewusstsein. Sie reagieren auf kleinste Feldveränderungen, auch wenn diese mit einem technischen Messgerät nicht wahrnehmbar sind. Der menschliche Körper ist das sensibelste und beste Messgerät, welches es auf Erden gibt. Rutengehen ist immer abhängig von der ausführenden Person. Da jede Person auf die unterschiedlichen Energiearten verschieden empfindlich reagiert, kann es auch keine allgemein gültigen Aussagen über deren Schädlichkeit geben. Keine Energie ist einfach «nützlich» oder «schädlich». Diese Beurteilung ist immer abhängig von dem Wesen, das mit ihr konfrontiert ist. Was für den einen gut, ist für den anderen schlecht. Was der Katze zum Beispiel besonders gut bekommt, kann dem Menschen Rheuma verursachen. Was Kartoffeln im Wachstum hemmt, lässt Bohnen wuchern.

Die Beurteilung muss also relativ sein. Nicht jeder Mensch reagiert gleich sensibel auf verschiedene Einflüsse. Manch einer verspürt nichts, erfreut sich seiner dicken Haut, wo andere längst krank werden. Mit Rute und Pendel kann jeder Mensch individuell die für ihn schädlichen oder förderlichen Energien aufspüren lernen.

## Die geistige Einstellung

Vergleicht man das Rutengehen mit einem technischen Messgerät, entspricht der menschliche Körper dem eigentlichen Gerät. Die Rute oder das Pendel dienen dabei mit ihrem Ausschlag lediglich als Zeiger. Die Hauptarbeit wird vom Bewusstsein geleistet: Der Rutengänger muss sich mental immer wieder neu auf die Schwingung einstellen, die er aufspüren möchte. Dieser Vorgang ist ähnlich wie das Auswählen eines Programms bei Rundfunk oder Fernsehen. Mann kann die Schwingungen, die aufgespürt werden sollen, mit den verschiedenen Frequenzen vergleichen, auf denen die Programme gesendet werden. Es ist äusserst wichtig, sich vor jedem Suchvorgang mit der Rute immer wieder neu auf die richtige Schwingung einzustimmen.

Anschliessend gibt das Bewusstsein der Rute den Befehl, wie sie auf die Feldveränderung zu reagieren hat. Je nach Art des Werkzeugs, das Sie benützen, muss der Befehl anders lauten: Die Rute soll sich senken, sich kreuzen oder sonst ein Ja-Zeichen zeigen.

## Zuverlässigkeit

Um beim Rutengehen zuverlässige Ergebnisse zu erhalten, ist es unumgänglich, dass Sie sich immer wieder selbst kontrollieren. Suchen Sie sich Aufgaben, bei denen Sie Ihre Resultate leicht überprüfen können. Selbstkontrolle und Selbstdisziplin sind unbedingt nötig, um ein guter Rutengänger oder eine gute Rutengängerin zu werden. Es braucht ausserdem ein gewisses Mass an Geduld und Ausdauer, damit Sie durch unausweichliche anfängliche Fehler nicht entmutigt werden. Rutengehen ist eine Kunst, die geübt sein will. Erlauben Sie sich Fehler und erwarten Sie nicht von Anfang an, in allem perfekt zu sein.

Nehmen Sie Fehlschläge zum Anlass, um daraus zu lernen. Versuchen Sie jedes Mal herauszufinden, weshalb Ihnen ein Fehler unterlaufen ist. Auf diese Weise werden Sie erkennen, dass die scheinbaren Fehler Ihre besten Lehrmeister sind, die Sie schliesslich schnell zum Erfolg führen.

## Ziel des Buches

Das Ziel des Buches besteht darin, dass Sie selbst mit der Rute oder dem Pendel praktisch arbeiten können. Wir zeigen Ihnen zu Beginn, wie Sie selbst verschiedene Ruten und Pendel herstellen können, um damit gleich zu üben. Es ist nicht nötig, dass Sie das Buch zuerst ganz durchlesen, wichtiger ist, dass Sie die vorgeschlagenen Übungen ausprobieren. Anhand der Wassersuche erklären wir ausführlich, wie die verschiedenen Werkzeuge verwendet werden. Wir geben Ihnen eine Menge Anregungen für Anwendungsmöglichkeiten von Rute und Pendel im Alltag, die Sie ausprobieren können, bevor wir tiefer in die Geheimnisse der Radiästhesie eindringen. Das Buch soll Sie langsam in immer komplexere Zusammenhänge führen.

Dieses Buch richtet sich einerseits an Menschen, die das Rutengehen selbst ausprobieren möchten. In einem auf die Praxis bezogenen ersten Teil zeigt es vielseitigste Anwendungsbereiche im Alltag. Es geht dabei nicht nur um den gesunden Schlafplatz. Oftmals hilft die Rute oder das Pendel aus einer überreichen Auswahl das für Sie Richtige auszusuchen und bietet dadurch eine Orientierungshilfe in unserer komplizierten Zeit. Andererseits richtet sich das Buch an Leserinnen und Leser, die mehr über energetische Zusammenhänge erfahren möchten. In einem zweiten Teil werden daher die theoretischen Grundlagen und weitere Zusammenhänge erläutert.

Die Problematik von künstlich erzeugten Feldern, dem sogenannten Elektrosmog, besprechen wir erst ganz zum Schluss. Die technischen Felder beeinflussen die natürlichen und stören dadurch den harmonischen Aufbau der Natur. Es geht in diesem Buch weniger um den technischen Anteil des Elektrosmogs, sondern um die Wechselwirkungen von künstlichen und natürlichen Feldern. Darüber gibt es bis jetzt fast keine Informationen. Wir legen hier erstmals die Ergebnisse unserer langjährigen Forschung auf diesem Gebiet dar. Unsere Erfahrungen zeigen uns, dass genau in diesem Bereich die Herausforderung für die Radiästhesie in unserer Zeit steckt. Es liegt im Wesen der Sache, dass sich unsere Ausführungen nicht überall mit den Erkenntnissen der Naturwissenschaft decken. Es soll nicht darum gehen, die beiden Weltbilder gegeneinander auszuspielen, sondern eine Brücke zu schlagen, um durch

eine Zusammenarbeit von verschiedenen Fachrichtungen Lösungen für die anstehenden gravierenden Umweltprobleme zu finden.
In diesem Sinne richtet sich dieses Buch in besonderem Masse an Menschen, die in Ökologie und Umweltschutz tätig sind. Es zeigt, dass viele Probleme nicht gelöst werden können, wenn wir sie von einer rein chemischen oder physikalischen Seite betrachten. Unsere Erkenntnisse fügen dieser eine feinstoffliche Sichtweise hinzu. Dazu müssen wir viele verschiedene Fachgebiete und Themen anschneiden. Es kann dabei nicht darum gehen, überall in alle Details zu gehen und möglichst umfassend zu sein. Vielmehr möchten wir von all diesen Gebieten nur immer so viel ausführen, wie für das weitere Verständnis nötig ist, und wir wollen nur die Sachverhalte hervorheben, welche für unsere Arbeit wichtig sind. Das Schwergewicht unserer Ausführungen liegt im ganzen Buch auf unseren persönlichen Forschungen und Erfahrungen. Wir ziehen es vor, einzelne Beispiele auszuführen, mit deren Hilfe Sie selbst weitere Entdeckungen machen können. Detailliertere Informationen können Sie den am Ende des Buches aufgeführten Werken entnehmen.
Ganz zum Schluss zeigen wir Ihnen, wie Sie mit einfachen Mitteln Ihre Umgebung positiv verändern können. Leider gibt es nicht für alle Probleme eine simple Lösung. Aber oft sind es bloss Kleinigkeiten, die uns das Leben schwer oder eben leichter machen können. Wir bemühen uns, Ihnen eine Menge Tips und Ideen mit auf den Weg zu geben, die Sie anregen sollen, selbst neue Mittel und Lösungen zu entdecken. Durch dieses Buch möchten wir einen Beitrag dazu leisten, dass Sie Ihr Leben intensiver erfahren und neuen Dingen nachspüren. Wir wünschen Ihnen viel Spass beim Ausprobieren.

# Die Werkzeuge

Es gibt fast ebenso viele verschiedene Ruten und Pendel, wie es Rutengänger gibt. Jeder, der sich mit dem Auffinden von verschiedenen Energiearten beschäftigt, hat seine ganz persönliche Vorliebe für ein bestimmtes Werkzeug. Blättert man in alten Werken zum Thema, findet man die unterschiedlichsten Hilfsmittel wie Astgabeln, Stöcke, Scheren, Schlüssel oder Messer, ja sogar Bockwürste oder Tabakspfeifen, die mit viel Geschick balanciert wurden. Fielen diese Geräte aus ihrer ursprünglichen Stellung, wies dies auf einen unterirdischen Wasserlauf oder auf Erzvorkommen hin. Nur schon diese Auswahl an wunderlichen Gerätschaften zeigt, dass das Material der Rute nebensächlich ist. Sie kann aus Holz, Metall oder Kunststoff sein. Auch die Form spielt keine Rolle. Wichtig ist einzig und allein, dass sie Ihnen gut in der Hand liegt und Sie damit zuverlässige Ergebnisse erzielen.
Wir möchten Ihnen verschiedene Arten von Ruten und Pendeln vorstellen, die leicht zu handhaben sind, und Ihnen zeigen, wie Sie solche Werkzeuge selbst auf einfache Weise herstellen können. Wir beschränken uns dabei auf Rutenformen, die sich in unserer Praxis bewährt haben. Es gäbe noch viele andere Arten von Ruten. Wir haben mit verschiedenen Formen experimentiert und finden, dass die vorgestellten am einfachsten zu benützen sind. Auch haben sie sich in unseren Anfängerkursen stets bewährt. Das benötigte Material können Sie in jedem Eisenwarengeschäft oder in der Bastelabteilung von Supermärkten für wenig Geld erstehen. Der Erwerb teurer und aufwendiger Gerätschaften bietet keine Garantie für bessere Ergebnisse. Wichtig für Ihren Erfolg ist, dass Sie ein Werkzeug finden, mit dem Sie gut und gern arbeiten. Wir möchten Sie ermuntern, verschiedene Rutenformen auszuprobieren und spielerisch Ihr Lieblingsgerät zu entdecken.
Die angegebenen Masse dürfen abgeändert werden. Sie haben sich jedoch in unseren Kursen bewährt und vielen Anfängern zu schnellen Fortschritten verholfen. Vielleicht mögen Sie es jedoch ein bisschen deftiger oder feiner. Achten Sie darauf, dass das Werkzeug zu Ihnen passt. Sollten Sie sehr grosse Hände haben, empfiehlt es sich, alle Dimensionen entsprechend anzupassen.

## Winkelruten oder L-Ruten

### Herstellung der Ruten

Mit Winkelruten haben die meisten Anfänger am schnellsten Erfolg. Sie sind ebenso leicht herzustellen wie anzuwenden. Versuchen Sie zu Beginn Ihr Glück damit.
Sie können Winkelruten aus jedem massiveren Stück Draht herstellen. Am besten eignet sich Schweissdraht oder Messingdraht von ungefähr 2 mm Dicke. Er ist sehr stabil, gerade und dennoch so sensibel, dass Sie, ohne viel Energie aufzuwenden, damit gute Ergebnisse erzielen. Sie können auch zwei alte Kleiderbügel aus verzinktem Draht aufschneiden und in die gewünschte Form biegen. Weniger gut eignen sich Metalle, die sehr weich sind oder die leicht oxidieren, wie z. B. Kupfer oder Eisen.

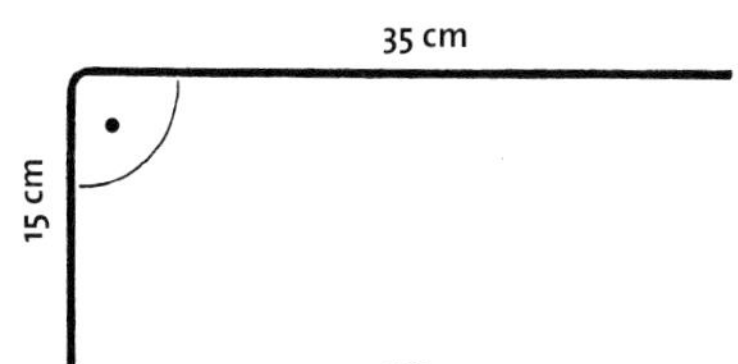


**Die Winkelruten werden aus einem vernickelten Schweissdraht hergestellt, der in einem rechten Winkel gebogen wird.**

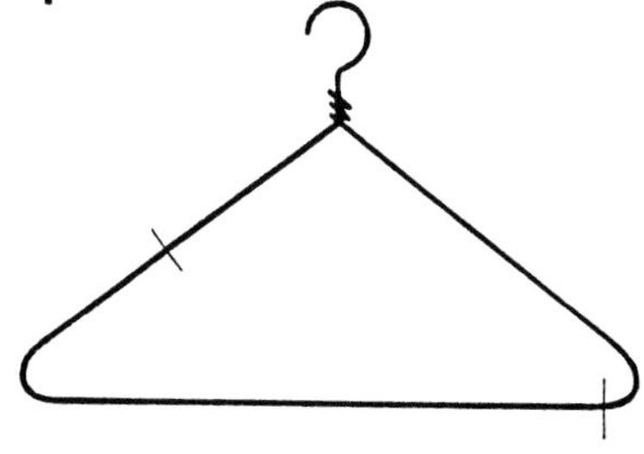

**Die Winkelrute lässt sich auch aus einem Kleiderbügel formen.**

Sie brauchen zwei Metalldrähte von 50 cm Länge. Biegen Sie bei jedem ein Stück von 15 cm im Winkel von 90° ab, so dass das längere Ende 35 cm misst. Diese Länge hat sich in der Praxis bewährt. Je länger die Stäbe sind, desto unhandlicher sind sie. Probieren Sie aus, welche Länge Ihnen am besten liegt. Feilen Sie die Enden ein wenig, um sich daran nicht zu verletzen. Schweissdraht lassen wir vernickeln, damit er nicht rostet. Ausserdem gleitet die polierte Oberfläche leichter zwischen den Fingern.

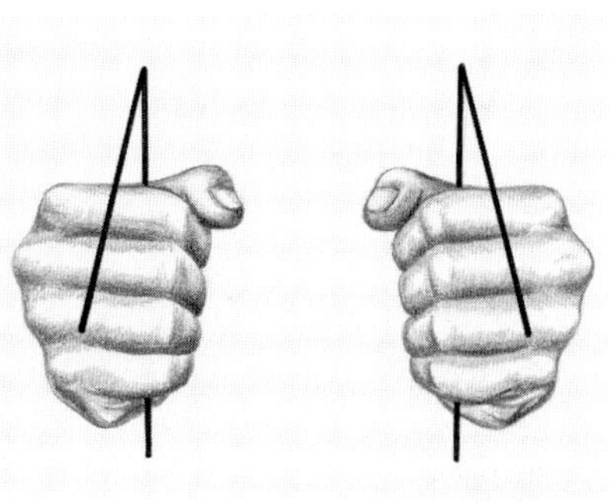

**Die Hände werden locker zu Fäusten geschlossen. Die Ruten sollten wie in einer Röhre in den Händen liegen und frei beweglich bleiben.**

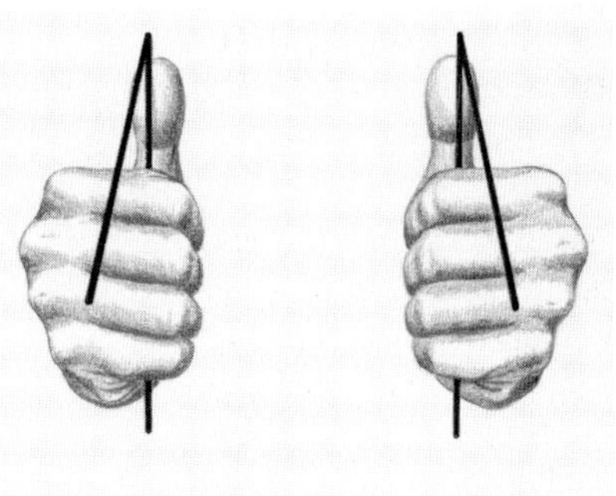

**Man kann auch mit dem Daumen einen leichten Druck gegen den Griff ausüben, um die Ruten zu stabilisieren. Achtung: Die Ruten dürfen in der Bewegung nicht blockiert werden.**

### Rutengriffe

So verschieden die Ruten sind, so verschieden kann man sie auch handhaben. Versuchen Sie spielerisch herauszufinden, wie Ihnen die Rute am besten in der Hand liegt. Meistens ist nur eine ungeschickte oder verkrampfte Haltung die Ursache dafür, dass kein Ausschlag zustande kommt. Es lohnt sich daher, viel auszuprobieren und nicht beim ersten Versuch abzubrechen. Achten Sie unbedingt darauf, dass Sie Ihre Schultern und Oberarme nicht verkrampfen. Lassen Sie Ihre Arme zwischendurch immer wieder lose hängen. Suchen Sie so lange nach dem passenden Rutengriff, bis Sie die Rute in einer entspannten, bequemen Haltung benützen können.

Das kürzere Teil der Winkelruten dient als Griff. Wenn Sie es in Ihren Fäusten halten, weisen die längeren Enden parallel von Ihnen weg. Die Oberarme hängen dabei locker herunter, während die Unterarme ungefähr um 90° angewinkelt werden. Es sollte etwa so aussehen, wie wenn Sie zwei Colts im Anschlag hätten. Umschliessen Sie die Griffe, indem Ihre Finger eine Art Röhre formen, in der sich die Stäbe frei drehen können. Sie dürfen jedoch nicht zu

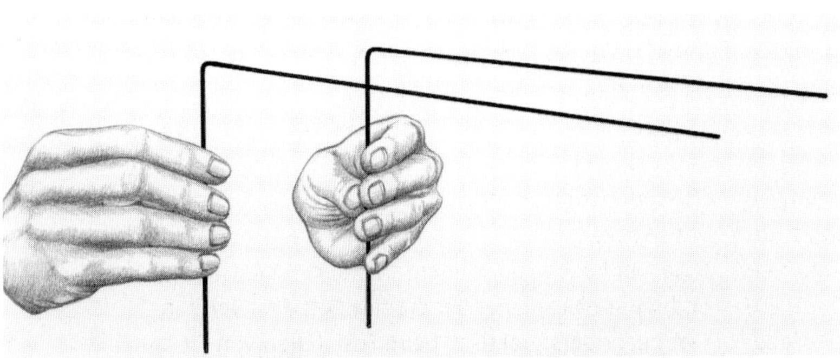

**Bei diesem sehr zarten Griff werden die Ruten nur mit den Fingerspitzen gehalten.**

lose sein, damit die beiden Ruten sich nicht unkontrolliert herumdrehen. Wenn Sie ein paar Schritte gehen, sollten die Stäbe ihre Lage beibehalten. Die Kunst besteht darin, dass die Ruten in ihrer Ausgangslage verharren und trotzdem frei beweglich bleiben. Sie können durch Drehen und Abwinkeln Ihrer Handgelenke die Lage der Stäbe in Ihren Händen stabilisieren. Je mehr Sie die Hände neigen, desto mehr schwanken die Ruten von alleine. Biegen Sie Ihre Handgelenke in verschiedene Richtungen und beobachten Sie, wie die Stäbe darauf reagieren. Suchen sie eine Stellung, in der die Stäbe in einem labilen Gleichgewicht verharren. Üben Sie diese Ausgangsposition, bis Sie ein sicheres Gefühl dafür entwickeln, dass Sie die Ruten unter Ihrer Kontrolle haben, ohne sie in ihrer Bewegung zu behindern.
Um diese Haltung zu üben, können Sie zwei zylindrische Halterungen herstellen, in welche Sie die zwei kurzen Enden stecken. Es eignen sich dazu dünne Plastikröhrchen von höchstens 0,5 cm Innendurchmesser, alte Garnrollen oder Holzröhrchen, in denen die Stäbe frei beweglich bleiben. Auf diese Weise lassen sich die Ruten nicht mehr mit den Fingern kontrollieren. Sie müssen die Haltung der Handgelenke verändern, um sie in ihrer Lage zu halten. Üben Sie mit diesen Griffen so lange, bis Sie den Dreh heraus haben, und versuchen Sie es anschliessend ohne Röhrchen.
Wenn Sie Mühe haben, die Ruten in diesem labilen Gleichgewicht zu halten, drücken Sie mit Ihrem Daumen leicht gegen den Griff der Ruten, damit sie nicht mehr aus ihrer Lage kippen können. Achten Sie jedoch darauf, nicht so fest zu drücken, dass die Ruten gänzlich behindert sind.
Einen noch sensibleren Griff erreichen Sie, wenn Sie die Ruten nur mit den Fingerspitzen halten. Erhöhen Sie dazu den Druck zwischen dem Daumen und den restlichen vier Fingern leicht, damit sich die Ruten nicht unkontrolliert bewegen. Auch dabei

**Ein Kreuzen der Ruten bedeutet Ja.**

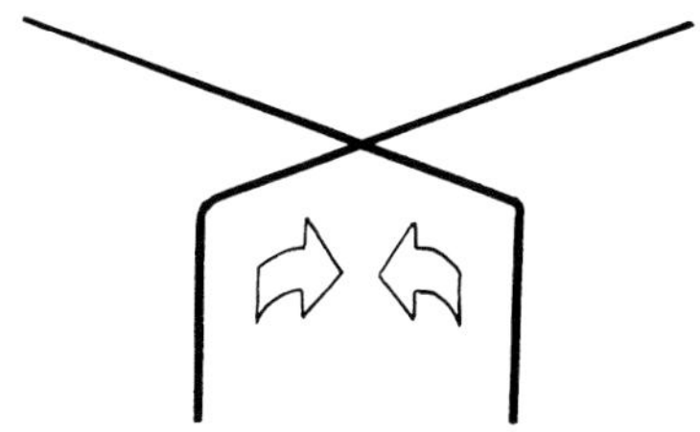

**Ein Auseinanderstreben der Ruten bedeutet Nein.**

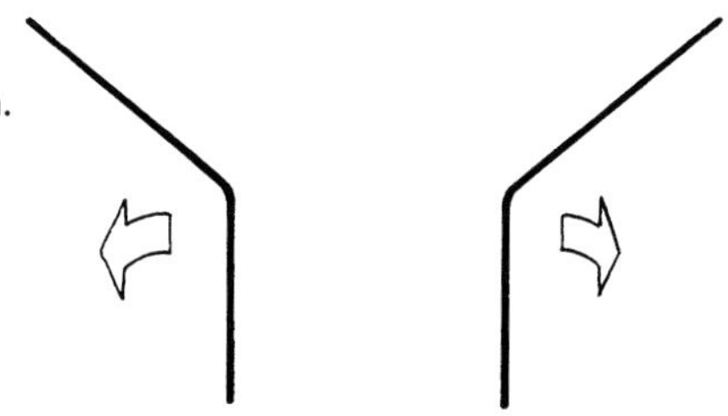

müssen Sie darauf achten, dass die Ruten zwar fest in der Hand sitzen, aber in ihrer Bewegung nicht blockiert werden. Dieser Griff erfordert am wenigsten persönliche Energie. Die Ruten werden jedoch von aussen leichter beeinflussbar, zum Beispiel durch Wind oder unebenes Gelände.

### Rutenausschlag

In der Ausgangsstellung der Winkelruten zeigen die beiden Stäbe parallel von Ihnen weg. Halten Sie die Hände ungefähr 20 cm voneinander entfernt. Achten Sie darauf, dass Ihre Schultern und Oberarme entspannt bleiben und sich die Ruten nicht von alleine bewegen. Winkelruten reagieren durch Kreuzen der beiden Stäbe. Wenn Sie in regelmässigen Abständen Streifen aus farbigem Klebeband darauf anbringen, erhalten Sie eine Art Skala für die Heftigkeit des Rutenausschlags, die Ihnen zu unterscheiden hilft, ob sich die Ruten nur zögernd ein bisschen kreuzen oder ob sie den vollen Ausschlag angeben.
Die beiden Stäbe können sich auch nach aussen oder parallel zueinander drehen. Diese Anwendung ist besonders praktisch beim Feststellen von Fluss-

richtungen oder beim Peilen. Wir werden dies weiter hinten (Seite 34) noch genauer ausführen.
Bei jeder Rute lassen sich wie bei einem Pendel bejahende oder verneinende Zeichen festlegen. Bei den Winkelruten bedeutet ein Kreuzen Ja, positiv oder förderlich, während ein Auseinanderstreben Nein, negativ oder schädlich anzeigt.

### Vorzüge der Winkelruten

Winkelruten sind sensible Ruten, mit denen die meisten Menschen sofort Erfolg haben. Sie lassen sich sowohl im Freien wie in Räumen gut anwenden. Hervorragend eignen sie sich, um Flussrichtungen festzustellen oder um zu peilen. Durch ihre Form zeigen sie alle Richtungen besonders einfach an. Wir verwenden diese Ruten oft, um Polaritäten festzustellen. Sehr gut eignen sie sich auch als Ersatz für das Pendel, wenn Sie ein etwas «handfesteres» Werkzeug bevorzugen. Bei windigem Wetter oder in unebenem Gelände besteht die Gefahr, dass die Ruten durch diese äusseren Einflüsse bewegt werden.

## Astgabel oder V-Rute

### Herstellung der Rute

Schneiden Sie von einem Haselstrauch, einer Weide, einer Erle oder einem anderen Strauch mit biegsamen Ästen eine Astgabel ab. Achten Sie darauf, dass die beiden Zweige gleich dick sind, einen Durchmesser von ungefähr 8 mm haben und dass die Astgabel möglichst symmetrisch gewachsen ist. Je grösser der Durchmesser der Äste, umso schwerfälliger ist Ihr Werkzeug. Sind die Zweige zu dünn, brechen sie leicht. Lassen Sie die Rinde an den Zweigen. Die Rute dreht sich leichter in Ihren Händen und ist besser vor dem Austrocknen geschützt.

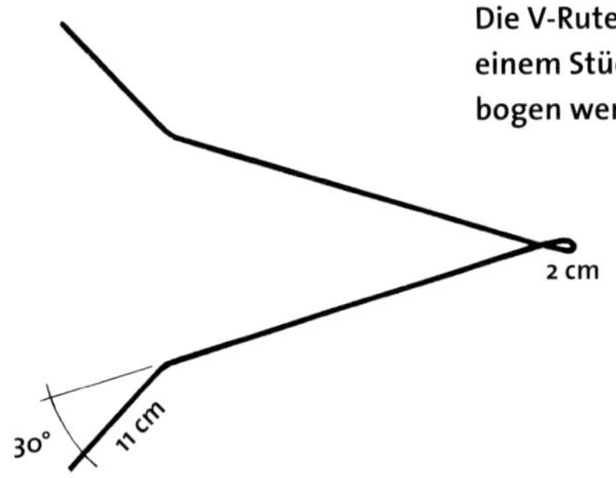


**Die V-Rute kann aus einem Stück Draht gebogen werden.**

Sie werden bemerken, dass die Haselrute nach ein paar Tagen dürr wird und bei Ihren Übungen leicht bricht. Sie müssen daher immer wieder neue Zweige abschneiden. Aus diesem Grund arbeiten wir mit Metall- oder Kunststoffruten. Wir verwenden Schweissdraht von 2 mm Durchmesser. Sie brauchen ein Stück von etwa 85 cm Länge. Biegen Sie es in der Hälfte so, dass eine kleine Schlaufe von 2 cm Länge entsteht. An beiden Enden winkeln Sie ein Stück von 11 cm Länge um 30° nach aussen ab, um einen Griff zu formen. Achten Sie darauf, dass die so entstandenen Griffe auf einer Ebene liegen. Feilen Sie die Enden ein wenig ab, um sich daran nicht zu verletzen. Damit die Rute rostfrei bleibt, lassen wir sie vernickeln.
Sie können sich auch aus weichem, biegsamem Kunststoffdraht von 1 m Länge und 5 mm Dicke eine V-Rute herstellen. Sie brauchen den Kunststoff nur mit einem Haarfön zu erwärmen und können ihn dann zu einer Schlaufe von ungefähr 5 cm Durchmesser biegen. Kunststoff ist so weich, dass diese Rute keine abgeknickten Griffe braucht.
Wenn Sie zwei gerade, aber biegsame Stäbe finden, können Sie diese auch an einem Ende etwa 5 cm lang mit stabilem Klebeband miteinander verbinden. Ziehen Sie die beiden freien Enden anschliessend auseinander, so erhalten Sie eine sehr sensible V-Rute.

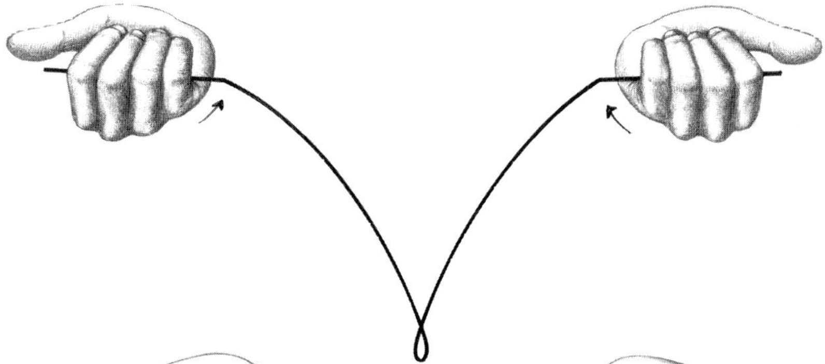

**Beim Untergriff zeigen die Handrücken nach unten und die Daumen nach aussen. Aus dem Handgelenk leicht zur Mitte hin drücken, damit die nötige Spannung erzeugt wird.**

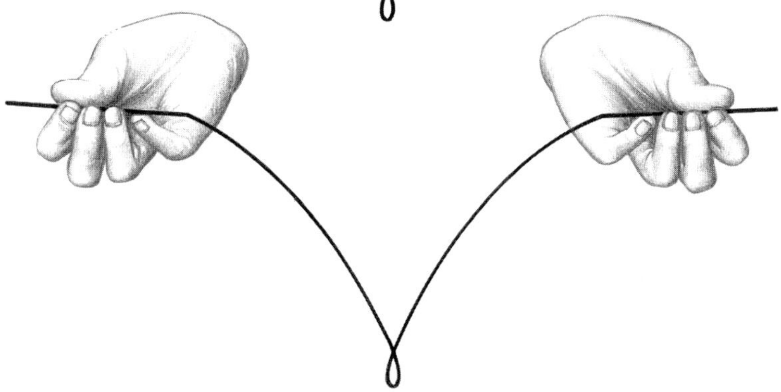

**Pfötchengriff: Auch die V-Rute kann man nur mit den Fingerspitzen halten.**

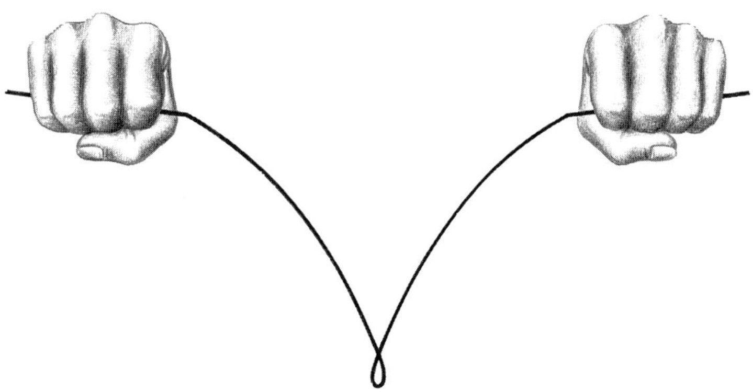

**Beim Obergriff zeigen die Handrücken nach oben.**

## Rutengriffe

Auch die V-Rute lässt sich sehr unterschiedlich in die Hand nehmen. Je nach Art Ihres Werkzeugs eignet sich der eine oder andere Griff besser. Probieren Sie es zuerst mit einer Metall- oder Kunststoffrute; diese reagieren leichter. Sie sind so fein, dass die Arbeit mit ihnen wenig persönliche Kraft erfordert. Astgabeln sind schwerfälliger und für Anfänger eher schwieriger zu handhaben.

Führen Sie die Bewegung, welche die Rute später unwillkürlich ausführen sollte, einige Male durch bewusstes Drehen der Finger und Muskeln aus, damit Sie ein Gespür dafür bekommen. Dadurch merken Sie, wenn Sie selbst die Rute durch eine ungeschickte Haltung am Ausschlagen hindern. Achten Sie darauf, dass Ihre Schultern und Oberarme entspannt bleiben, und lockern Sie diese zwischendurch immer wieder.

Der sogenannte Untergriff ist die gebräuchlichste Haltung bei Verwendung einer Astgabel oder V-Rute. Lassen Sie Ihre Oberarme locker hängen und winkeln Sie die Unterarme ungefähr um 90° an. Halten Sie Ihre Hände mit dem Handrücken nach unten, während die beiden Daumen nach aussen weisen. Nun umschliessen Sie die Griffe der Rute mit den restlichen vier Fingern, indem die Rute waagrecht von Ihnen weg zeigt. Dabei liegt der kleine Finger dort, wo die Rute abgewinkelt ist, um einen natürlichen Halt zu finden. Ziehen Sie die Rute ein wenig auseinander, so dass sie in einem labilen Gleichgewicht in der Waagrechten verharrt. Die Rute muss leicht gespannt sein. Wenn Sie so lange an ihr ziehen, bis die Spannung zu gross wird und sich die Rute aus ihrer ursprünglichen Lage wegdreht, spüren Sie die wirkenden Kräfte am besten. Oft wird sie Ihnen dabei sogar aus der Hand springen. Ziehen Sie bei einem weiteren Versuch nur noch so leicht, dass zwar eine Spannung entsteht, Sie die Rute jedoch unter Kontrolle behalten.

Sie können dieses labile Gleichgewicht auch dadurch erreichen, dass Sie aus den Handgelenken heraus Ihre Finger leicht zur Mitte hin drücken. Je mehr Sie drücken, umso mehr erhöht sich die Spannung, bis sich die Rute unter dem Druck von alleine aus ihrer Lage bewegt. Probieren Sie dies aus, damit Sie ein Gefühl für die notwendige Spannung gewinnen. Die Rute muss so gespannt sein, dass sie bei einem leichten Antippen der Schlaufe durch eine andere Person sofort aus ihrer Lage springt. Es erfordert keine Kraft, diese Spannung zu erzielen. Es ist lediglich ein leichter Druck, den Sie gegen das Metall ausüben müssen. Achten Sie immer wieder auf eine entspannte Haltung Ihrer Schultern und Arme.

Anstatt die Rute mit allen vier Fingern zu halten, können Sie die Griffe auch zwischen Mittel- und Ringfinger führen, wodurch sie leichter in der Hand liegt. Diese Haltung empfiehlt sich besonders bei sehr grossen Händen. Achten Sie darauf, dass Sie das Metall nicht zu sehr festklemmen; Sie würden die Rute dadurch in ihrer Bewegung blockieren.

Oder halten Sie die Rute nur mit einer Hand fest, während der andere Griff lose zwischen Daumen und Zeigefinger der anderen Hand aufliegt. Diese Haltung verhindert, dass Sie sich verkrampfen und dadurch die Rute am Ausschlag behindern. Sie erfordert jedoch etwas mehr Geschick.

Mit dem sogenannten Pfötchengriff halten Sie die Rute wie oben beschrieben, jedoch nur mit den Fingerspitzen. Die Rutengriffe drehen sich bei diesem Griff zwischen dem Daumen und den Fingern über die Fingerkuppen. Den notwendigen Druck erzeugen Sie durch die Handstellung. Drücken Sie die beiden Griffe gegen die Mitte der Rute, bis diese aus ihrer Ausgangslage springt. Wiederholen Sie dies, erhöhen Sie den Druck, aber nur so weit, dass Sie die Rute unter Kontrolle behalten können. Wenn Sie diese Handbewegungen etwas üben, werden Sie bald ein sicheres Gefühl für den Umgang mit der Rute entwickeln. Dies ist ein sehr sensibler Griff, der wenig Kraft, dafür etwas mehr Geschicklichkeit erfordert.

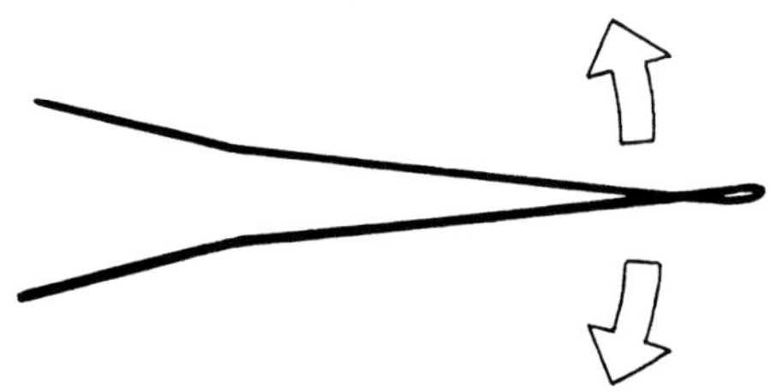

**Der Ausschlag der V-Rute erfolgt aufwärts und abwärts.**

Beim sogenannten Obergriff drehen Sie die Hände um. Ihre Handrücken zeigen nach oben, während sich die Finger nach unten schliessen. Wiederum erzeugen Sie die nötige Spannung, indem Sie die Handgelenke leicht drehen und abwinkeln. Diesmal müssen Sie mit den Zeigefingern in die Kerbe fassen und die Handaussenseite zur Mitte hin drücken. Versuchen Sie es wieder so lange, bis die Rute aus ihrer Ausgangsstellung springt, und wiederholen Sie die Bewegung anschliessend so, dass Sie die Rute unter Kontrolle behalten. Achten Sie auf Ihre entspannten Schultern und Arme.

### Rutenausschlag

Die V-Rute ist eine Horizontalrute. In ihrer Ausgangsstellung zeigt sie waagrecht von Ihnen weg. Der Ausschlag erfolgt in der Regel nach unten. Dies aus dem einfachen und praktischen Grund, dass Ihnen die Rute nicht gegen die Nase schlägt, wenn sie reagiert.
Bei der V-Rute bedeutet ein Ausschlag nach unten Ja, gut, positiv, förderlich, ein Ausschlag nach oben heisst hingegen Nein, schlecht, negativ, schädlich.

### Vorzüge der V-Rute

V-Ruten eignen sich gleichermassen für die Arbeit im Gelände wie in Räumen. Sie lassen sich fest in der Hand halten, auch wenn Sie über unebenen Boden schreiten. Die V-Rute ist wohl das «bodenständigste» Werkzeug, das nur schwer durch äussere Einflüsse aus der Lage gebracht wird. Wir setzen sie überall dort ein, wo es um «handfeste», schnelle oder eher grobe Arbeit geht. Ihre Haltung erfordert etwas mehr Geschick und Fingerspitzengefühl. In engen Räumen oder für feinere Untersuchungen erweist sie sich manchmal als zu sperrig.

## Einhandrute

### Herstellung der Rute

Um eine Einhandrute herzustellen, brauchen Sie einen Griff, einen Draht und ein kleines Gewicht. Als Griffe eignen sich beispielsweise Werkzeuggriffe oder ein längliches, zylinderförmiges Stück Holz oder Kork. Der Draht darf nicht zu dick sein. Je dicker er ist, desto länger muss er sein, damit Sie die nötige Sensibilität erreichen. Wählen Sie einen Metalldraht von maximal 1 mm Durchmesser. Es reicht eine Länge von 30 cm. Kunststoffdraht ist ungefähr 5 mm dick. Sie müssen ihn entsprechend länger, das heisst etwa 40 cm lang wählen. Bohren Sie in die Stirnseite des Griffes ein Loch im Durchmesser Ihres Drahtes, stecken Sie den Draht in den Griff und verleimen Sie die beiden Teile. Wenn Sie handwerklich begabt sind, können Sie zwischen Griff und Draht ein Gewinde anbringen, um die Rute nach Gebrauch auseinandernehmen und platzsparend versorgen zu können. Als Gewicht eignen sich Ringe oder kleine Kugeln, beispielsweise Unterlagsscheiben oder Holzperlen von etwa 1 cm Durchmesser. Eine andere Möglichkeit besteht darin, das eine Ende des Drahtes spiralförmig zu winden, indem Sie die einzelnen Windungen nach und nach kleiner werden lassen. Mit einem derart gewundenen Kegel benötigen Sie kein anderes Gewicht. Die Länge des Drahtes und das Gewicht müssen so aufeinander abgestimmt sein, dass sich der Draht in der Ruhestellung nur unwesentlich nach unten neigt, die Rute jedoch auf kleinste Bewegungen der Hand reagiert.

### Rutengriff

Rechtshänder halten die Rute in der rechten, Linkshänder in der linken Hand; der Draht mit dem Gewicht zeigt von uns weg. Da es sehr schwierig ist, mit dieser sensiblen Rute zu gehen, ohne dass sie

**Die Einhandrute besteht aus einem Griff, einem feinen Draht und einem Gewicht.**

sich bewegt, lassen Sie sie am besten immer in einer neutralen Bewegung schwingen.

### Rutenausschlag

Bevor Sie mit einer Einhandrute arbeiten können, müssen Sie verschiedene Bewegungen festlegen, die Ja oder Nein bedeuten. In der Regel zeigt ein Rechtskreis oder ein Auf- und Abwippen des Gewichts Ja oder Übereinstimmung, ein Linkskreis oder ein Hin- und Herschwingen in der Horizontalen bedeutet ein Nein oder eine mangelnde Übereinstimmung. Am einfachsten fragen Sie die Rute, wenn Sie das erste Mal mit ihr arbeiten: «Zeige mir das Zeichen für Ja!» Warten Sie nun auf die Reaktion. Bleibt sie aus, wiederholen Sie den Befehl so lange, bis Sie Anwort erhalten. Seien Sie zufrieden, auch wenn der Ausschlag zu Beginn nur sehr gering ist. Er wird sich mit wachsender Übung vergrössern und deutlicher werden. Anschliessend wiederholen Sie diesen Vorgang für das Zeichen, welches Nein bedeuten soll. Wenn sich für Ja ein Rechtskreis einstellt, kann Ihr Nein-Zeichen trotzdem eine Gerade sein. Es braucht bei den beiden Zeichen keine Einheitlichkeit in der Bewegungsart zu herrschen. Die beiden gewählten Ausschläge werden von jetzt an immer gleich bleiben und Ihre persönlichen Zeichen im Umgang mit der Einhandrute sein.

### Vorzüge der Einhandrute

Die Einhandrute ist eine Verbindung von Rute und Pendel und ist ein sehr sensibles Werkzeug. Sie eignet sich dazu, feine Energien aufzuspüren. Da man sie nur mit einer Hand zu halten braucht, lässt sich die freie Hand anderweitig verwenden, was in engen Räumen von Vorteil sein kann. Viele Heilpraktiker arbeiten mit Einhandruten, um Personen auszutesten. Dazu lässt sich zum Beispiel die Rute zwischen ein Produkt, welches man testen möchte, und den Patienten halten. Schwingt die Rute im Ja-Zeichen, bedeutet dies, dass das Produkt für diese Person verträglich ist. Das Nein-Zeichen lässt auf das Gegenteil schliessen.
Je feiner die Einhandrute gebaut ist, umso schwieriger ist es, sie unter Kontrolle zu halten. Sie erfordert ein hohes Mass an Disziplin und Konzentration.

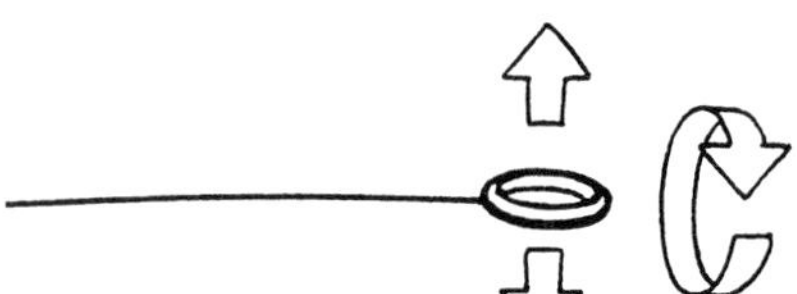

Ja-Zeichen

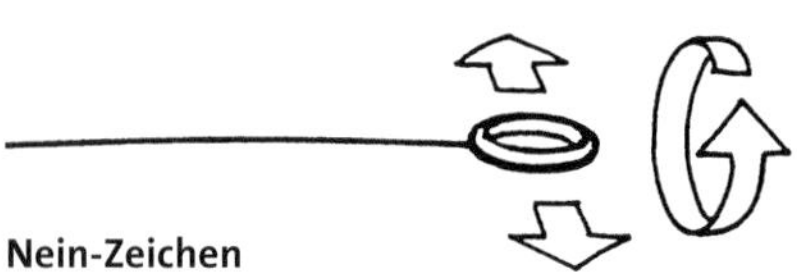

Nein-Zeichen

**Der Ausschlag der Einhandrute erfolgt durch Wippen des Gewichts. In der Regel bedeutet eine senkrechte Bewegung auf- und abwärts oder ein Rechtskreis Ja, eine waagrechte Bewegung oder ein Linkskreis bedeutet Nein.**

## Pendel

### Herstellung

Um ein Pendel herzustellen, brauchen Sie ein Gewicht und einen Faden oder ein Kettchen von etwa 20 cm Länge. Als Gewicht kann der Ehering oder ein Hosenknopf genauso gut dienen wie irgendein Stein oder ein Senkblei. Früher verwendeten viele Bauern die Taschenuhr als Pendel. Je leichter Sie das

Gewicht wählen, desto sensibler ist Ihr Werkzeug. Es ist aber auch umso leichter zu beeinflussen, sei dies durch unkonzentrierte Gedanken oder äussere Einflüsse wie Wind oder starke Felder. Für Anfänger hat sich ein Gewicht von 10 bis 20 g sehr gut bewährt. Es gibt viele verschiedene Pendel aus Metall, Holz oder Halbedelsteinen zu kaufen. Ein Pendel in einer speziellen Tropfenform zu erwerben ist sinnvoll, wenn Sie es für die Arbeit mit Plänen oder Diagrammen verwenden wollen, denn dazu eignet sich eine zugespitzte Form am besten. Es gibt auch hohle Pendel, in denen sich Schwingungsträger verstauen lassen können. Das Material des Pendels können Sie Ihren persönlichen Vorlieben gemäss auswählen.

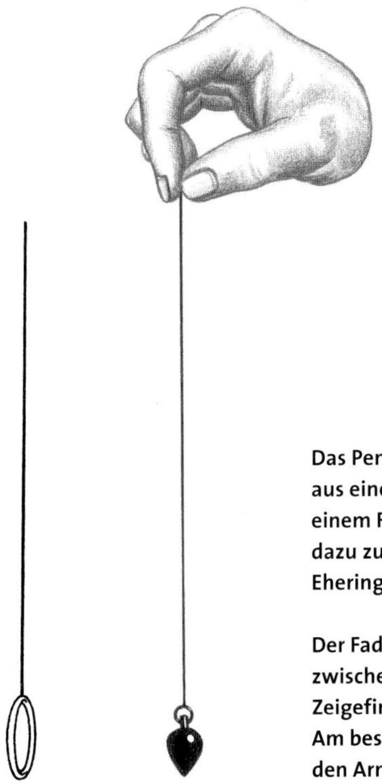

**Das Pendel besteht aus einem Gewicht an einem Faden. Sie können dazu zum Beispiel Ihren Ehering verwenden.**

**Der Faden wird zwischen Daumen und Zeigefinger gehalten. Am besten stützen Sie den Arm auf.**

**Vorzüge des Pendels**

Das Pendel ist das sensibelste von allen Werkzeugen. Es ist für den Anfänger eher schwieriger, damit zu arbeiten. Um zu zuverlässigen Ergebnissen zu gelangen, braucht es ein hohes Mass an Konzentration und Selbstdisziplin. Es eignet sich vor allem für sehr feine Energiearten oder für das Arbeiten mit Plänen und Diagrammen, für die alle anderen Werkzeuge zu grob und zu sperrig sind. Wir erläutern die Arbeit mit dem Pendel in einem eigenen Kapitel (siehe Seite 47).

## Blosser Körper

Wie bereits erwähnt, sind alle Ruten und Pendel lediglich Hilfsmittel, um feine Wahrnehmungen sichtbar zu machen. Je sensibler Sie werden, umso leichter wird es Ihnen fallen, alle Energiearten auch ohne Werkzeuge zu spüren. Dazu ist es nötig, dass Sie sich in hohem Masse zu entspannen vermögen. Autogenes Training, Meditations- und Visualisierungstechniken oder Selbsthypnose helfen Ihnen dabei. Aufgrund solcher Techniken können Sie mit Ihrem Körper direkt eine Art Code vereinbaren, den Sie wie eine Sprache verwenden. So könnte beispielsweise ein Schnippen mit dem rechten Zeigefinger Ja, ein Schnippen mit dem linken Zeigefinger Nein bedeuten, Armkreisen im Uhrzeigersinn heisst Netzgitterstreifen in Nordsüdrichtung, Armkreisen im Gegenuhrzeigersinn bedeutet Netzgitterstreifen in Ostwestrichtung und so weiter. Durch diese Art des Rutengehens werden Sie von allen Hilfsmitteln unabhängig und Ihre Wahrnehmung wird immer vielschichtiger.

Wenn Sie sich in den Bereich der Geomantie vertiefen möchten, genügen Ruten und Pendel nicht mehr, um der Verschiedenartigkeit der Energiearten gerecht zu werden. Geistige, astrale, ätherische Energien oder Naturgeistwesen lassen sich mit die-

sen Hilfsmitteln nur unzureichend erfassen. Sinnvoller ist es, sich an einem Ort in Ruhe hinzusetzen und sich auf ihn einzustimmen. Es können dann innere Bilder auftauchen, die mehr über die feinstofflichen Dimensionen des Ortes preisgeben. Es lässt sich ein geistiger Kontakt aufbauen, der Ihnen erlaubt, mit den Energien des Ortes eine Art Dialog zu führen. Ihren Fortschritten sind dabei keine Grenzen gesetzt.
Im Rahmen dieses Buches, das sich an Anfänger richtet, können wir darauf nicht näher eingehen, weil ein langwieriges persönliches Training dazu unerlässlich ist. Wir möchten Sie jedoch dazu anregen, nicht bei den Hilfsmitteln stehen zu bleiben, sondern Perspektiven in eine noch viel weitere geistige Wirklichkeit zu entwickeln. In diesem Sinn könnte Rutengehen und Pendeln zum Schlüssel für Ihr persönliches geistiges Wachstum werden.

## Fähnchen

Um sich im Freien besser orientieren zu können, markieren Sie die Ausschläge Ihrer Rute am besten mit kleinen Fähnchen. Auch diese lassen sich sehr einfach selbst herstellen. Besorgen Sie sich im Gartenhandel dünne Holzstäbe, wie man Sie zum Stützen von Blumen verwendet. Es eignen sich auch Holzspiesse von ungefähr 30 cm Länge. Ausserdem benötigen Sie selbstklebende Folie in verschiedenen Farben. Schneiden Sie daraus rautenförmige Stücke aus. Diese falten Sie quer in der Diagonale und kleben sie so um den Holzstab, dass die beiden klebenden Seiten aufeinander treffen und sich die beiden Hälften decken.

In Räumen verwenden wir zum Markieren farbige Papierstreifen oder Malerabdeckband aus Papierkrepp. Dieses haftet auf nahezu jeder Oberfläche und hinterlässt beim Entfernen keine Spuren.

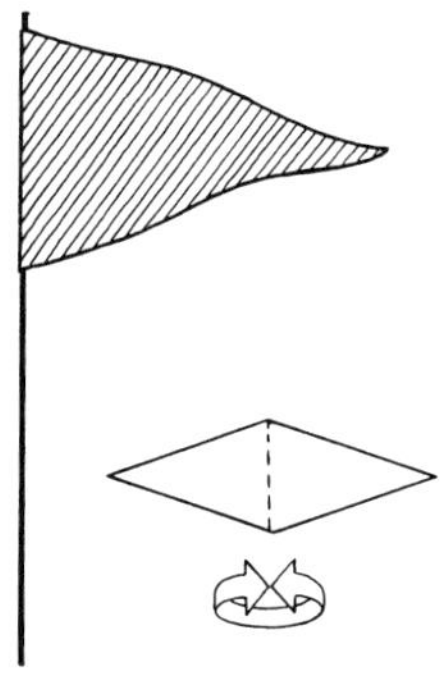

**Fähnchen können aus selbstklebender Folie einfach hergestellt werden: Rautenförmige Rechtecke schneiden und diese entlang der Mittellinie um ein Holzstäbchen zusammenkleben.**

# Wasser muten

Das Wort «muten», mit dem heute allgemein die Tätigkeit des Rutengängers bezeichnet wird, stammt aus der Bergwerkssprache des 18. Jahrhunderts. Es hatte die Bedeutung von «etwas haben wollen, etwas heftig begehren». Fand jemand eine Erzader, meldete er diesen Fund und suchte um das Recht nach, diese zu nutzen. Auch die Bezeichnung «Wünschelrute», mit deren Hilfe oftmals neue Erzadern gefunden wurden, hängt damit zusammen.
Die Wassersuche wird ebenfalls seit alters mit dem Rutengehen in Verbindung gebracht. In vielen Dörfern gab es die oft etwas kauzigen «Wasserschmecker», die mit einer Astgabel über Land schritten, wenn jemand einen Brunnen bauen wollte. Wo ihre Rute zuckte und plötzlich nach unten zeigte, wurde gegraben. Da die Erfolgsquote bei vielen dieser einfachen Leute sehr hoch lag, wurden ihre Dienste gerne in Anspruch genommen. Sie gaben ihr sorgfältig gehütetes Wissen meist nur innerhalb der Familie an die nächste Generation weiter. Dadurch haftete dem Handwerk des Rutengängers stets etwas Geheimnisvolles an. Man sagte diesen Menschen besondere Kräfte nach, über die nur wenige «Auserwählte» verfügten. Dieses Bild gerät heute ins Wanken. Mit dem wachsenden Interesse an geistigen Dingen vergrössert sich die Erkenntnis, dass wir alle über solche «besonderen Kräfte» verfügen. Nur wissen wir meist nicht darum. Wir möchten Ihnen anhand der Wassersuche zeigen, wie Sie diese Kräfte bei sich selbst wecken und zu Ihrem Nutzen einsetzen können. In diesem Kapitel stellen wir Ihnen die Arbeitsweise mit den einzelnen Werkzeugen und verschiedene Techniken des Rutengehens vor.

## Was ist eine Wasserader?

Bevor Sie nach Wasseradern suchen können, müssen Sie eine Vorstellung davon erlangen. Wenn es regnet, versickert das Wasser in der Erde, bis es auf eine wasserundurchlässige Schicht trifft. Dies kann gewachsener Fels oder auch Lehm sein. Auf dieser Schicht sammelt es sich und fliesst in einer Art «unterirdischem Bach» ab. Meistens fliesst es nicht wie in einer Röhre, sondern muss sich durch die Gesteinsschichten zwängen, wodurch sich Druck und Reibung erhöhen. Dies reinigt das Wasser und führt ihm frische Lebensenergie zu.
Sobald das Wasser stark genug aufgeladen ist, beginnt es unterirdisch aufzusteigen. Sicher ist Ihnen schon aufgefallen, dass es oft auf dem höchsten Punkt von Hügeln, etwa bei alten Burganlagen, Ziehbrunnen gibt, die nicht übermässig tief zu sein brauchen. Manchmal tritt unterirdisches Wasser bei einer Quelle zutage, so wie wir dies alle kennen. Es gibt jedoch auch aufsteigendes Wasser, das nicht

**Dieser neu erbaute Ziehbrunnen benutzt das Wasser einer Ader, die in etwa 3 m Tiefe verläuft.**

bis zur Erdoberfläche vorzudringen vermag. Man könnte es als «unterirdische Quelle» bezeichnen. Diese Art von Quellen wurde früher meist für Brunnen genutzt.

Wenn es Ihnen schwer fällt, sich eine Wasserader vorzustellen, besuchen Sie einmal eines der grossen unterirdischen Höhlensysteme. In den Höllgrotten bei Baar beispielsweise können Sie im Innern der Erde die Wasserader verfolgen, die Ihnen, wenn Sie draussen über die Weiden wandern, verborgen bleibt. Dort erleben Sie, mit welcher Wucht sich unterirdische Wasserläufe ihren Weg bahnen.

## Gedankliche Einstellung

Für Ihre ersten Versuche mit der Rute suchen Sie sich am besten draussen im Wald oder auf einer abgemähten Wiese einen ruhigen Platz, an dem Sie ungestört alles ausprobieren können. Die Arbeit mit der Rute fällt im Freien wesentlich leichter, da Sie weniger durch fremde Einflüsse oder neugierige Blicke abgelenkt werden. In geschlossenen Räumen stürmt sehr vieles auf Sie ein, so dass die Konzentration eher beeinträchtigt wird. Sehr empfehlenswert ist ausserdem, auf einer kleinen Brücke zu beginnen oder an einer Stelle, wo Sie sicher wissen, dass Wasserrohre verlegt wurden. Auf diese Weise haben Sie eine allererste Überprüfungsmöglichkeit dafür, dass Ihre Rute an der richtigen Stelle ausschlägt.

Beginnen Sie mit ein paar Entspannungsübungen. Atmen Sie tief durch und lockern Sie Ihre Schultern. Probieren Sie nacheinander verschiedene Werkzeuge aus. Wenn sich mit einem kein Erfolg einstellt, liegt Ihnen vielleicht ein anderes besser in der Hand. Schalten Sie immer wieder Pausen ein.

Was auch immer Sie suchen wollen, Sie müssen sich zuerst gedanklich darauf einstellen. Damit wählen Sie aus allen Schwingungen, die Sie umgeben, eine ganz bestimmte Frequenz und konzentrieren sich ausschliesslich darauf.

Nehmen Sie eine Rute in der Ausgangsstellung in die Hand, und sagen Sie zu sich selbst: «Ich mache mich jetzt empfindlich auf natürliche Wasseradern.» Oder: «Ich wünsche, jetzt auf natürliche Wasseradern sensibel zu werden.» Oder: «Ich möchte mich jetzt auf natürliche Wasseradern einstellen.» Reden Sie ruhig laut vor sich hin. Ihre eigene Stimme zu hören, erhöht Ihre Konzentration. Befinden Sie sich, wie angeregt, auf einer Brücke, ändern Sie Ihre Formulierung wie folgt: «Ich mache mich jetzt empfindlich auf das Wasser, welches unter dieser Brücke hindurchfliesst.» Bei einer Wasserleitung heisst Ihr Satz sinngemäss: «Ich stelle mich jetzt auf das Wasser ein, welches durch dieses Rohr fliesst.»

Als nächstes befehlen Sie der Rute, wie sie zu reagieren hat. Dadurch verabreden Sie eine Art Sprache zwischen Ihnen und Ihrem Werkzeug. Dies ist wich-

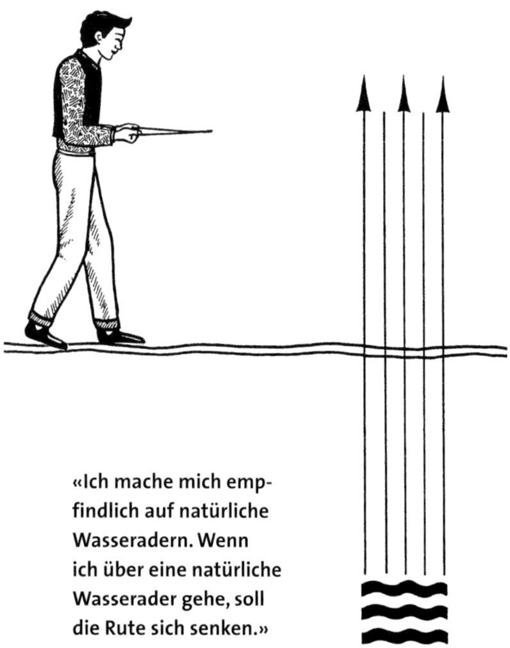

**«Ich mache mich empfindlich auf natürliche Wasseradern. Wenn ich über eine natürliche Wasserader gehe, soll die Rute sich senken.»**

tig, um den Ausschlag der Rute zu verstehen. Denken Sie daran, dass Sie der Meister oder die Meisterin sind und die Rute nur Ihr Werkzeug. Sie müssen daher bestimmen, wie dieses Werkzeug zu reagieren hat. Es darf nicht vorkommen, dass die Rute in Ihren Händen sozusagen «wild» wird, überall etwas anzeigt und Sie die Ausschläge nicht zu interpretieren wissen.

Je nach der Rute, die Sie gerade ausprobieren, können Sie sich unterschiedlich ausdrücken: «Wenn ich über eine natürliche Wasserader gehe, soll die Rute sich senken.» Oder: «Wenn ich über einer natürlichen Wasserader stehe, sollen sich die Winkelruten kreuzen.» Oder: «Ich wünsche mir, dass die Rute das Ja-Zeichen zeigt, wenn ich mich über einer natürlichen Wasserader befinde.»

Es ist wichtig, dass Sie Ihre eigenen Worte wählen. Wir geben Ihnen hier bloss Anregungen. Formulieren Sie die Sätze so, wie sie zu Ihnen und Ihrer Weltanschauung passen. Auf diese Weise arbeiten Sie am zuverlässigsten. Wenn irgendetwas in Ihnen gegen eine vorgegebene Wendung rebelliert, erschwert dies Ihre Arbeit. Manche Menschen bevorzugen es, die Rute zu bitten und ehrfürchtig oder ganz sanft mit ihr zu reden. Andere haben eher mit klaren Befehlen Erfolg. Das hängt im wesentlichen von Ihrem Temperament und Ihrem Charakter ab.

Setzen Sie nun ganz langsam mit der Rute in den Händen einen Schritt vor den anderen, und wiederholen Sie immer wieder den Befehl an die Rute: «Wenn ich mich über einer natürlichen Wasserader befinde, soll die Rute sich senken.» Oder: «Wenn ich über eine natürliche Wasserader gehe, mögen sich die Stäbe kreuzen.» Die Rute wird ihren Befehl ausführen, sobald Sie über eine Wasserader schreiten. Sie werden den Ausschlag in den Händen als unwillkürliches Ziehen spüren. Die Rute bewegt sich ohne Ihr bewusstes Zutun!

Wenn der Ausschlag nicht beim ersten Mal gelingt, versuchen Sie es noch einmal. Ändern Sie die Handstellung. Probieren Sie verschiedene Möglichkeiten aus. Führen Sie ein paar Mal die Bewegung, welche die Rute ausführen sollte, gezielt herbei. Achten Sie darauf, dass Sie die Rute nicht irgendwie blockieren, und entspannen Sie sich immer wieder. Gönnen Sie sich viele Pausen und befreien Sie sich von Erfolgsdruck.

Sobald die Rute eine Wasserader angezeigt hat, können Sie einen neuen Befehl aussprechen: «Wenn ich die Wasserader verlasse, soll sich die Rute wieder heben.» Oder: «Ich bitte darum, dass die Stäbe wieder auseinanderstreben, wenn die Wasserader zu Ende ist.» Oder: «Ich möchte, dass die Rute das Nein-Zeichen zeigt, wenn ich mich nicht mehr über der Wasserader befinde.»

Vielleicht gehorcht die Rute nicht sofort auf diesen Befehl. Das braucht Sie nicht zu verdriessen. Nach einer kurzen Strecke wenden Sie am besten, stellen Sie sich erneut auf die Wasserader ein, und bitten Sie die Rute auszuschlagen, sobald Sie sich darüber befinden. Auf Ihrem Rückweg wird die Rute etwas vor der Stelle des ersten Ausschlags den Wasserlauf anzeigen. Wenn Sie beide Rutenausschläge mit einem Stück Holz, einem Stein oder einem Fähnchen markieren, erkennen Sie die Breite der Wasserader an dieser Stelle. Üben Sie so lange, bis die Rute durch den Wechsel ihres Ausschlags auch das Ende der Ader exakt angibt.

## Übung mit dem Gartenschlauch

Es ist wichtig, dass Sie Ihre Ergebnisse immer wieder selbst kontrollieren. Dadurch erhöht sich mit der Zeit Ihre Zuverlässigkeit und Ihre Sicherheit im Umgang mit der Rute. Darum zeigen wir Ihnen hier eine Übung, mit der Sie Ihre Wassersuche überprüfen können.

Nehmen Sie einen Gartenschlauch und legen Sie

Verwenden Sie Ihre Fussspitze als Fühler, um sich in der Genauigkeit des Ausschlags zu üben.

Wenn Sie sich seitlich zur Ader stellen, kann eine Hand als Fühler benutzt werden. Bestimmen Sie einmal Ihre rechte, einmal Ihre linke Hand dazu, Ihnen die Wasserader zu zeigen.

Mit dem Pendel oder der Einhandrute kann die freie Hand zum Fühler werden.

ihn so aus, dass sich sein Ende nicht in Ihrem Blickfeld befindet, wenn Sie über dem Schlauch stehen. Bitten Sie eine andere Person, sie möge den Wasserhahn immer wieder öffnen und schliessen. Stellen Sie sich mit dem Rücken zu dieser Person über den Schlauch, und stellen Sie sich innerlich auf fliessendes Wasser ein. Bitten Sie die Rute, sie solle sich senken, sich kreuzen oder mit dem Ja-Zeichen antworten, wenn Wasser durch den Schlauch fliesst. Ihr Partner oder Ihre Partnerin kann Ihnen nun bestätigen, dass Ihre Rutenausschläge mit dem Öffnen des Wasserhahns übereinstimmen.

## Genauigkeit

Vielleicht ist Ihnen aufgefallen, dass wir die Formulierung «natürliche Wasserader» verwendet haben und nicht einfach bloss «Wasser», um uns auf eine Wasserader einzustellen. Wählen Sie Ihre Worte stets so präzise wie möglich! Genauigkeit in der Formulierung ist die unbedingte Voraussetzung für exakte Ergebnisse. Wir werden Sie immer wieder darauf hinweisen.

Stellen Sie sich nur auf «Wasser» ein, wird die Rute auf jede Art von Wasser reagieren, sei das eine Wasserleitung, ein Kanalisationsrohr oder die Zentralheizung. Sensibilisieren Sie sich auf «natürliches Wasser», kann auch stehendes Grundwasser gemeint sein. Wählen Sie jedoch den Ausdruck «natürliche Wasserader», ist ausschliesslich fliessendes Wasser gemeint, während jede andere Form von Wasser ausgeschlossen bleibt.

Sie können Genauigkeit auch mit dem Rutenausschlag selbst trainieren. Suchen Sie eine Wasserader und bezeichnen Sie diese mit einigen Fähnchen. Entfernen Sie sich wieder davon. Betrachten Sie nun Ihren rechten Fuss als eine Art Fühler. Sagen Sie zu sich selbst: «Wenn ich mit meinem rechten Fuss über die Wasserader fahre, soll die Rute sich senken

oder sich kreuzen.» Stellen Sie sich dicht neben die Markierung, halten Sie die Rute in der Ausgangsstellung, und bewegen Sie jetzt nur langsam Ihren rechten Fuss vorwärts über den Rand der Wasserader. Der Rest des Körpers bleibt dabei ruhig. Sobald sich ihr Fuss über dem Wasser befindet, senkt oder kreuzt sich die Rute. Ziehen Sie ihn wieder zurück, nimmt die Rute ihre Ausgangsstellung ein. Probieren Sie dies so lange, bis es mit Leichtigkeit gelingt.
Nehmen Sie nun an, Ihre Hände seien Ihre Fühler. Arbeiten Sie mit der V-Rute, können Sie abwechslungsweise die rechte oder die linke Hand als massgebend bestimmen. Stellen Sie sich wieder dicht neben die Markierung, diesmal jedoch seitlich dazu. Befehlen Sie der Rute: «Wenn sich meine rechte Hand über der Wasserader befindet, soll die Rute sich senken.» Nun wird die Rute ausschlagen, sobald sich die rechte Hand über dem Wasser befindet. Stehen Sie mit Ihrer rechten Seite zur Ader, erfolgt der Ausschlag sofort. Stehen Sie jedoch mit Ihrer linken Seite dazu, so dass sich zuerst die linke Hand über dem Wasser befindet, erfolgt der Ausschlag erst, wenn die rechte Hand über die Markierung geführt wird. Die Rute reagiert noch nicht, wenn die linke Hand das Wasser erreicht.
Solche Übungen sind auch für die Einhandrute empfehlenswert. Sie können sich beispielsweise vorstellen, das Gewicht solle die Ader anzeigen. Führen Sie die Rute nun langsam über die Markierung. Sobald das Gewicht diese überschritten hat, wird die Rute das Ja-Zeichen anzeigen. Beim nächsten Mal bestimmen Sie die Hand, in der Sie die Rute halten, als Fühler. Bei einem weiteren Mal konzentrieren Sie sich auf Ihre freie Hand und bewegen nur diese über die Markierung und zurück, während die Hand mit der Rute ruhig neben der Ader bleibt. Sobald Sie mit Ihrer freien Hand über die Markierung fahren, beginnt die Rute im Ja-Zeichen zu schwingen.

Erproben Sie alle diese Möglichkeiten spielerisch. Es geht für Sie darum, mit Ihren Werkzeugen vertraut zu werden und zu lernen, dass Sie der Meister oder die Meisterin sind. Sie bestimmen, wie Ihre Hilfsmittel zu gehorchen haben. Betrachten Sie sich als einen Artisten, der mit Händen und Füssen grösste Virtuosität anstrebt.
Die oben geschilderten Verfahren sind sehr hilfreich, wenn Sie etwas exakt lokalisieren möchten. Diese Genauigkeit ist zum Beispiel notwendig, wenn Sie einen Schlafplatz untersuchen. Dort kann es entscheidend sein, eine Ader sehr präzise zu bestimmen und nicht nur ungefähr, vor allem wenn Sie ihr ausweichen möchten. Auch in sehr engen Verhältnissen ist es äusserst hilfreich, mit Händen und Füssen arbeiten zu können und auf diese Weise mehr Bewegungsspielraum zu erlangen.

**Zwei Personen halten gemeinsam eine Rute. Dadurch überträgt sich die Energie auf diejenige Person, die noch nicht rutenfähig ist.**

## Wenn es nicht funktioniert

Seien Sie mit sich geduldig! Wenn der erste Versuch missglückt, gelingt der zweite oder der dritte. Jede und jeder kann das Rutengehen erlernen, falls er oder sie dies möchte. Bis jetzt ist uns noch keine einzige Ausnahme begegnet! Überlegen Sie, wie viele Lebensjahre Sie bis jetzt zugebracht haben, ohne diese Fähigkeit zu üben. Glauben Sie nicht auch, dass es länger als fünf Minuten dauern darf, bis sich Erfolg einstellt?

Wie bereits gesagt, kann es hilfreich sein, den ersten Versuch auf einer kleinen Brücke zu wagen. Stellen Sie sich auf das fliessende Wasser unter Ihnen ein. Bitten Sie die Rute, Ihnen das fliessende Wasser des Baches anzuzeigen. Legen Sie immer wieder Pausen ein. Die meisten Menschen ermüden durch die ungewohnte Konzentration ziemlich schnell. Lassen Sie innerlich los und freuen Sie sich auf den bevorstehenden Erfolg. Es wird ganz bestimmt gelingen!

Probieren Sie verschiedene Werkzeuge aus. Wenn es mit einem nicht klappt, reagiert ein anderes. Es reicht, wenn Sie eine Rute finden, die in Ihren Händen zum zeigenden Instrument wird.

Will sich auch nach vielen Versuchen an verschiedenen Tagen und mit unterschiedlichen Werkzeugen kein Rutenausschlag einstellen, suchen Sie sich eine Person, die im Umgang mit der Rute bereits Erfolg hat. Wenn Sie in Ihrem Bekanntenkreis ein wenig herumfragen, werden Sie staunen, wie viele Menschen sich schon mit Rutengehen und Pendeln beschäftigt haben oder jemanden kennen, der dies tut. Sollten Sie dennoch niemanden finden, besuchen Sie am besten einen Kurs. In der Gruppe stellt sich der Erfolg am einfachsten ein, und Sie lernen Menschen kennen, die sich für dasselbe Gebiet interessieren wie Sie. Mit ihnen können Sie später Ihre Erfahrungen austauschen.

Wenn Sie eine rutenfähige Person gefunden haben, die Ihnen hilft, stellen Sie sich nebeneinander und geben Sie sich eine Hand, die Unterarme parallel; mit der anderen Hand hält jeder einen Griff Ihrer V-Rute. Auf diese Weise halten Sie zu zweit eine Rute. Sie bilden miteinander einen Kreis, so dass sich die

**Rutengehen ist kinderleicht! Von Kindern kann man den unbeschwerten Umgang mit Rute und Pendel erlernen.**

Energie Ihres Helfers auf Sie übertragen kann. Stellen Sie sich nun gemeinsam auf eine natürliche Wasserader ein, und befehlen Sie der Rute, sich zu senken, sobald Sie eine solche überschreiten. Sie werden spüren, wie sich die Rute in Ihren Händen ohne Ihr Zutun nach unten senkt. Wiederholen Sie dies ein paar Mal, und versuchen Sie erneut, allein einen Ausschlag zu erzielen. Es wird Ihnen gelingen, sobald die Energie in Ihrem Körper in Fluss gekommen ist.

Sollte sich noch immer kein Erfolg einstellen, ist dies noch lange kein Grund zum Aufgeben. Es bedeutet, dass Sie zuerst lernen müssen, sich gut zu entspannen. Lernen Sie autogenes Training oder eine andere Entspannungstechnik. Stellen Sie sich jeden Abend vor dem Einschlafen vor, wie Sie über Land schreiten und wie die Rute mit Leichtigkeit auf jede Wasserader reagiert. Freuen Sie sich über Ihre Fähigkeit, Wasser aufzuspüren. Fühlen Sie den Ausschlag der Rute in Ihren Händen. Nach einiger Zeit wird sich auch bei Ihnen die Strahlenfühligkeit einstellen!

Noch ein Tip: Sehr viele Kinder, so ungefähr ab dem Grundschulalter, zeigen grosses Interesse daran, eine Fähigkeit zu erlernen, mit der sie Verborgenes aufspüren können. Zeigen Sie den Kindern, wie man eine Rute hält. Und dann lassen Sie sich von deren Unbeschwertheit anstecken! Kinder überlegen nicht lange, sie probieren einfach und haben ihren Spass daran. Es funktioniert bei sehr vielen mit erstaunlicher Genauigkeit, ohne dass man grosse Erklärungen abgeben muss. Es fallen ihnen immer wieder neue Anwendungsmöglichkeiten ein, und vor allem nehmen sie die Sache nicht so ernst. Lachen und Unsinn treiben lockert und hilft Ihnen, sich ganz einfach zu entspannen. Machen Sie Kinder zu Ihren Lehrmeistern. Sie werden staunen, was sie Ihnen beibringen können!

## Flussrichtung

Wasseradern fliessen nicht immer geradeaus. Je nach der Beschaffenheit des Geländes ändert eine Ader manchmal abrupt ihre Richtung. Ein Felsbrocken kann den Weg versperren und das Wasser zu einer Richtungsänderung zwingen. Je weniger fixe Vorstellungen Sie über deren Verlauf im Kopf haben, desto eher erhalten Sie zuverlässige Ergebnisse.

Normalerweise fliesst auch unterirdisches Wasser bergab. Es ist jedoch möglich, dass die Rute eine Flussrichtung anzeigt, nach der das Wasser scheinbar bergauf fliesst. Dies braucht kein Fehler zu sein, denn die tiefer liegenden Gesteinsschichten können anders verlaufen als die sichtbare Oberfläche. Manchmal wird ein Gebiet unter einem Hügel hindurch in ein anderes Tal entwässert. Dies kommt eher bei tiefer liegenden Wasseradern vor.

Wir erklären zuerst, wie man mit einer V-Rute die Flussrichtung des Wassers feststellen kann. Suchen Sie eine natürliche Wasserader, und bezeichnen Sie diese mit einigen Fähnchen. Stellen Sie sich in die Mitte der Ader, und halten Sie die Rute in ihrer Ausgangsstellung. Machen Sie sich nun empfindlich auf die Flussrichtung der Wasserader. Wenn Sie in die Richtung schauen, in die das Wasser fliesst, soll die Rute dies durch Senken anzeigen.

Während Sie sich nun sehr langsam um Ihre eigene Achse drehen, wiederholen Sie Ihren Wunsch an die Rute: «Wenn ich in die Flussrichtung schaue, wird die Rute sich senken.» Sie wird gehorchen, sobald Sie in die richtige Richtung schauen. Sie dürfen sich nicht zu schnell drehen, damit der Rute genügend Zeit für die Reaktion bleibt. Sind Sie zu schnell in Ihrer Bewegung, schauen Sie längst in eine andere Richtung, bevor die Rute sich senkt. Je langsamer Ihre Rute ausschlägt, umso langsamer müssen Sie sich drehen, um ein richtiges Ergebnis zu erhalten.

Ändern Sie nun den Befehl und fragen Sie nach der Richtung, woher das Wasser kommt. Wiederum drehen Sie sich um Ihre eigene Achse und bitten die Rute, sich zu senken, wenn Sie in die richtige Richtung schauen. Der Ausschlag wird Ihnen zeigen, wo der Ursprung der Ader liegt.
Mit den Winkelruten lässt sich auf zwei verschiedene Arten vorgehen. Die folgenden Übungen eignen sich besonders gut, um spielerisch viele verschiedene Funktionsweisen Ihrer Rute kennenzulernen. Stellen Sie sich auf eine gefundene Wasserader, und halten Sie die Stäbe in der Ausgangsstellung. Konzentrieren Sie sich auf die Flussrichtung dieser Wasserader. Die Ruten sollen sich in die Richtung drehen, in die das Wasser fliesst. Nun werden sich beide Stäbe parallel zur Flussrichtung drehen. Wiederholen Sie die Übung, indem Sie fragen, woher das Wasser kommt. Die Ruten werden nun in die Gegenrichtung weisen.
Halten Sie die Stäbe wieder in der Ausgangsstellung, und stellen Sie sich auf den Verlauf der Wasserader ein. Die Rute soll Ihnen durch Auseinandergehen den Verlauf der Ader anzeigen. Die Stäbe drehen sich nun voneinander weg in eine Linie und weisen gleichzeitig zum Ursprungsort und in die Flussrichtung.
Entfernen Sie sich ein kleines Stück von der markierten Wasserader. Sie können nun die Übung auf eine zweite Art wiederholen. Stellen Sie sich gedanklich erneut auf die Flussrichtung der Wasserader ein. Bemerken Sie zu sich selbst: «Wenn ich mich über der Wasserader befinde, soll mir die Rute die Ader und ihre Flussrichtung gleichzeitig anzeigen.» Sie geben also zwei Befehle auf einmal. Wenn Sie nun lang-

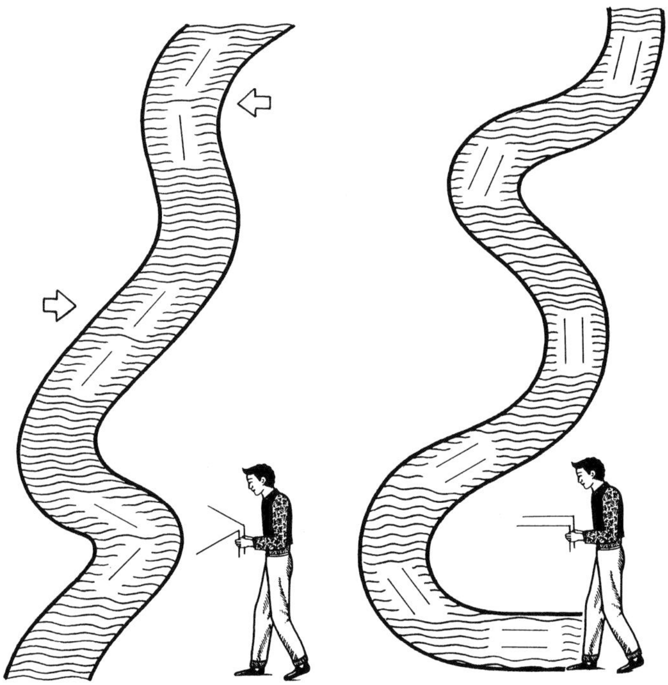

**Links: Die auseinander strebenden Winkelruten zeigen durch ihren Winkel den Verlauf der Ader.**

**Rechts: Die parallelen Winkelruten ändern bei einer Biegung der Wasserader ihre Richtung.**

sam vorwärts schreiten, werden sich die Stäbe über der Ader nicht kreuzen, sondern sie drehen sich parallel in die Flussrichtung.
Entfernen Sie sich wieder von der Ader, und stellen Sie sich diesmal auf den Verlauf der Ader ein. Die Stäbe sollen Ihnen durch Auseinanderstreben den Verlauf anzeigen. Nähern Sie sich nun ganz langsam der Wasserader. Die Stäbe werden sich langsam voneinander weg in eine Linie bewegen, wobei der Winkel allmählich immer grösser wird. Erst wenn Sie sich exakt in der Mitte der Ader befinden, zeigen die Stäbe deren genauen Verlauf in einer geraden Linie. Sollten Sie jedoch auf einer Biegung stehen, zeigen die beiden Ruten den Richtungswechsel durch einen bestimmten Winkel an.

## Wasserlauf verfolgen

Will man den Verlauf einer Wasserader über eine grössere Strecke verfolgen, empfiehlt sich folgendes Vorgehen: Suchen Sie eine Wasserader und stellen Sie nach der obigen Methode ihren ungefähren Verlauf fest. Entfernen Sie sich wieder ein wenig davon, und befehlen Sie sich selbst: «Immer wenn ich über diesen Wasserlauf gehe, soll die Rute sich senken.» Bewegen Sie sich nun in einer grossen Schlangenlinie über den ungefähren Verlauf des Wassers. Immer wenn Sie sich über der Ader befinden, wird die Rute ausschlagen, sobald Sie sich wieder davon entfernen, wird die Rute in ihre Ausgangsstellung zurückkehren.
Arbeiten Sie mit den Winkelruten, können Sie ebenfalls mit einer Schlangenlinie den Wasserlauf verfol-

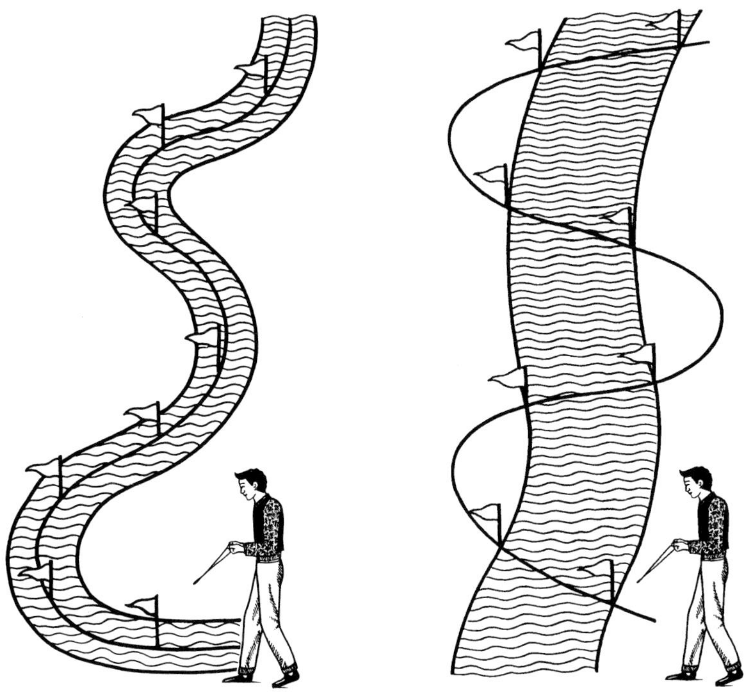

**Links: Markieren Sie den Verlauf der Ader mit einem Fähnchen. Beim Verfolgen von mehreren Wasserläufen fällt auf diese Weise der Überblick leichter.**

**Rechts: Schreiten Sie in einer Schlangenlinie über die Wasserader und markieren Sie jeden Ausschlag mit einem Fähnchen.**

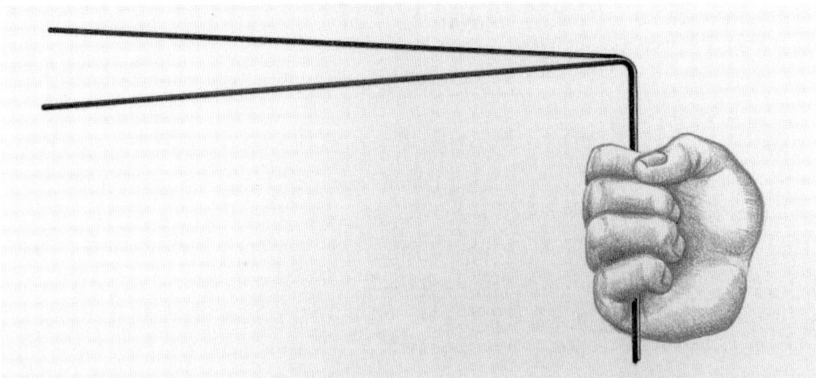

**Zwei Winkelruten in einer Hand zeigen mit unterschiedlichen Winkeln zwei verschiedene Wasseradern an.**

gen. Die Rute kreuzt sich immer dann, wenn Sie sich über der Wasserader befinden, und nimmt neben der Wasserader wieder ihre Ausgangsstellung ein.
Es gibt noch eine zweite Möglichkeit, den Wasserlauf zu verfolgen: Stellen Sie sich auf den Verlauf der Wasserader ein. Die Rute soll Ihnen den Verlauf mit den parallelen Stäben in der Flussrichtung anzeigen. Nähern Sie sich jetzt der Wasserader. Sobald Sie sich darüber befinden, drehen sich die Ruten in eine Richtung, nämlich dorthin, wohin das Wasser fliesst. Begeben Sie sich in die Mitte der Wasserader, und wenden Sie sich nun selbst in die Flussrichtung, so dass die Stäbe gerade von Ihnen weg zeigen. Wenn Sie sich nun langsam in diese Richtung vorwärts bewegen, drehen sich die Stäbe aus ihrer Lage und weisen in die neue Flussrichtung, sobald sich der Lauf der Ader ändert. Auch wenn Sie sich etwas von der Mitte der Ader entfernen, drehen sich die Stäbe leicht in Ihren Händen. Entfernen Sie sich von der Ader, weisen die Ruten weiterhin in die Richtung, in die das Wasser fliesst.
Mit der Einhandrute können Sie ähnlich arbeiten. Sie befehlen der Rute: «Immer wenn ich mich über diesem Wasserlauf befinde, soll die Rute im Ja-Zeichen schwingen.» Die übrige Vorgehensweise entspricht der oben beschriebenen.

Trainieren Sie das Verfolgen von Wasseradern so lange, bis die Rute mit Leichtigkeit auf das Betreten jeder Ader reagiert.

## Kreuzungen von Wasserläufen

Oft fliessen in einem bestimmten Umkreis mehrere Wasseradern. Sie können alle ungefähr in dieselbe Richtung strömen oder aber kreuz und quer verlaufen. Suchen Sie zuerst verschiedene Stellen, an denen die Rute Wasser anzeigt, und markieren Sie diese. Wählen Sie nun einen Wasserlauf aus, stellen Sie die Flussrichtung fest, und verfolgen Sie ihn in einer Wellenbewegung, wie wir es oben beschrieben haben. Fordern Sie Ihre Rute auf, nur bei diesem Wasserlauf zu reagieren, und schliessen Sie alle anderen Adern aus. Bezeichnen Sie ihn, stecken Sie jedoch nur ein Fähnchen ungefähr in seiner Mitte ein, damit Sie vor lauter Fähnchen nicht den Überblick verlieren. Suchen Sie nun nach einem zweiten Wasserlauf und wiederholen Sie das Vorgehen. Für diese Übung ist es hilfreich, Fähnchen in verschiedenen Farben zur Verfügung zu haben, damit Sie für jeden Wasserlauf eine andere Farbe wählen können. Das erleichtert Ihnen, im Gewirr der Fähnchen die Orientierung zu behalten. Wenn Sie aus einer gewissen

Distanz die Markierungen betrachten, erkennen Sie, wie jede einzelne Ader fliesst und wo sich zwei Adern kreuzen.
Stellen Sie sich jetzt auf eine Wasserkreuzung. Halten Sie die Winkelruten in der Ausgangsstellung, und machen Sie sich sensibel auf die Flussrichtung des Wassers. Befehlen Sie der Rute, Ihnen zu zeigen, wohin das Wasser fliesst. Da Sie sich auf zwei verschiedenen Adern befinden, werden die beiden Stäbe in zwei unterschiedliche Richtungen weisen.
Hier eine Übung für all jene, denen bis jetzt alles eher zu leicht erschien. Die anderen sollten sie erst versuchen, wenn alles bisher Beschriebene mit Leichtigkeit gelingt. Es besteht sonst die Gefahr, dass Sie sich selbst entmutigen. Gehen Sie langsam von einer Übung zur nächsten, und denken Sie an die nötigen Pausen!
Wenn Sie bisher mit keiner Aufgabe Schwierigkeiten hatten und Ihre Fähigkeiten sowie Ihr Geschick noch ein wenig testen und üben wollen, versuchen Sie, beide Winkelruten in einer Hand zu halten. Fragen Sie wieder nach der Flussrichtung. Auch jetzt werden die beiden Stäbe in die zwei verschiedenen Richtungen weisen, obwohl Sie diese in nur einer Hand halten. Noch schwieriger wird es, wenn Sie sich auf eine Kreuzung mit drei Wasseradern stellen. Leihen Sie sich von jemandem eine dritte Winkelrute, und nehmen Sie alle drei Ruten in eine Hand. Mit etwas Geschick zeigen die drei Stäbe genau die drei verschiedenen Flussrichtungen an!
Normalerweise behalten unterirdische Wasseradern über lange Zeit ihre Lage bei. Sie können sich jedoch auch verschieben, zum Beispiel durch Erdbeben, grosse Überschwemmungen, Sprengungen oder durch den Bau von Tiefgaragen oder ähnlichen Bauwerken. Je grösser die Bauwerke, desto eher ist das Wasser gezwungen, sich einen neuen Weg zu suchen.

## Wassertiefe

Es kann wichtig sein, die Tiefe einer Wasserader zu kennen. Möchten Sie beispielsweise einen Brunnen bohren lassen, ist es unter Umständen sinnvoll, eine Ader zu suchen, die nicht allzu tief liegt, da jeder Meter Bohrtiefe neue Kosten verursacht.
Suchen Sie eine Wasserader, und stellen Sie sich mitten darauf. Noch besser ist es, wenn Sie eine Brücke oder einen sichtbaren Kanal suchen, wo Sie Ihr Ergebnis anschliessend mit dem Metermass überprüfen können. Machen Sie sich auf die Tiefe dieser Ader empfindlich. Befehlen Sie der Rute, dass sie sich senken, sich kreuzen oder mit dem Ja-Zeichen antworten soll, wenn Sie die richtige Tiefe nennen. Nennen Sie eine falsche Zahl, soll sie still stehen oder mit dem Nein-Zeichen antworten. Kreisen Sie nun die Tiefe in grossen Schritten ein: «Fliesst das Wasser in einer Tiefe zwischen null und fünfzig Metern? Zwischen fünfzig und hundert Metern?» Auf diese Weise müssen Sie nicht alle Zahlen einzeln abfragen. Haben Sie für den Bereich zwischen null und fünfzig Metern ein Ja erhalten, beginnen Sie nochmals, diesmal mit kleineren Schritten: «Fliesst das Wasser in einer Tiefe zwischen null und zehn Metern, zwischen zehn und zwanzig Metern usw.?» Wenn das Ergebnis noch genauer sein soll, fragen Sie nun jede Zahl einzeln ab: «Die Rute soll sich senken, sich kreuzen oder mit dem Ja-Zeichen antworten, wenn ich die richtige Zahl nenne. Fliesst das Wasser in zehn Meter, elf Meter, zwölf Meter Tiefe?» Die Rute reagiert, sobald Sie die richtige Zahl nennen. Zählen Sie nun langsam weiter. Sobald Sie eine Tiefe nennen, in der kein Wasser mehr fliesst, kehrt die Rute in die Ausgangsstellung zurück oder zeigt das Nein-Zeichen.
Wenn die Rute über mehrere Meter Ja zeigt, bedeutet dies, dass die wasserführende Schicht sehr dick ist, wie beispielsweise bei einem Sumpf.

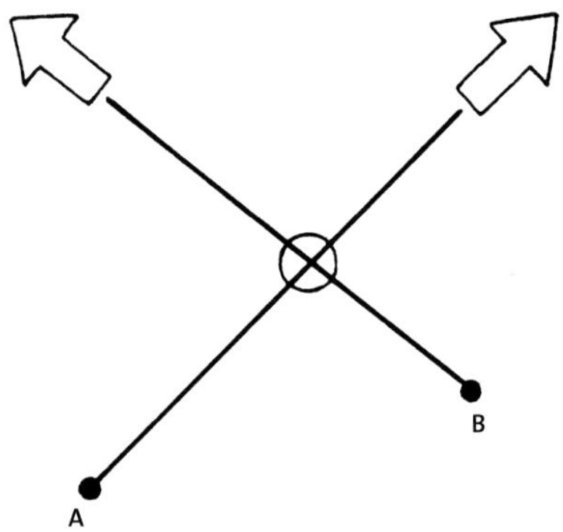


**Peilen: Fragen Sie von zwei verschiedenen Punkten aus nach der Richtung eines gesuchten Gegenstandes. Er befindet sich beim ungefähren Schnittpunkt der beiden Geraden.**

Seien Sie nicht betrübt, wenn Sie beim ersten Mal «daneben hauen». Es geht darum, solche Übungen so oft zu wiederholen, bis Sie sich sicher fühlen. Suchen Sie immer wieder Möglichkeiten, in denen Sie sich selbst überprüfen können. Dadurch wächst die Sicherheit. Seien Sie jedoch vor allem am Anfang grosszügig mit sich selbst! Ein Ergebnis, das innerhalb von plus minus fünf Metern liegt, kann durchaus als richtig angesehen werden. Die Präzision erhöht sich mit wachsender Erfahrung.
Berücksichtigen Sie bei der Fragestellung, dass Sie die Wassertiefe ab dem Erdboden messen. Stellen Sie sich auf Ihre Hände ein, welche die Rute halten, wird das Ergebnis um einen Meter abweichen. Sind Sie in einem Hochhaus, besteht ebenfalls ein beträchtlicher Unterschied je nachdem, ob Sie von Ihrem Standort oder vom gewachsenen Boden aus die Tiefe bestimmen. Auch bei dieser Aufgabe ist eine präzise Fragestellung unerlässlich.
Wenn Sie die Wassertiefe über einer Kreuzung messen, erhalten Sie zwei verschiedene Tiefen, weil die Wasserläufe auf unterschiedlichen Ebenen fliessen. Stellen Sie sich nacheinander auf die erste und anschliessend auf die zweite Wasserader ein.

## Wassermenge

Die Wassermenge oder Schüttung einer Wasserader wird in Litern pro Minute oder pro Sekunde angegeben. Man misst also, wie viele Liter innerhalb einer Minute an einer bestimmten Stelle durchfliessen. Um eine Möglichkeit zu haben, Ihr Resultat zu überprüfen, bedienen Sie sich am besten eines Gartenschlauchs oder eines Brunnens. Lassen Sie etwas Wasser fliessen, und stellen Sie sich auf die Wassermenge ein. Wenn Sie die richtige Menge nennen, soll die Rute sich senken, sich kreuzen oder mit dem Ja-Zeichen antworten. Bei einer falschen Zahl soll sie still stehen oder das Nein-Zeichen zeigen. Wie beim Bestimmen der Wassertiefe kreisen Sie zuerst in grossen Schritten den richtigen Bereich ein: «Fliessen jetzt zwischen null und fünfzig Liter pro Minute durch den Schlauch? Zwischen fünfzig und hundert Liter?» Wenn Sie den richtigen Bereich erhalten haben, fragen Sie in kleineren Schritten: «Fliessen jetzt zwischen null und zehn Liter, zwischen zwanzig und dreissig Liter ...?» Und zum Schluss fragen Sie in Einerschritten: «Die Rute soll sich senken, sich kreuzen oder mit dem Ja-Zeichen antworten, wenn ich die richtige Zahl nenne: Fliessen jetzt fünf Liter, sechs Liter, sieben Liter usw.?»
Wenn Sie Ihr Ergebnis erhalten haben, kontrollieren Sie es, indem Sie einen Eimer oder einen Massbecher unter den immer noch laufenden Schlauch halten und genau eine Minute stoppen. Danach ziehen Sie ihn weg, um die Wassermenge an der Markierung abzulesen. Auch bei dieser Übung sollten Sie mit sich grosszügig sein und sie so lange wiederholen, bis Ihre Ergebnisse zuverlässig sind.
Wenn Ihr Resultat sehr stark von der tatsächlichen Wassermenge abweicht, könnte dies folgende Ursache haben: Der Wasserschlauch liegt über einer mächtigen Wasserader, deren Signal weit stärker als dasjenige des Schlauches ist. Stellen Sie sich auf

eine natürliche Wasserader ein, entfernen Sie sich etwas vom Schlauch und bitten Sie die Rute, sich zu senken oder zu kreuzen, wenn Sie sich über einer Wasserader befinden. Erhalten Sie nun einen Ausschlag, war die Vermutung richtig. Stellen Sie sich nochmals auf die Wassermenge ausschliesslich des Schlauches ein, und versuchen Sie es erneut. Oft fällt es am Anfang schwer, störende Impulse auszuschalten. Gelingt Ihnen dies noch nicht, verlegen Sie den Schlauch neben die Ader, und wiederholen Sie die Übung an einem neutralen Ort.

## Peilen

Winkelruten eignen sich durch ihre Form besonders gut für jede Art von Richtungsanzeige. Nehmen Sie die Ruten in der Ausgangsstellung in die Hand, und machen Sie sich sensibel auf eine natürliche Wasserader. Bitten Sie die Ruten, in die Richtung zu zeigen, in der sich eine natürliche Wasserader befindet. Die Stäbe werden parallel in eine Richtung weisen. Merken Sie sich etwas Auffälliges in der Landschaft, das in dieser Richtung liegt, einen Baum, einen Hügel, eine Kirchturmspitze, und ziehen Sie im Geist eine Linie dorthin. Begeben Sie sich nun an eine andere Stelle, die von der ersten etwas entfernt liegt, und fragen Sie wieder nach der Richtung, in welcher eine Wasserader fliesst. Wenn die Rute in eine Richtung weist, ziehen Sie im Geist wieder eine Linie, und merken Sie sich den ungefähren Schnittpunkt der beiden Linien, denn dort werden Sie Wasser finden.

Diese Methode eignet sich besonders, wenn Sie sehr grossräumig arbeiten müssen und es sehr ermüdend wäre, das ganze Gelände abzuschreiten. Man kann sie auch anwenden, um verlorene Gegenstände zu suchen. Machen Sie sich sensibel auf den zweiten Hausschuh, die Brille oder den Briefkastenschlüssel, was auch immer Sie gerade suchen, und fragen Sie die Rute nach der Richtung, in der sich der vermisste Gegenstand befindet. Je unvoreingenommener Sie dabei bleiben, umso eher stimmt die Antwort.

Sie können auch nur mit einem Stab peilen. Legen Sie die zweite Rute beiseite und stellen Sie sich auf den geografischen Norden ein. Die Rute soll Ihnen zeigen, wo Norden liegt. Diese Übung lässt sich mit Hilfe eines Kompasses sehr leicht kontrollieren. Haben Sie im Bestimmen der Himmelsrichtungen Sicherheit erworben, können Sie sich jederzeit sehr leicht orientieren.

## Voreingenommenheit

Die grösste Hürde beim Rutengehen ist die eigene Voreingenommenheit, denn die Rute reagiert auf Ihre geistigen Impulse. Die Gedankenkraft ist die stärkste Kraft. Mit Ihr können Sie Berge versetzen!

Gleichzeitig kann sie zur grössten Fehlerquelle werden. Sie können dies selbst ausprobieren. Suchen Sie sich einen Platz ohne unterirdische Wasseradern. Stellen Sie sich intensiv vor, dass es in diesem Gebiet mehrere Wasserläufe gibt. Nehmen Sie sich ein bisschen Zeit dazu und arbeiten Sie mit Nachdruck. Wenn Sie nun nach Wasseradern suchen, wird die Rute ausschlagen, obwohl kein Wasser vorhanden ist!

Auch das Gegenteil ist möglich. Suchen Sie eine Wasserader. Stellen Sie sich nun intensiv vor, dass es dort kein Wasser gibt. Spüren Sie, wie trocken das Gelände dort ist. Überzeugen Sie sich im Geist selbst davon. Machen Sie sich sensibel auf die Wasserader, und verlangen Sie nach einem Ja-Zeichen, wenn Sie sich darüber befinden. Die Rute wird über der Ader nicht mehr reagieren.

Sie verstehen nun besser, weshalb es unbedingt notwendig ist, die Rutenergebnisse immer wieder selbst zu kontrollieren. Nur dadurch lernen Sie, die oben beschriebenen Schwierigkeiten zu meistern. Fehler durch Voreingenommenheit unterlaufen einem sehr leicht. Reagiert die Rute gemäss den eigenen Vorstellungen, verleitet dies zu falscher Sicherheit. Man neigt dann gerne dazu, zu sagen: «Ich hab es doch gewusst. Die Rute bestätigt, dass ...» Seien Sie daher auf der Hut, und freuen Sie sich nur über echte Ergebnisse.

Beginnen Sie jede Rutenübung mit Entspannung. Befreien Sie sich von störenden Gedanken. Seien Sie den zu erwartenden Ergebnissen gegenüber ganz offen und unvoreingenommen. Je wichtiger die Antwort für Sie ist, desto schwieriger ist es, geistig frei zu bleiben. Beginnen Sie daher nicht in Ihrem eigenen Haus mit Ihren Versuchen. Üben Sie zuerst auf neutralem Gelände, wo es keine Rolle spielt, wie viele Wasseradern Sie finden oder ob die Ergebnisse stimmen. Wenden Sie sich erst Ihrem Schlafplatz zu, wenn Sie eine gewisse Sicherheit im Umgang mit der Rute erlangt haben.

## Checkliste Rutengehen

- Entspannen.
- Ich mache mich empfindlich/sensibel auf eine Wasserader.
- Wenn ich über eine Wasserader gehe, soll die Rute sich senken, sich kreuzen oder im Ja-Zeichen schwingen.
- Langsam voranschreiten, den Befehl stets wiederholen.
- Sobald der Ausschlag erfolgt, den Befehl ändern.
- Wenn ich die Wasserader verlasse, soll die Rute sich heben, auseinander streben oder im Nein-Zeichen schwingen.
- Sich um 180° drehen und den Vorgang wiederholen.
- Die Ausschläge markieren.
- Wenn möglich, Ausschläge kontrollieren.
- Entspannen.
- Hände waschen oder duschen, mentales Reinigungsritual.

# Andere Erdenergien

Genau gleich wie Wasseradern können Sie jeden beliebigen anderen Stoff muten. Das Vorgehen bei der Suche bleibt immer dasselbe. Mit der Rute oder dem Pendel lässt sich jede Art von Energie aufspüren. Sie können sich auf Erzvorkommen, Kristalladern oder auf Erdöl einstellen, wenn Sie wertvolle Bodenschätze suchen. Es gibt grosse Ölfirmen, die genauso mit Rutengängern zusammenarbeiten wie mit Geologen. Einige Rutengänger, wie zum Beispiel der Sensitive Uri Geller, haben mit ihrer Fähigkeit Millionen verdient.

Wir empfehlen Ihnen, dass Sie sich für jede neue Schwingung einen Ort suchen, von dem Sie mit Sicherheit wissen, dass es dort das Gesuchte gibt. Wollen Sie zum Beispiel Gold finden, nehmen sie am besten eine kleine Probe davon in die Hand, um sich mit deren Hilfe auf die neue Schwingung einzustellen, so wie wir es im Kapitel Pendeln (Seite 47) beschreiben werden. Auf diese Weise können Sie sich kontrolliert auf jede beliebige Schwingung «eichen». Dies bedeutet, dass Sie ein bestimmtes Schwingungsmuster in sich aufnehmen und es gewissermassen in Ihr Unterbewusstsein einprogrammieren. Sie schaffen in sich damit so etwas wie ein Bezugssystem, auf das Sie immer wieder zurückgreifen können. Dadurch erhöht sich Ihre Sicherheit, sich auf die richtige Schwingung zu sensibilisieren.

## Verwerfungen, Brüche, Erz- oder Kristalladern

Jede Struktur im Aufbau der Erde, jeder Bruch im Gelände oder jede neue Gesteinsschicht bewirkt andere Energieeigenschaften, die sich unterscheiden lassen. Wir meinen mit Verwerfungen oder Brüchen Geländeformationen, bei denen unterirdische Schichten gebrochen und gegeneinander verschoben oder überlagert sind, wie man es häufig im Gebirge antrifft. Solche Geländestrukturen bewirken sehr unruhige Energien, auf die manche Menschen empfindlich reagieren. Wenn in so einer Erdspalte zusätzlich noch Wasser fliesst, nennt man dies eine wasserführende Verwerfung. Sie wirkt in der Regel viel stärker als eine gewöhnliche Wasserader.

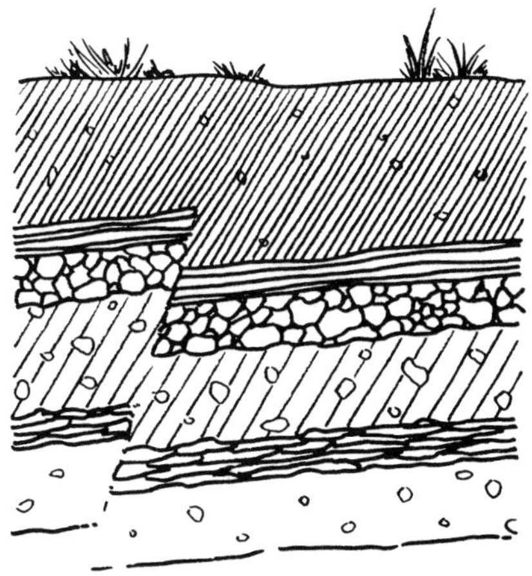

**Bei einer Verwerfung oder einem Bruch sind einzelne Erdschichten gebrochen und gegeneinander verschoben.**

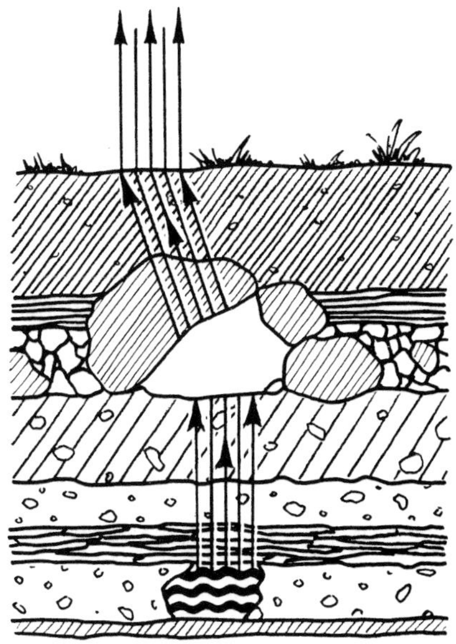

**Liegt zwischen einer Wasserader und der Erdoberfläche ein Hohlraum, so können die Strahlen dadurch abgelenkt werden.**

Suchen Sie sich im Gelände eine Stelle, an der Sie einen Geländebruch sehen können. Stellen Sie sich ein wenig daneben und sagen Sie zu sich selbst: «Ich mache mich jetzt empfindlich auf Verwerfungen. Wenn ich über eine Verwerfung gehe, soll die Rute sich senken, sich kreuzen oder mit dem Ja-Zeichen antworten.» Bewegen Sie sich nun langsam auf den Bruch zu, indem Sie den Befehl an die Rute laufend wiederholen. Sobald sie ausschlägt, ändern Sie den Befehl: «Wenn ich die Verwerfung verlasse, soll die Rute sich heben, auseinander streben oder mit dem Nein-Zeichen antworten.» Auf diese Weise können Sie die Breite der Verwerfung feststellen. Den Verlauf bestimmen Sie wie bei einer Wasserader (siehe Seite 31).
Manche Menschen werden durch Erz- oder Kristalladern gestört. Wenn Sie in einer Gegend wohnen, wo es viele solche Vorkommen gibt, suchen Sie am besten auf dieselbe Weise danach.

## Höhlen und Hohlräume

Auch unterirdische Höhlen können einen Einfluss auf Ihre Gesundheit ausüben. Zu suchen sind sie genau gleich wie Verwerfungen. Wir erwähnen sie jedoch noch aus einem anderen Grund. Sie können Ihnen nämlich arge Streiche spielen, wenn Sie Wasser suchen, um es als Brunnen zu fassen. Stellen Sie sich vor, die gesuchte Wasserader gebe eine Art Strahl ab. Trifft dieser Strahl auf eine Höhle, kann er davon abgelenkt werden. Die Rute schlägt an einem anderen Ort aus als an jenem, wo sich das Wasser tatsächlich befindet. Vor solchen Schwierigkeiten sind Sie erst nach langer Erfahrung gefeit. Es gibt jedoch manche Rutengänger, die so viel Talent besitzen, dass sie auch diese Schwierigkeiten intuitiv wahrnehmen und jede Wasserader mit grosser Präzision bestimmen können.

# Auswirkungen von Wasseradern

## Auswirkungen auf Pflanzen

Pflanzen sind unsere besten Lehrmeister. Da sie nicht weglaufen können, sondern immer an derselben Stelle ausharren, zeigen sie durch ihren Wuchs am besten die Wirkung einer günstigen oder ungünstigen Energie. Achten Sie auf Pflanzen! Nehmen Sie von jetzt an auf Ihre Spaziergänge immer Ihre Ruten mit, und studieren Sie in der freien Natur, wie und wo Pflanzen wachsen. Wuchert irgendwo eine Art, untersuchen Sie, ob dort Wasser vorzufinden ist oder nicht. Auch wenn Sie Bäume mit seltsamen Wuchsformen finden, suchen Sie nach Wasser. In den meisten Fällen werden Sie eine oder mehrere Adern finden. Bestimmen Sie die Flussrichtung und beobachten Sie! Der Pflanzenwuchs bestätigt Ihre Mutung. Vergleichen Sie Ihre Erkenntnisse, wenn Sie auf einem anderen Spaziergang an einem anderen Ort dieselben Pflanzen antreffen. Mit der Zeit werden Sie auch ohne Rute und Pendel die an einem Ort vorherrschenden Energien verstehen.

Wir wenden uns zuerst der Schwingung von Wasser zu. Wie bei allen Energiearten gilt nicht einfach, dass Wasserschwingung schädlich ist. Es gibt Wesen, die besonders gut auf Wasser gedeihen, andere werden krank und gehen ein. Es geht daher darum, für jedes Wesen den richtigen Platz mit der richtigen Energie zu finden.

### Strahlenflieher

Wesen, die der Wasserenergie lieber ausweichen, werden als Strahlenflieher bezeichnet. Wir übernehmen diese Bezeichnung, weil sie allgemein gebräuchlich ist, obwohl es sich nicht eigentlich um Strahlung, sondern vielmehr um eine bestimmte Schwingung handelt. Es ist hier nicht die materielle Feuchtigkeit, sondern die Schwingung von Wasser gemeint, die bestimmte Pflanzen nicht mögen. Sie können sich diese Schwingung wie eine Art Musik vorstellen: Liebhaber klassischer Musik leiden in gewisser Weise, wenn sie Hard Rock hören müssen und umgekehrt. Wer den falschen Sender erwischt,

**Strahlenflieher weichen so lange aus, bis sich ihr Stamm nicht mehr über der Wasserader befindet. Dann wachsen sie gerade aufwärts.**

**Wächst ein Strahlenflieher auf einer Wasserader, zwieselt er meist, wie hier dieser Kirschbaum.**

**Ein typisches Beispiel für Drehwuchs. Dieser Birnbaum wächst auf einer Kreuzung zweier Wasseradern. Unten am Stamm erkennt man Wasserschosse. Ihr Name deutet auf ihren Ursprung.**

**Drehwuchs kann mit der Sonne oder gegen sie entstehen, wie dieses Bild (rechts) zeigt. Es kommt stets auf die Summe aller Kräfte an, die auf einen Baum einwirken.**

geht nicht gleich ein, aber er wechselt, wenn immer möglich, das Programm.

Obstbäume, ganz besonders Kernobst, Föhren, Buchen oder Linden reagieren äusserst empfindlich auf die für sie ungünstige Energie. In der freien Natur geht ihr Samen dann weniger gut auf. Pflanzt man sie auf Wasser, weichen sie dieser Schwingung aus, indem sie schief von der Ader weg wachsen, und zwar so lange, bis sich ihr Stamm nicht mehr über Wasser befindet. Es kommt offensichtlich darauf an, wo der Stamm steht, die Wurzeln oder die Krone reagieren weniger empfindlich. Man kann Bäume beobachten, die so schief in der Gegend stehen, dass sie umzukippen drohen. Sobald das Ende der Wasserader erreicht ist, richten sie sich gerade auf und wachsen normal weiter. Selbst Pflöcke können diesen Schiefwuchs nicht verhindern. Die Kraft des Baumes wird sie zur Seite drücken. Schiefwuchs hat nichts mit dem Wind zu tun, denn oft wachsen nur einzelne Bäume aus einer ganzen Reihe so krumm, während die anderen normal nach oben streben. Ist der Wind für den Schiefwuchs der Bäume verantwortlich, neigen sich alle Bäume gleichermassen in dieselbe Richtung. Für die Pflanzung von Hochstammbäumen sollten Sie die Standorte sorgfältig auswählen und gegebenenfalls darauf

verzichten, sie in eine Reihe zu setzen. Unterstützen Sie die Bäume, indem Sie sie auf einen strahlungsfreien Platz pflanzen.
Andere Bäume reagieren mit Zwieseln auf Wasserschwingung, das heisst, sie bilden zwei Stämme anstelle von einem. Dieses Phänomen ist häufiger in Wäldern zu beobachten, wo die Pflanzen wegen des dichteren Bewuchses nicht so einfach ausweichen können wie auf dem freien Feld. Die Höhe, auf der sich der Stamm teilt, sagt etwas über die Stärke der Störung aus: Je weiter oben der Baum zwieselt, desto schwächer ist die Belastung.
Steht ein Baum auf einer Kreuzung von zwei Wasseradern, kann er nicht so einfach davon weg wachsen, ohne erneut in die Schwingung von Wasser zu gelangen. Als Folge davon wächst er verdreht wie ein Korkenzieher. Je nach der Richtung und der Stärke der beteiligten Kräfte dreht er sich im Uhrzeigersinn oder dagegen. Es sind wie Vektoren, die auf den Stamm einwirken. Man findet Stellen, wo sich mehrere Bäume in dieselbe Richtung drehen, während sich an anderen Orten zwei nebeneinander stehende Bäume entgegengesetzt winden. Eine technische Störung auf einer bestimmten Höhe kann den Baum sogar dazu veranlassen, die Drehrichtung zu ändern. Wir werden im Kapitel Elektrosmog (Seite 143) noch näher auf technische Störungen eingehen.
An anderen Orten können Sie ein vermindertes Pflanzenwachstum feststellen. In einem Wald bildet sich zum Beispiel eine Art hohle Gasse, in der das Gelände leicht eingesunken und der Bewuchs nur spärlich ist, was ebenfalls auf Wasseradern hindeutet. Dasselbe Phänomen entdecken Sie bei Hecken. Auch wenn der Gärtner bestimmt alle Pflanzen gleichzeitig gesetzt und gleich liebevoll gepflegt hat, klaffen an einigen Orten Lücken. Es sind die Stellen, wo die Kinder durchschlüpfen, wenn der Ball wieder einmal in die falsche Richtung

**Dieser Hohlweg entstand durch eine darunter liegende Wasserader. Solche Wege werden gerne als Wildwechsel benützt.**

geflogen ist oder wenn sie ein besonders gutes Versteck suchen. Auch bei bester Pflege kümmern einzelne Pflanzen, weil sie durch die Wasserschwingung im Wachstum behindert werden. Im zeitigen Frühjahr, wenn die Kartoffeln eben ausgetrieben haben, beobachtet man manchmal quer durch den Acker eine Linie, auf der die Pflanzen viel langsamer wachsen. Auch dies deutet auf einen unterirdischen Wasserlauf hin.
Wasserschwingung braucht sich nicht immer hemmend auf die Pflanzen auszuwirken. Sie kann auch zu einer Art Überreaktion im Pflanzenwuchs führen

**Wie Gefieder wachsen die Blätter aus dem Stamm dieser Buche, auch eine Form von Wasserschossen und ein typisches Zeichen für unterirdisches Wasser.**

**Efeu gehört zu den Strahlensuchern. Dieser Birnbaum steht auf einer Kreuzung von drei Wasseradern. Trotzdem hat er sich nicht verdreht. Der Efeu hat die überschüssige Energie verbraucht.**

– so als ob zu viel von einer bestimmten Energie da ist, die irgendwie verbraucht werden muss. Wasserschosse sind Triebe aus dem Wurzelbereich eines Baumes. Der Name deutet bereits auf deren Ursache hin. Es nützt nichts, sie abzuschneiden, sie wachsen immer wieder von neuem nach. Die überschüssige Energie scheint den Baum immer wieder zum Ausschlagen anzutreiben.
Bei anderen Bäumen wachsen direkt aus dem Stamm fein belaubte Zweige, so dass die Stämme wie behaart erscheinen. Auch in diesem Fall drängt die überschüssige Energie den Baum zu diesem seltsamen Wuchs.

### Strahlensucher

Pflanzen, die auf Wasseradern besonders gut gedeihen und sich dort vermehren, gelten als Strahlensucher. Sie verhalten sich oft gerade umgekehrt als die Strahlenflieher: Sie wachsen manchmal so lange schief, bis ihr Stamm über einer Wasserader steht, und richten sich erst darüber auf. Häufig bevorzugen Strahlensucher auch die physische Nähe von Wasser. Zu ihnen gehören Hasel, Weiden, Erlen oder Pappeln und viele Schlingpflanzen. Wenn Sie Stangenbohnen auf einer Wasserkreuzung pflanzen, wachsen sie schier endlos in die Höhe und bringen reichen Ertrag.
Holunder, der sich gerne bei Obstbäumen ansiedelt, weist ebenfalls auf Wasser hin. Schneiden Sie ihn nur so weit zurück, dass er dem Obstbaum nicht zu viel Licht raubt. Er hilft dem Baum, die überschüssige Energie zu verwerten. Die beiden Pflanzen bilden eine harmonische Gemeinschaft. Ähnliches lässt sich über Misteln sagen, die ebenfalls besonders gut auf Wasser gedeihen und daher als Zeigerpflanze dienen.
Auch Brennnesseln, die sich im Garten ausbreiten, deuten auf Wasser hin. Sie wachsen entlang der Wasserader. Dasselbe lässt sich bei Walderdbeeren

und anderen Zeigerpflanzen beobachten. Efeu gedeiht prächtig auf wasserführenden Verwerfungen. Die meisten Beerensorten sind Strahlensucher. Wenn Sie die natürlichen Wasseradern bei Ihrer Gartengestaltung mit einbeziehen, lässt sich der Ertrag steigern. Ziehen Sie Himbeeren oder Brombeeren entlang der Ader, oder pflanzen Sie Erdbeeren darauf, vermeiden Sie jedoch, Kartoffeln, Karotten oder Zwiebelgewächse dort anzubauen, und Sie werden viel mehr Freude am Garten haben.
Viele Heilpflanzen gehören zu den Strahlensuchern. Dies gilt nicht nur für die Gartenkräuter, die wir für Tee anpflanzen, sondern auch für viele Wildpflanzen wie Tollkirsche oder Fingerhut, die ausserdem energiereiche Plätze bevorzugen. Interessanterweise dienen gerade diejenigen Pflanzen zum Heilen, die Schwingungen bevorzugen, welche uns normalerweise eher abträglich sind.
Da das Gedeihen von Pflanzen nicht bloss von der Wasserschwingung abhängt, ist es nicht sinnvoll, hier eine Liste mit Strahlensuchern und Strahlenfliehern wiederzugeben. Beobachten und experimentieren Sie selbst. Wir zeigen Ihnen im Kapitel Anwendungsbeispiele (Seite 59), wie Sie gezielt Pflanzen an günstige Standorte setzen können.

## Auswirkungen auf Tiere

### Strahlenflieher

Auch bei Tieren lassen sich Strahlenflieher und Strahlensucher unterscheiden. Viele unserer Haustiere wie Kühe, Hühner, Pferde, Schweine oder Ziegen sind starke Strahlenflieher. Zwingt man sie, im Stall immer an einem bestrahlten Ort zu liegen, werden sie sehr oft krank. Sobald der Patient an einem strahlenfreien Platz ruhen darf, gesundet und gedeiht er von selbst. In Freilaufställen suchen sich die Tiere selbst einen Schlafplatz und müssen nicht immer an derselben Stelle verweilen.

Da der Hund zu den Strahlenfliehern gehört, lassen sie ihn am besten selbst seinen Schlafplatz wählen. Auch wenn Ihnen dieser nicht ins Konzept passt, zwingen sie ihn nicht, an einem bestrahlten Ort zu ruhen. Weigert sich der Hund, ein liebevoll gebautes Haus zu beziehen, verschieben Sie es so lange, bis er es annimmt. Tiere spüren ohne Rute, welcher Ruheplatz für sie geeignet ist.
Störche und Schwalben gehören ebenfalls zu den Strahlenfliehern. Beide sollen alten Volksweisheiten gemäss Glück und Fruchtbarkeit ins Haus bringen. Dies wohl deshalb, weil sie nie an einem bestrahlten Ort nisten. Wo es ihnen wohl ist, fühlt sich auch der Mensch wohl. Die Schwalben kleben Nest an Nest an eine Stallwand. Ist ihre dichte Nesterzeile unterbrochen, zeigt Ihnen dies, wo ungünstige Energien verlaufen. Hier liegt wohl auch der Ursprung der Geschichte, dass der Storch die kleinen Kinder

**Diese Hundehütte ist schlecht platziert und wird vom Hund auch nie benutzt. Der wild gewachsene Holunder zeigt die Wasserader an.**

bringt. Denn wo er nistet, besteht eine gewisse Gewähr, dass auch die Frau fruchtbar ist und viele Kinder bekommt. Platzieren Sie daher Nistkästen mit Bedacht. Hängen diese nämlich über einem bestrahlten Ort, bleiben sie stets verwaist. Entfernt man sie von einer Wasserader, werden sie sehr bald von Vögeln bezogen.
Viele Wildwechsel führen entlang von Wasserläufen, da dort der Bewuchs oft schwächer ist, obwohl Rehe und Hirsche zu den Strahlenfliehern gehören. Da sie dort nicht ruhen, scheint sie die Wasserschwingung nicht zu stören.

### Strahlensucher

Die Hauskatze ist ganz im Gegensatz zum Hund ein Strahlensucher. Sie zeigt Ihnen die ungünstigen Energien in Ihrem Haus. Macht es sich Ihre Katze auf Ihrem Fernsehsessel bequem, so sollten Sie ihn verschieben. Richtet sich hingegen der Hund darauf ein, schicken Sie ihn fort und lassen Sie den Sessel an seinem Platz.
Andere strahlensuchende Haustiere sind Schafe, Nager oder Wasservögel. Viele Fische gehören seltsamerweise zu den Strahlenfliehern. Die meisten Insekten, Schlangen oder Bakterien sind Strahlensucher. So zeigen Ihnen Ameisenstrassen den Verlauf von Wasseradern, während ihre Haufen auf Kreuzungen weisen. Wespen und Bienen bevorzugen ebenfalls bestrahlte Stellen. Bei den Bienen spielen die Erdlinien, die wir weiter hinten behandeln, ebenfalls eine Rolle. Wenn Sie das Bienenhaus gezielt an einer günstigen Stelle platzieren, steigert dies nicht nur den Ertrag, sondern die Bienen sind auch besser gegen Krankheiten geschützt.

## Auswirkungen auf Gebäude und Strassen

Nicht nur Lebewesen sind von der Wasserschwingung betroffen, sondern auch Gebäude und Strassen. Man kann sehr oft beobachten, dass über einer Wasserader Feuchtigkeit aufsteigt und sich das Mauerwerk verfärbt. Diese aufsteigende Nässe ist oft nicht nur schwingungsmässig, sondern auch materiell vorhanden und kann grossen Schaden anrichten.

**Links: Wasseradern verursachen in Strassen oft Risse. In der Verlängerung erkennt man, dass die Hecke an dieser Stelle weniger gut wächst.**

**Rechts: Auch Gebäude reagieren auf Wasseradern. Diese Fassade zeigt die aufsteigende Feuchtigkeit. Bei der Tür ist eine Kreuzung, weshalb dort die Nässe besonders weit nach oben dringt.**

Starke Energien lassen Mauern reissen. Es kann sich dabei neben Wasseradern auch um Erdenergien wie Verwerfungen oder Erdlinien handeln. Bei Renovationen von alten Kirchen lässt sich immer wieder beobachten, wie die frisch renovierten Mauern oder Böden schon nach kurzer Zeit erneut Sprünge oder Risse aufweisen, da sie oft auf stark bestrahlten Plätzen errichtet wurden. Der frische Putz hält den Erdenergien nicht lange stand. Auch auf Strassen kann man den Verlauf von Wasseradern an Rissen beobachten.

Verwittert ein Sandsteinsims an einer Ecke viel stärker als an der anderen, deutet dies ebenfalls auf starke Strahlung hin. Wenn vorwiegend die schlechte Luft die Ursache der Verwitterung ist, zeigt sich am ganzen Stein ein gleichmässiger Zerfall.

Nicht nur das Wild bewegt sich gerne über Wasserläufen. Viele alte Wege wurden entlang solcher Strecken geführt, weil weniger Unterholz zu beseitigen war. Wurden im Laufe der Zeit aus solchen Wegen Strassen, handelt es sich oft um sogenannte Unfallstrecken. Obwohl sie eigentlich übersichtlich sind, geschehen dort sehr oft Unfälle. Irgendwie werden die Fahrer durch die Strahlung einen kurzen Moment abgelenkt, so dass sie ein herannahendes Fahrzeug übersehen. Mit baulichen Massnahmen lässt sich dieses Problem nur sehr bedingt beheben.

**Der Blitz schlägt besonders gern auf Kreuzungen von Wasseradern ein.**

Wein wird durch die Wasserstrahlung ebenfalls qualitativ sehr beeinträchtigt. Lagern Sie einmal zwei Flaschen desselben Weins, eine an bestrahlter Stelle, die andere an einer neutralen. Wenn Sie diese nach einer gewissen Zeit vergleichen, werden Sie über den Unterschied erstaunt sein und etwas über die Wirkung von Schwingungen gelernt haben!

## Auswirkungen auf den Vorrat

Wasserstrahlung kann sich auch auf Vorräte auswirken. Es lohnt sich, den Vorratskeller nicht über Wasserstrahlung anzulegen. Lagern dort Kartoffeln, so treiben sie innert kürzester Zeit aus. Sobald Sie die Kartoffeln von der Ader wegschieben, werden sie wunderbar bis ins Frühjahr halten. Obst oder Lagergemüse fault viel eher über Wasserstrahlung, und Eingemachtes hält sich weniger lange.

## Auswirkungen auf den Menschen

Die Menschen gehören bezüglich der Schwingung von Wasser zu den Strahlenfliehern. Manche sind sehr sensibel und reagieren schnell und heftig, während andere eine dickere Haut haben und nichts spüren. Nicht jeder Organismus ist gleich anfällig. Seien Sie glücklich, wenn Sie robust sind und sich überall wohl fühlen können. Seien Sie jedoch ehrlich zu sich selbst und schieben Sie ein allfälliges

Unwohlsein nicht einfach zur Seite. Eine solche bloss eingebildete Unempfindlichkeit kann langfristig Krankheitssymptome verursachen.
Die meisten Wasseradern wirken auf uns eher schädlich. Je nach der Flussrichtung des Wassers wirkt sich Wasser unterschiedlich auf den Organismus aus. Fliesst es vom Kopf zu den Füssen, hat es eine abziehende Wirkung, das heisst, es entzieht Energie. Der betroffene Mensch schläft zwar lang und tief, doch fühlt er sich trotzdem nie so richtig ausgeschlafen. Auch nach zehn Stunden Schlaf bleibt der Kopf müde und benommen. Anders wirkt Wasser, welches von den Füssen zum Kopf fliesst. Es hat eine aufregende Wirkung, so wie wenn man eine Katze gegen den Strich streichelt. Viele Menschen finden dann keine Ruhe, können nicht einschlafen und werden kribbelig. Manchmal hält diese Nervosität den ganzen Tag über an. Fliesst das Wasser quer zum Bett, sind vor allem einzelne Körperstellen oder Organe betroffen. Es kann zu Muskelverspannungen oder Rheuma kommen.
Nicht jede Wasserader braucht schädlich zu sein. Wir glauben, dass das Wasser vorwiegend durch Umwelteinflüsse eine schlechte Qualität erhält. Da Wasser ein idealer Informationsträger ist, können ihm leicht unharmonische Schwingungen aufmoduliert werden. Es sind meistens eher diese Informationen, welche uns beeinträchtigen, als die Wasserader selbst. In den Kapiteln über die Erdgitter und den Elektrosmog werden wir diesen Gesichtspunkt ausführlicher darlegen.

## Handhaben des Pendels

Am besten richten Sie sich irgendwo einen bestimmten Platz zum Pendeln ein. Achten Sie darauf, dass möglichst wenig andere Gegenstände auf dem Tisch herumliegen, an dem Sie arbeiten möchten. Da das Pendel ein äusserst sensibles Werkzeug ist, könnten diese Dinge Ihre Ergebnisse leicht beeinflussen. Pendeln Sie immer über einer neutralen Unterlage. So bleiben sich die Einflüsse ungefähr gleich. Es ist vorteilhaft, wenn Sie in der Nordsüdrichtung sitzen, in Übereinstimmung mit dem Erdmagnetfeld, und das Gesicht nach Norden gerichtet halten. Dadurch brauchen Sie weniger persönliche Energie, ermüden weniger leicht und arbeiten zuverlässiger.

Bevor Sie das erste Mal mit dem Pendel arbeiten, zeichnen Sie sich auf ein leeres Blatt Papier einen Kreis von ungefähr 10 cm Durchmesser mit einer senkrechten und einer waagrechten Linie darin. Markieren Sie den Schnittpunkt der beiden Geraden in der Mitte des Kreises mit einem gut sichtbaren Punkt.

Beginnen Sie mit ein paar Entspannungsübungen. Atmen Sie tief durch, lockern Sie Ihre Schultern. Setzen Sie sich aufrecht an einen Tisch, und stellen Sie unbedingt die Füsse flach nebeneinander auf den Boden. Halten Sie das Pendel mit Ihrer bevorzugten Hand. Nehmen Sie den Faden zwischen Daumen und Zeigefinger, und lassen Sie das andere Ende lose hängen, oder umschliessen Sie es mit den übrigen drei Fingern. Achten Sie darauf, den Handrücken gerade zu halten und nicht zu stark abzuknicken. Am besten stützen Sie Ihren Ellbogen auf, damit Sie nicht zu schnell ermüden.

Sie müssen nun als erstes mit Ihrem Pendel die Ja- und Nein-Zeichen vereinbaren. Halten Sie Ihr Pendel über die Mitte des Kreises und fordern Sie sich selbst auf: «Ich mache mich jetzt empfindlich auf das Ja-Zeichen. Ich bitte das Pendel, mir das Ja-Zeichen zu zeigen.» Wiederholen Sie dies, während Sie sich auf Ihr Pendel konzentrieren, und warten Sie auf eine Reaktion. Das Pendel beginnt nun langsam zu schwingen. In der Regel ist das Ja-Zeichen entweder ein Rechtskreis, das heisst eine Drehung im Uhrzeigersinn, oder eine senkrechte Linie, so wie wir mit dem Kopf nicken. Konzentrieren Sie sich so lange auf Ihr Pendel, bis es Ihnen eines dieser Zeichen angibt. Sollte das Pendel in einem Linkskreis schwingen, bitten Sie um ein anderes Zeichen. Da das Ja-Zeichen gleichzeitig auch als Zeichen für Polaritäten oder Drehrichtungen verwendet werden kann, wäre es für Sie verwirrend und kompliziert, wenn das Pendel links dreht und damit eine Rechtsdrehung anzeigen soll.

Es spielt keine Rolle, wenn der Ausschlag des Pendels zu Beginn nur gering ist. Er wird mit der Zeit und mit der Übung grösser werden. Wichtig ist, dass Sie Ihr Ja-Zeichen deutlich erkennen können.

Sobald der Ausschlag für Ja klar ist, wiederholen Sie das Vorgehen für das Nein-Zeichen. Befehlen Sie wiederum sich selbst: «Ich mache mich jetzt auf das Nein-Zeichen empfindlich. Ich bitte das Pendel darum, mir das Zeichen für Nein zu zeigen.» Halten Sie das Pendel über die Mitte des Kreises, und wiederholen Sie die Anweisung so lange, bis ein Ausschlag erfolgt. In der Regel ist das Nein-Zeichen entweder ein Linkskreis, das heisst eine Drehung im Gegenuhrzeigersinn, oder eine waagrechte Linie, so

| | | |
|---|---|---|
| Zeichen für Ja:<br>Rechtskreis oder Senkrechte | ↻ | ⇧⇩ |
| Zeichen für Nein:<br>Linkskreis oder Waagrechte | ↺ | ⇦⇨ |

wie wir den Kopf schütteln. Es empfiehlt sich auch hier, bei einem von beiden Zeichen zu bleiben. Es ist nicht nötig, dass beide Zeichen von derselben Art, das heisst beides Kreise oder beides Geraden sind. Sie dürfen sie ruhig mischen, also zum Beispiel für Ja ein Rechtskreis und für Nein eine waagrechte Linie.

Sollte sich auf Ihre Bitte und Konzentration hin kein Ausschlag einstellen, bestimmen Sie selbst ein Zeichen, und fordern Sie das Pendel auf, in dieser Richtung zu schwingen. Sagen Sie also: «Ich mache mich jetzt empfindlich auf das Ja-Zeichen. Ich bitte das Pendel, mir mit einem Rechtskreis als Ja-Zeichen zu antworten. Zeige mir jetzt einen Rechtskreis.» Konzentrieren Sie sich und stellen Sie sich die Bewegung vor. Das Pendel wird sich nun durch Ihre Geisteskraft in der gewünschten Richtung bewegen.

Es ist in vielen Fällen hilfreich, wenn das Pendel noch andere Antworten ausser Ja und Nein geben kann. Das könnte beispielsweise sein: «Diese Frage lässt sich nicht beantworten.» Oder: «Ich will es nicht sagen.» Oder: «Weder Ja noch Nein.» Oder: «Ungenaue Fragestellung.» Solche zusätzlichen Zeichen lassen sich genau gleich wie das Ja- und Nein-Zeichen vereinbaren. Stellen Sie sich auf eine Antwort ein, welche Sie mit dem Pendel vereinbaren möchten, und fragen Sie: «Zeige mir das Zeichen für ...» Warten Sie auf den Pendelausschlag. Zusätzlich zu den Kreisen und Geraden kann das Pendel auch in der Diagonalen oder in Ellipsen schwingen. Ein Stillstand bedeutet, dass etwas ganz und gar falsch oder blockiert ist. Er kann auftreten, auch wenn Sie dieses Zeichen nicht extra vereinbart haben. Vielleicht sind Sie viel zu müde und ausgelaugt zum Pendeln, haben Ihre Beine gekreuzt, oder Sie fragen etwas, worüber Ihnen das Pendel keine Auskunft geben möchte.

Möglicherweise werden Sie durch eine Armbanduhr mit Quarz oder durch metallene Armbänder oder Ringe beim Pendeln behindert. Jeder geschlossene Kreis aus Metall bewirkt eine Feldveränderung, welche die Energieflüsse in Ihrem Körper beeinflussen kann. Entfernen Sie solche Schmuckstücke vor dem Pendeln, wenn Sie sich dadurch beeinträchtigt fühlen. Beobachten Sie sich selbst und spüren Sie, welchen Einfluss die Metallketten auf Sie ausüben. In der Regel stört ein Ehering oder etwas Ähnliches nicht. Hingegen reagieren viele Leute auf Quarzuhren, ohne sich dessen bewusst zu sein. Auf jeden Fall sollten Sie beim Pendeln immer dieselben Schmuckstücke tragen, um Ihre Resultate nicht zu verfälschen.

Will sich das Pendel nicht bewegen, legen Sie erst mal eine Pause ein und versuchen Sie es später noch einmal. Es gelten dieselben Regeln, die wir im Kapitel über die verschiedenen Ruten und ihre Anwendung bereits ausgeführt haben (Seite 28). Will sich auch nach vielen Versuchen kein Ausschlag einstellen, lernen Sie zuerst, sich richtig zu entspannen, und greifen Sie dann wieder zum Pendel.

## Polaritäten pendeln

Durch das Pendeln von Polaritäten werden Sie am leichtesten mit diesem Werkzeug bekannt. Jeder materielle Gegenstand besitzt zwei unterschiedliche Polaritäten, so wie es einen Nord- und einen Südpol gibt. Sie kennen diese Pole auch von Magneten, wo sie meist mit Nord und Süd bezeichnet sind. Man könnte die Polaritäten auch mit «männlich» und «weiblich» oder «Tag» und «Nacht» bezeichnen. Es geht dabei nicht um das Geschlecht, sondern um die Eigenschaften einer Energie. Wählen Sie diejenigen Bezeichnungen, die Ihnen am besten zusagen oder die Sie sich am besten vorstellen können. Wir werden die Polaritäten meistens mit positiv und negativ oder plus und minus bezeichnen oder die Zeichen + und – verwenden. Die unterschiedlichen Bezeichnungen weisen bereits darauf hin, dass es dabei nicht um «gut» oder «schlecht» geht. Der Nordpol ist nicht besser als der Südpol! Es geht bei den Polaritäten um energetische Eigenschaften, die mit den magnetischen Kräften vergleichbar sind. Sie sind für das Harmonisieren von ungünstigen Energien äusserst wichtig. Ausserdem können Sie durch Polaritätsübungen Ihre ersten Pendelversuche überprüfen. Wir werden im zweiten Teil des Buches im Kapitel Grundlagen des Rutengehens (Seite 75) genauer ausführen, was wir unter den magnetischen Kräften verstehen.

Nehmen Sie einen Magneten und stellen Sie sich auf dessen Polaritäten ein. Halten Sie dazu den Faden des Pendels dicht über dem Gewicht und lassen sie ihn langsam zwischen Ihren Fingern hindurch gleiten, indem Sie immer wiederholen: «Ich mache mich jetzt auf die Polaritäten dieses Magneten sensibel. Wenn ich mich auf die Polarität eingestellt habe, soll das Pendel im Ja-Zeichen schwingen.» Das Ja-Zeichen bestätigt Ihnen, dass Sie auf die richtige «Frequenz» eingestimmt sind. Halten Sie jetzt das Pendel über ein Ende des Magneten und bitten Sie darum, dass es Ihnen die entsprechende Polarität anzeigt. Über dem Nordpol muss es mit dem Ja-Zeichen reagieren, beim Südpol mit dem Nein-Zeichen. Auch die Fragen: «Ist dies der Nordpol des Magneten? Ist dies der Südpol des Magneten?» führen Sie zu den richtigen Antworten. Üben Sie dies so lange, bis Ihre Ergebnisse stimmen.

Halten Sie das Pendel nun über die Innenfläche Ihrer freien Hand und fragen Sie nach der Polarität Ihrer Handinnenseite. Wenn Sie ein Ergebnis erhalten haben, drehen Sie Ihre Hand um, und fragen Sie nach der Polarität Ihres Handrückens. Das Pendel muss nun mit dem gegenteiligen Zeichen reagieren.

Wiederholen Sie diese Übung, indem Sie aber dieses Mal Ihre Füsse kreuzen. Beobachten Sie, wie das Pendel jetzt reagiert. Kreuzen Sie die Beine einmal mit dem rechten Fuss oben und einmal mit dem linken Fuss oben. In den meisten Fällen wechselt das Pendel sofort ins gegenteilige Zeichen oder kommt zum Stillstand, sobald Sie Ihre Füsse übereinander legen. Sie erkennen daran, dass die Polaritäten in unserem Körper durch die Energieflüsse beeinflusst werden und dass es absolut notwendig ist, beim Pendeln die Füsse flach nebeneinander auf dem Boden zu halten. Rufen Sie sich dies immer wieder in Erinnerung, vor allem wenn Sie die Gewohnheit haben, mit überkreuzten Beinen zu sitzen! Auch jede andere Körperhaltung kann Ihre Pendelergebnisse ungünstig beeinflussen. Am besten probieren Sie es aus, damit Sie ein Gespür dafür bekommen, wie sich Ihre Körperenergien verhalten. Beugen Sie sich weit vor, stützen Sie die Ellbogen auf die Oberschenkel, knien Sie auf den Boden usw., und pendeln Sie dabei stets die Polaritäten Ihrer Handfläche. Beobachten Sie, wie Ihr Pendel dadurch beeinflusst wird. Manchmal ändert sich die Polarität, manchmal nicht, und manchmal führt eine Körperhaltung zum Stillstand des Pendels. Sie lernen dadurch auch, wie leicht Sie durch äussere Umstände zu beeinflussen sind. Beobachten Sie sich genau, damit Sie lernen, worauf Sie ganz besonders achten müssen! Sie werden zum Schluss gelangen, dass Sie aufrecht am Tisch sitzend oder stehend am besten arbeiten können.

## Polariäten von Steinen

Nehmen Sie für Ihre erste Übung einen Stein etwa in der Form eines Pflastersteins. Es gibt zwei verschiedene Möglichkeiten, um die Polaritäten zu bestimmen. Wählen Sie diejenige, die Ihnen besser zusagt.

Stellen Sie sich auf die Polarität des Steines ein, indem Sie den Pendelfaden so lange durch Ihre Finger gleiten lassen, bis er im Ja-Zeichen schwingt. Ver-

setzen Sie nun Ihr Pendel in eine neutrale Bewegung. Es darf weder das Ja- noch das Nein-Zeichen sein. Aus einer Bewegung heraus braucht das Pendel nur seine Richtung zu ändern, um Ihnen zu antworten. Sie benötigen dadurch weniger von Ihrer eigenen Energie, um eine Antwort zu erhalten, und ermüden weniger schnell.
Tippen Sie mit einem Finger Ihrer freien Hand gegen eine Seite des Steines oder halten Sie das Pendel darüber und fragen Sie: «Ist dies die plusgepolte Seite?» Warten Sie die Antwort ab und stellen Sie anschliessend die Gegenfrage: «Ist dies die minusgepolte Seite?» Die zwei Antworten müssen gegensätzlich sein, sonst steckt irgendwo ein Fehler. Gewöhnen Sie sich von Anfang an daran, eine Gegenfrage zu stellen. Dies ist eine einfache Kontrollmöglichkeit. Stellen Sie bei allen Seiten diese beiden Fragen, und bezeichnen Sie die Seiten mit + oder –. Es müssen alle drei plusgepolten Seiten an einer Ecke zusammenstossen, während gegenüber die drei minusgepolten Seiten zusammentreffen. Fällt Ihr Ergebnis anders aus, beginnen Sie von vorn.
Die zweite Möglichkeit besteht darin, das Pendel darum zu bitten, die Polarität direkt anzuzeigen. In diesem Fall bedeutet ein Ja-Zeichen die plusgepolte Seite, während das Nein-Zeichen die minusgepolte Seite zeigt. Ihre Frage könnte lauten: «Ich bitte das Pendel, mir die Polarität anzuzeigen.» Wiederum kann ein Finger Ihrer freien Hand als Fühler dienen, oder Sie halten das Pendel über die zu befragende Seite. Probieren Sie aus, was Ihnen am leichtesten fällt. Auch bei dieser Methode müssen die drei minus- und die drei plusgepolten Seiten je an einer Ecke zusammentreffen.
Wenn Sie erfolgreich waren, versuchen Sie die Polaritäten bei einem gerundeten Stein zu bestimmen. Sie können genau gleich wie oben beschrieben vorgehen. Der einzige Unterschied besteht darin, dass Ihnen keine Kanten beim Festlegen der drei Richtungen helfen. Stellen Sie sich einfach vor, wie der Stein als Würfel aussehen müsste. Auf diese Weise finden Sie leicht die drei plusgepolten Seiten. Sie werden feststellen, dass sich bei einem gerundeten Stein die Polaritäten ungefähr in der Mitte des Steines quer hindurch ändern.

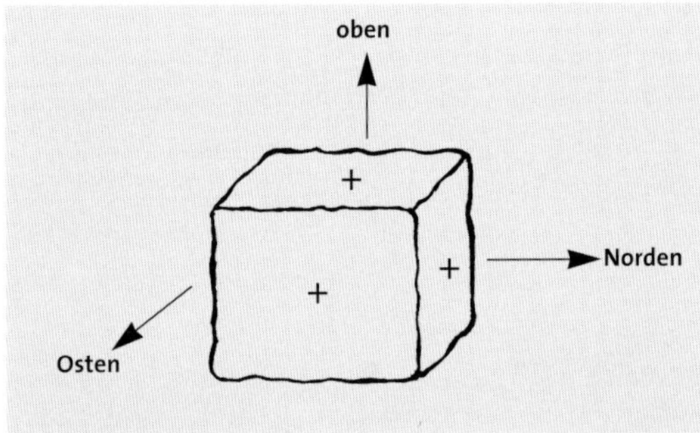


**Die positiv gepolten Seiten eines Steines müssen nach oben, nach Norden und nach Osten zeigen, damit er seine optimale Wirkung entfalten kann.**

**Diese mehr als hundertjährige Mauer hält trotz starkem Bewuchs und Wurzeln, die sie durchdringen. Alle Steine wurde mit der positiv gepolten Seite nach oben und nach vorne verlegt. Zwischen den Steinen stossen die positiv gepolten Seiten auf die negativ gepolten des nächsten Steins. Dadurch erhält die Mauer ihre grosse Stabilität.**

Richten Sie nun die drei plusgepolten Seiten des Steins nach Norden, nach Osten und nach oben. Auf diese Weise ist das Feld des Steins mit dem Erdmagnetfeld in Harmonie und wirkt am stärksten.
Beim Erstellen einer Stützmauer lohnt es sich, auf die Polaritäten der Steine zu achten. Richten Sie in diesem Fall die minusgepolten Seiten gegen das Erdreich, die plusgepolten gegen Ihren zukünftigen Aufenthaltsort. Die zweite Plusseite weist nach oben, während auf der waagrechten Linie immer die plusgepolte Seite des einen Steins mit der minusgepolten des nächsten Steines zusammentreffen muss. Wenn Sie die Mauer auf diese Weise errichten, hält sie sehr viel länger und wird kaum vom Hang aus ihrer Lage gedrückt. Wir fanden in den Vogesen einen alten Weinberg, der schon stark von einem jungen Wald überwuchert war. Seine Trockenmauern standen trotzdem immer noch gerade und unverwüstet da. Auch bei alten Kirchen mit unverputzten Wänden, so wie man sie beispielsweise im Burgund oft findet, oder bei alten Stadtmauern lassen sich diese Gesetzmässigkeiten bezüglich der Polarität überprüfen.

Beim Anlegen eines Gartenteichs empfiehlt es sich ebenfalls, auf die Polarität der Steine zu achten. Richten Sie alle plusgepolten Seiten gegen das Wasser, nach oben und sich abwechselnd zwischen zwei Steinen wie bei einer Mauer. Auf diese Weise können Sie das Feld des Teichs und dadurch die Qualität des Wassers verbessern.
Steine bis etwa zur Grösse eines doppelten Ziegelsteins lassen sich leicht umpolen. Dies erlaubt Ihnen, schneller zu arbeiten, weil Sie nicht jeden Stein einzeln auszupendeln brauchen. Schlagen Sie einfach mit einem Metallhammer einige Male auf eine Seite, so wird diese Seite plusgepolt. Grosse Steine lassen sich zwar ebenfalls umpolen, doch nicht dauerhaft. Je nach Grösse des Steins kippt die Polarität sehr schnell in ihre ursprüngliche Verteilung zurück.
Bei allen alten Strassen mit einem Belag aus Pflastersteinen finden wir die plusgepolten Seiten der Steine nach oben weisend, wodurch sie eine wohltuende Energie abgeben. Beim Setzen wurden die Steine mit dem Hammer in ein Sandbett geschlagen, was sie einheitlich positiv polarisiert. Später

**Bei alten Passstrassen, wie hier am St. Gotthard, liegen alle Pflastersteine mit der positiv gepolten Seite nach oben. Sie wurden durch die Hufeisen der Pferde immer wieder neu polarisiert.**

wurde diese Polarisation unzählige Male wiederholt, wenn beschlagene Pferde darüber trabten und metallbeschlagene Wagen hinter sich her zogen. Bei Autos mit Gummireifen bleibt dieser Effekt aus. Wir werden im Kapitel Anwendungsbeispiele (Seite 59) noch näher auf Möglichkeiten eingehen, wie mit Steinen harmonisiert werden kann. Zunächst möchten wir Ihnen noch ein paar andere Ideen geben, wie Sie sich im Pendeln üben können. Auch hier gilt, je mehr Sie sich kontrollieren, desto schneller wächst Ihre Sicherheit und dadurch Ihre Zuverlässigkeit.

## Salzwasser pendeln

Füllen Sie drei undurchsichtige Becher mit Wasser und fügen Sie einem etwas Salz bei. Bitten Sie jemanden, Ihnen die drei Becher so in eine Reihe zu stellen, dass Sie nicht wissen, in welchem sich das Salz befindet. Nehmen Sie in Ihre freie Hand etwas Salz und stellen Sie sich auf die Schwingung von Salz ein, indem Sie den Faden Ihres Pendels langsam zwischen Ihren Fingern hinunter gleiten lassen, bis es im Ja-Zeichen schwingt. Für das weitere Vorgehen gibt es verschiedene Möglichkeiten. Am einfachsten ist es, Ihr Pendel nacheinander über jeden Becher zu halten und zu fragen: «Enthält das Wasser in diesem Becher Salz? Enthält das Wasser kein Salz?» Über einem Becher sollte das Pendel mit Ja antworten. Anstatt Ihr Pendel direkt über den Becher zu halten, können Sie wiederum Ihre freie Hand als Fühler verwenden, während Sie das Pendel über eine neutrale Unterlage halten. Da Sie sich dabei mehr auf das Pendel als auf die Becher konzentrieren, werden Sie weniger durch äussere Einwirkungen abgelenkt und beeinflusst. Ihr Ergebnis lässt sich durch Kosten des Wassers sehr einfach überprüfen.
Die zweite Möglichkeit entspricht dem Peilen, das wir weiter vorne (Seite 35) beschrieben haben. Stellen Sie sich in einer Distanz von etwa einem Meter vor die Becher und fragen Sie: «Ich möchte wissen, in welchem Becher das Wasser Salz enthält. Zeige mir die Richtung an.» Das Pendel wird nicht mit dem Ja-Zeichen antworten, sondern wird in diejenige Richtung schwingen, in welcher der Becher mit dem Salz steht. Wiederum lässt sich das Ergebnis sehr einfach überprüfen.
Um Ihre Sicherheit noch weiter zu testen, darf Ihr Partner Ihnen auch einmal mehr als einen oder gar keinen Becher mit Salzwasser hinstellen. Dadurch erkennen Sie, wie weit Ihre Voreingenommenheit Ihre Ergebnisse beeinflusst.
Diese Übung können Sie beliebig variieren. Es lässt sich aus einer Reihe von Sirupbechern einer mit Wein finden, oder Sie versuchen verschiedene Sorten Wein zu bestimmen. Bei festen Stoffen lässt sich prüfen, welche Lebensmittel bestimmte Zusatzstoffe enthalten. Die Angabe der Inhaltsstoffe auf der Packung ermöglicht wiederum eine genaue Überprüfung. Diese Fähigkeit, Zusammensetzungen von Produkten zuverlässig zu pendeln, könnte zum Beispiel für Allergiker von grosser Wichtigkeit sein. Nicht immer ist bekanntlich auf der Packung alles angegeben, was das Produkt enthält. Üben Sie mit nachprüfbaren Stoffen so lange, bis Sie zuverlässig sind und sich auf Ihre Ergebnisse verlassen können. Auf diese Weise kann das Pendeln für Sie zu einer echten Lebenshilfe werden.

## Spielkarte finden

Mit Spielkarten lassen sich Ihre Pendelfähigkeiten ebenfalls auf spielerische Art und Weise schulen. Legen Sie die Karten eines Spiels mit den Bildseiten nach unten in mehreren, gleich langen Reihen vor sich auf den Tisch. Konzentrieren Sie sich nun auf eine Karte, sagen wir auf Herzass. Stellen Sie sich auf diese Karte ein, indem Sie den Faden Ihres Pendels so lange durch Ihre Finger gleiten lassen, bis es im Ja-Zeichen schwingt. Lassen Sie es anschliessend in einer neutralen Bewegung und fahren Sie damit am Rande der waagrechten Reihen entlang, während Sie wiederholen: «Wenn ich über die Reihe mit dem Herzass fahre, möge das Pendel mit dem Ja-Zeichen antworten.» Bewegen Sie nun langsam Ihre Hand mit dem Pendel den waagrechten Reihen entlang, bis es bei einer die Bewegungsrichtung ändert. Wenn Sie damit langsam weiter nach unten fahren, wechselt es wieder in die neutrale Bewegung. Merken Sie sich die Zeile und wiederholen Sie den Vorgang bei den senkrechten Reihen. Dort, wo sich die beiden Linien schneiden, sollte sich die gesuchte Karte befinden.

Wenn Sie nicht gleich beim ersten Versuch erfolgreich sind, probieren Sie es später noch einmal. Je spielerischer Sie die Aufgabe zu bewältigen versuchen, desto entspannter sind Sie.

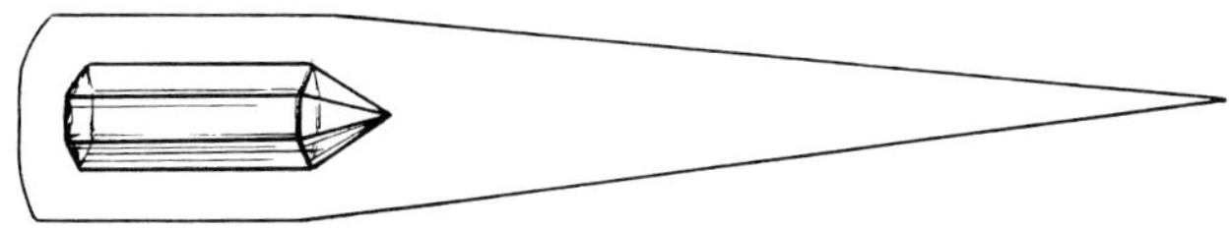

**Die Form des Gegenstandes bestimmt die Form des Feldes. Sehr spitze Dinge wie ein Bergkristall haben ein sehr langgezogenes Feld, das mehrere Meter weit reichen kann.**

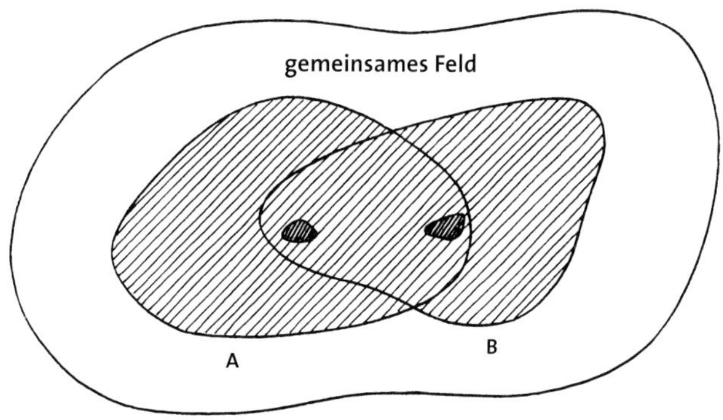


**Felder beeinflussen sich gegenseitig. Liegt der Stein B innerhalb des Feldes von Stein A, so ist das gemeinsame Feld grösser als die beiden einzelnen Felder.**

## Felder von Gegenständen

Jedes Ding, ob belebt oder unbelebt, hat eine bestimmte Ausstrahlung. Wir nennen sie Feld. Je nach der Lage oder der Form des Gegenstandes oder der geistigen und seelischen Befindlichkeit eines Menschen ändert sich dieses Feld. Üben Sie das Pendeln von Feldern von Gegenständen; mit dieser Kenntnis können Sie später die Wirkung von Harmonisierungsmassnahmen überprüfen. Wir erläutern dies im Kapitel Harmonisierungsmöglichkeiten (Seite 175). Trainieren Sie das Pendeln von Feldern intensiv, damit Sie ein Gefühl für die Wirkung von Formen und Kräften entwickeln.

Legen Sie einen Stein vor sich hin und stellen Sie sich auf sein Feld ein. Befehlen Sie sich selbst: «Das Pendel möge mir so lange das Ja-Zeichen zeigen, wie ich mich damit im Feld des Steins befinde.» Beginnen Sie ganz nahe am Stein und entfernen Sie nun langsam Ihre Hand. In einem bestimmten Abstand wechselt Ihr Pendel in die neutrale Bewegung. Nähern Sie Ihre Hand wieder dem Stein, indem Sie sich selbst auffordern: «Sobald sich das Pendel im Feld des Steins befindet, möge es mit dem Ja-Zeichen antworten.» Markieren Sie das Ende des Feldes mit einem Papierstreifen. Wiederholen Sie dieses Vorgehen in allen vier Himmelsrichtungen. Je nach der Form Ihres Steines ist die Form seines Feldes mehr oder weniger regelmässig in allen vier Richtungen. Je spitzer der Stein, desto lang gezogener ist das Feld. Das Feld eines gewachsenen Bergkristalls kann bei der Spitze mehrere

Meter lang sein, während es seitlich nur etwa 20 cm Ausdehnung hat.
Legen Sie nun den Stein anders hin und messen Sie wieder sein Feld. Sie werden feststellen, dass es sich mit der veränderten Position ebenfalls wandelt.
Die Ausdehnung des Feldes ändert sich auch mit dem Wetter: Wird der Stein direkt von der Sonne beschienen, vergrössert sich sein Feld. Bei wechselnder Bewölkung verändert sich daher Ihr Resultat ständig.
Die Felder von mehreren Steinen beeinflussen und verstärken sich gegenseitig. Bezeichnen Sie das Feld eines Steins, den wir A nennen wollen, anschliessend dasjenige von einem zweiten, den wir B nennen. Platzieren Sie nun Stein B innerhalb des Feldes von Stein A, so dehnt sich das gemeinsame Feld aus. Je näher Sie die zwei Steine zusammenführen, desto kleiner wird die verstärkende Wirkung. Zwei dicht nebeneinander liegende Steine beeinflussen sich nur unwesentlich. Wenn Stein B von Stein A entfernt wird, sich aber noch innerhalb des Feldes von Stein A befindet, vergrössert sich das gemeinsame Feld. Befindet sich Stein B ausserhalb des Feldes von Stein A, beeinflussen sich die beiden Felder nicht mehr. Es sind dann zwei getrennte Felder.
Auch das Feld eines Menschen lässt sich pendeln. Sie brauchen dazu eine zweite Person, die mit Ihnen zusammenarbeiten möchte. Die folgende einfache Methode dient dazu, die Verträglichkeit von verschiedenen Nahrungsmitteln oder anderen Stoffen zu prüfen. Wenn sich das Feld eines Menschen ausdehnt, deutet dies auf einen förderlichen Einfluss hin. Verringert es sich hingegen, ist dies ein Zeichen dafür, dass ihm Energie entzogen wird. Der betreffende Stoff ist zu diesem Zeitpunkt nicht in Harmonie mit dem Organismus des betreffenden Menschen.
Stellen Sie sich auf das Feld Ihres Partners ein und bitten Sie das Pendel, Ihnen so lange das Ja-Zeichen zu zeigen, wie Sie sich mit der Hand in dessen Feld befinden. Markieren Sie das Ende des Feldes. Geben Sie ihm ein Stück weissen Zucker in die Hand und pendeln Sie wiederum die Ausdehnung des Feldes. Bei den allermeisten Menschen fällt das Feld auf einen Bruchteil der durchschnittlichen Ausdehnung zusammen. Sie können an der Differenz zum normalen Feld erkennen, wie schädlich der Zucker für diese Person ist. Geben Sie ihr daraufhin eine Karotte in die Hand und messen Sie wieder das Feld. Wahrscheinlich dehnt es sich nun wieder aus. Beenden Sie eine solche Abfrage immer mit etwas, was für den betreffenden Menschen aufbauend wirkt und ihm Energie zuführt!
Ihre Ergebnisse lassen sich noch differenzieren. Oft ist ein Nahrungsmittel nicht immer schädlich, sondern seine Wirkung hängt von der Menge oder vom Zeitpunkt der Einnahme ab. Wählen Sie ein Nahrungsmittel, bei dem sich das Feld Ihres Partners verringert hat, und stellen Sie zusätzliche Fragen. Fordern Sie sich selbst auf: «Ich mache mich empfindlich auf die Verträglichkeit von Kaffee für Frau X. Das Pendel möge mir zeigen, wie weit das Feld reicht, wenn sie eine Tasse pro Tag trinkt.» Entspricht die Ausdehnung des Feldes der normalen oder erweitert sie sich sogar ein wenig, schadet ihr diese Menge nicht. Fragen Sie weiter nach zwei Tassen, drei Tassen usw. und prüfen Sie jedes Mal das Feld. Manchmal unterscheiden sich auch verschiedene Sorten voneinander. Manche Menschen vertragen beispielsweise keinen gefriergetrockneten Kaffee, während biologisch angebauter Espresso keinen nachteiligen Einfluss zeigt. Frau X kann von nun an beruhigt Kaffee trinken, weil sie weiss, dass ihr weniger als drei Tassen pro Tag nicht schaden.
Wichtig für die Verträglichkeit kann auch der Zeitpunkt der Einnahme sein. Obst am Abend oder morgens auf nüchternen Magen vertragen viele Menschen nicht, während es ihnen tagsüber keine

Beschwerden verursacht. Fragen Sie danach. Oder prüfen Sie bestimmte Kombinationen von Speisen. Wie verträglich sind Kohlehydrate mit Eiweissen oder mit Fetten?

## Pendeln mit Diagrammen

Diagramme eignen sich, um aus einer grossen Auswahl eine oder mehrere Möglichkeiten festzulegen. Sie erleichtern Ihnen die Arbeit, weil Sie nicht jede Möglichkeit einzeln abzufragen brauchen. Diagramme bestehen aus regelmässig in einem Kreis oder Halbkreis fächerförmig angeordneten Linien. Jede von ihnen oder jedes dazwischen liegende Feld lässt sich mit einer Möglichkeit beschriften. Arbeiten Sie am Anfang mit grossen Diagrammen, bei denen die Linien relativ weit auseinander liegen, damit Sie die Ausschläge leichter unterscheiden können. Zeichnen Sie sich ein Diagramm, mit dem Sie sich wohl fühlen, auf ein Blatt, und fertigen Sie sich davon viele Kopien an, damit Sie immer Vorlagen zur Hand haben. Wenn Sie sich im Umgang mit Diagrammen geübt haben, werden Sie diese für viele Aufgaben zu schätzen wissen.

Haben Sie mehr Möglichkeiten, als es Felder auf Ihrem Diagramm gibt, schreiben Sie die restlichen auf ein zweites oder drittes Diagramm. Lassen Sie immer eine Linie frei, auf der sinngemäss steht: «Andere Möglichkeit, die nicht auf diesem Diagramm steht.» Oder: «Zum nächsten Diagramm wechseln.» Damit bleiben Sie offen für Möglichkeiten, welche Ihnen noch nicht in den Sinn gekommen sind.

Wir raten Ihnen, Ihre Diagramme selbst anzufertigen. Es gehört bei jedem Problem mit zu dessen Lösung, in Ruhe über alles nachzudenken, was damit in Zusammenhang stehen könnte. Mit dem Schreiben des Diagramms stimmen Sie sich bereits auf die bevorstehende Aufgabe ein und erhöhen dadurch Ihre Zuverlässigkeit. Sie öffnen sich Ihrer Intuition und lassen alle Ideen einfliessen, welche Ihnen helfen könnten. Unterdrücken Sie dabei nichts, auch wenn Sie einen Einfall zunächst nicht verstehen können.

Um mit Diagrammen zu arbeiten, setzen Sie sich in Ruhe hin und entspannen Sie sich zuerst. Nehmen Sie ein leeres Blatt Papier und schreiben Sie Ihr Problem als eine Art Titel darauf. Nehmen wir an, Sie haben einen Fehler gemacht und möchten die Ursache dafür herausfinden. Ihr Titel lautet daher: «Ursachen für Fehler.» Nun notieren Sie sich alles, was Ihnen dazu in den Sinn kommt. Schreiben Sie spontan und unterdrücken Sie nichts. Notieren Sie die Einfälle ungeordnet, so wie Sie Ihnen zufallen:

- zu wenig konzentriert
- unpräzise Fragestellung
- Interpretation der Antwort stimmt nicht
- etwas übersehen
- etwas verwechselt
- Störung von aussen
- übermüdet
- körperlich nicht fähig zum Pendeln
- voreingenommen, vorgefasste Meinung
- negative Zielsetzung
- Frage kann so nicht beantwortet werden
- Frage soll nicht gestellt werden
- zu ungeduldig, zu unruhig
- zu wenig entspannt
- zu wenig Selbstvertrauen
- Lärm von aussen
- Beine übereinander geschlagen
- Ablenkung durch technische Störungen
- falsche Haltung der Rute oder des Pendels
- blockierte Energie
- andere Ursachen, die nicht auf dem Diagramm sind

Wenn Ihnen nichts mehr einfällt, überprüfen Sie Ihre Liste. Stiessen Sie auf sehr viele verschiedene

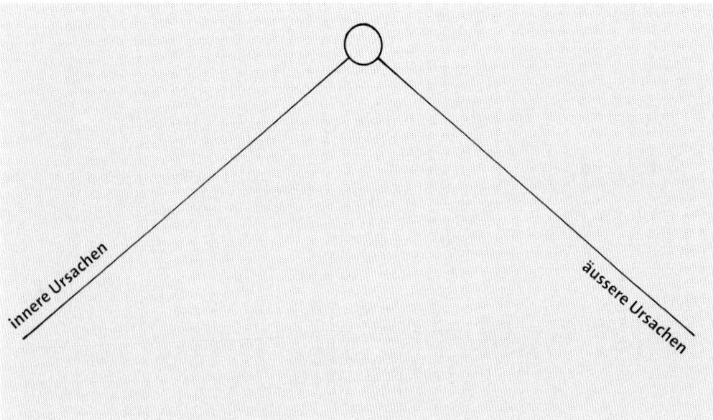


**Diagramm innere und äussere Ursachen**

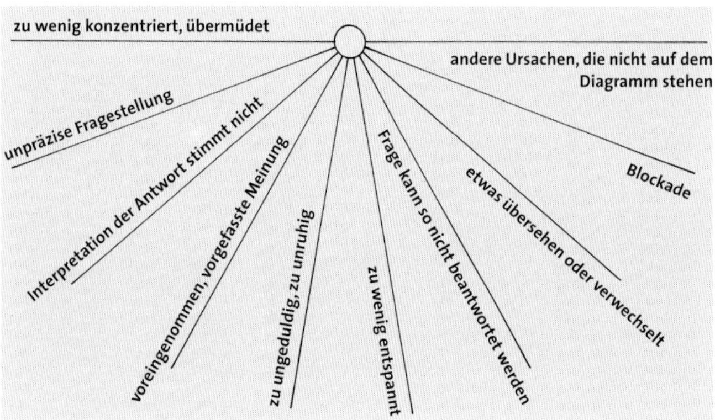


**Diagramm Ursachen für Fehler**

Möglichkeiten, lohnt es sich, diese in grössere Gruppen zusammenzufassen. In unserem Beispiel liesse sich die Liste in «äussere» und «innere» Ursachen unterteilen. Ordnen Sie nun jeden Punkt einer der beiden Kategorien zu.

Dies bietet den Vorteil, dass Sie mit einem ersten Diagramm abklären können, aus welchem Bereich die Ursache Ihres Fehlers stammt. Sie brauchen dazu nur zwei Linien zu zeichnen, die Sie mit «innere Ursachen» und «äussere Ursachen» beschriften. Als Titel wählen Sie wiederum: «Ursachen für Fehler.» Bei lediglich zwei Bereichen bleibt der Nutzen daraus noch gering. Je mehr Bereiche Ihnen zur Auswahl stehen, desto schneller erreichen Sie jedoch durch diese Vorabklärung Ihr Ziel.

Stellen Sie sich jetzt auf die Ursache Ihres Fehlers ein. Halten Sie Ihr Pendel über die Schnittstelle der beiden Linien und fragen Sie: «Ich sensibilisiere mich auf die Ursache für meinen Fehler. In welchem Bereich liegt die Ursache? Zeige mir, in welchem Bereich die Ursache für meinen Fehler liegt.» Lassen Sie Ihr Pendel über der Schnittstelle kreisen und wiederholen Sie diese Frage immer wieder. Warten Sie geduldig, bis es sich auf eine der beiden Linien festgelegt hat. Manchmal kreist das Pendel ziemlich lange, ändert gar mehrere Male seine Richtung, nähert sich einer Möglichkeit, um dann doch zu einer anderen weiterzuwandern. Lernen Sie, geduldig so lange zu warten, bis das Pendel seinen Ausschlag nicht mehr ändert.

Hat es sich auf «innere Ursachen» eingependelt, fallen alle äusseren weg. Sie brauchen diese in Ihrem Diagramm nicht mehr aufzulisten. Schreiben Sie nun alle inneren Ursachen in ein oder mehrere Diagramme.

Stellen Sie sich erneut auf die Ursache Ihres Fehlers ein, bevor Sie das Pendel über der Mitte des Diagramms kreisen lassen. Wiederum braucht es genügend Zeit, sich auf eine Linie einzupendeln. Sobald Sie einen eindeutigen Pendelausschlag erhalten haben, fragen Sie: «Gibt es noch weitere Ursachen für meinen Fehler?» Das Pendel wird nun nach einer Weile entweder auf eine neue Linie zeigen oder stillstehen. Manchmal weist es auch erneut auf die erste Möglichkeit, die bereits angezeigt wurde. Vielleicht antwortet Ihr Pendel anders. Finden Sie's heraus!

Diagramme eignen sich generell gut für Mengenangaben: Wie häufig soll man etwas anwenden? Wie lange etwas einnehmen oder wie viel davon? Welche Tageszeit eignet sich dazu am besten? Man

kann damit auch die prozentualen Anteile von Teemischungen festlegen, Bach-Blüten-Mischungen oder Schüsslersalze bestimmen.
Denken Sie daran, bei solchen Anwendungen immer zu bestimmen, wozu Sie etwas einnehmen möchten. Schreiben Sie dies als Titel auf Ihr Diagramm. Zum Beispiel: «Beste Mischung für Tina für guten Prüfungserfolg.» Oder: «Geeignetste Mischung für Peter zur Stärkung des Selbstvertrauens.» Oder: «Beste Mischung für Maria zur Heilung des Hustens.» Formulieren Sie den Titel positiv. Beschreiben Sie das Ziel, das Sie erreichen möchten.
Mengenangaben kann man auch mit Hilfe eines Lineals oder einer Skizze davon pendeln. Sie möchten zum Beispiel wissen, wie lange Sie sich an einem Kraftort aufhalten sollen. Dazu legen Sie bei einem Massstab fest, dass ein Zentimeter einer Minute entspricht. Fordern Sie sich nun selbst auf: «Ich mache mich empfindlich auf meine eigene Gesundheit. Wie lange ist es für meine Gesundheit förderlich, mich an diesem Ort aufzuhalten? Das Pendel soll mir das Ja-Zeichen zeigen, wenn ich es über die richtige Zahl halte.» Beginnen Sie über der Null und lassen Sie Ihr Pendel in einer neutralen Bewegung schwingen. Nun führen Sie Ihre Hand langsam über den Massstab, indem Sie Ihre Frage stetig wiederholen. Sie können die Hand mit dem Pendel auch ruhig halten und die andere als Fühler benützen, mit dem Sie langsam über die Ziffern fahren. Sobald Ihr Pendel ins Ja-Zeichen wechselt, wissen Sie die Anzahl Minuten, die Sie an dem Ort verbringen sollen. Ist Ihr Massstab zu klein, können Sie die Skala einfach wechseln, indem Sie festlegen, dass nun ein Zentimeter zehn Minuten oder einer Stunde, einem Tag usw. entspricht. Das vorgegebene Mass hat für sich allein keine Bedeutung. Es dient Ihnen lediglich als Vorstellungshilfe.
Eine solche Skala lässt sich auch verwenden, um die Tiefe einer Wasserader oder ihre Wassermenge zu ermitteln. Vielleicht fällt es Ihnen mit diesem Hilfsmittel leichter, die richtigen Werte zu bestimmen. Probieren Sie es aus!

## Fernpendeln

Es ist möglich, Informationen auch über Distanz abzufragen. Dies setzt allerdings eine grosse Übung voraus. Versuchen Sie zuerst einfachere Aufgaben, bevor Sie sich ans Fernpendeln wagen, damit Sie sich nicht überfordern und dadurch den Mut verlieren. Pflegen Sie in sich die Gewissheit, dass alles möglich ist, aber dass es geübt sein will.
Am besten beginnen Sie wieder mit Aufgaben, die sich anschliessend überprüfen lassen. Bitten Sie Freunde um einen Haus- oder Grundstücksplan, auf dem die genaue Nordrichtung vermerkt ist. Setzen Sie sich mit dem Gesicht nach Norden und richten Sie den Plan ebenfalls nach Norden aus. Stellen Sie sich nun auf die Wasseradern ein, die sich auf dem Grundstück befinden, und bitten Sie das Pendel, mit dem Ja-Zeichen zu antworten, wenn es sich über einer Wasserader befindet. Nennen Sie dabei den ganzen Namen Ihres Freundes und seinen Wohnort. Also zum Beispiel: «Ich mache mich jetzt empfindlich auf das Grundstück von Peter Meier in Oberdorf. Das Pendel soll mit dem Ja-Zeichen antworten, wenn ich mich damit über einer Wasserader befinde.» Versetzen Sie Ihr Pendel in eine neutrale Schwingung und fahren Sie langsam senkrecht am rechten Rand des Plans entlang von oben nach unten. Markieren Sie, wo das Ja-Zeichen beginnt und wo es endet. Das Pendel kann mehrere Wasseradern kreuzen. Wenn Sie am unteren Rand des Plans angelangt sind, halten Sie das Pendel über die erste Wasserader und fragen nach deren Verlauf. Das Pendel schwingt nun in einer Geraden in einem bestimmten Winkel zum Plan. Bezeichnen Sie diese Richtung mit einem Pfeil, damit Sie sich besser ori-

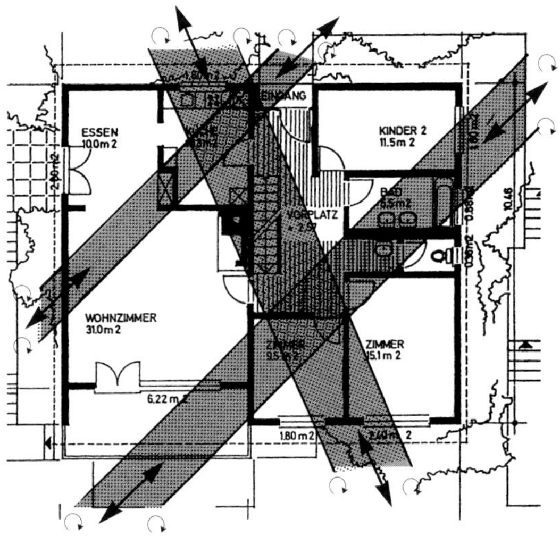


**Fernpendeln mit einem Plan**

↻ **Ja-Zeichen**

⟷ **Pendelausschlag: Richtung der Wasserader**

entieren können. Wiederholen Sie dies bei allen Wasseradern, die Sie bis jetzt gefunden haben.
Halten Sie nun Ihr Pendel über den unteren Rand des Plans und fragen Sie wieder nach Wasseradern. Bezeichnen Sie zuerst die Bereiche, in denen das Pendel im Ja-Zeichen schwingt und legen Sie anschliessend die Richtung der einzelnen Adern fest. Wiederholen Sie dies am linken und am oberen Rand des Plans.
Die Pfeile an den markierten Stellen helfen Ihnen den Verlauf der einzelnen Adern herauszufinden. Verbinden Sie die Markierungen, die zusammengehören. Fragen Sie bei jeder Ader nach, ob deren Verlauf so richtig ist. Denken Sie daran, dass eine Ader abrupt die Richtung ändern kann.
Suchen Sie bei der nächsten Gelegenheit auf dem Grundstück Ihres Freundes alle Wasseradern und zeichnen Sie diese auf einem zweiten Plan ein. Zum Schluss vergleichen Sie die Ergebnisse Ihrer Fernpendelübung mit dem neu erstellten Plan.

Seien Sie bei der Beurteilung grosszügig. Bedenken Sie, wie schnell Sie beim Pendeln auf dem Plan um ein paar Millimeter verrutscht sind. Dies entspricht im Gelände je nach dem Massstab Ihres Plans mehreren Metern Abweichung. Bemühen Sie sich herauszufinden, was Sie richtig gemacht haben. Suchen Sie in erster Linie die Übereinstimmungen, um sich zu ermutigen, und freuen Sie sich darüber.

## Checkliste Pendeln

- Tisch leer räumen, neutrale Unterlage, auf Metallgegenstände achten und diese eventuell entfernen.
- Eventuell Schmuck, Uhren oder Brille entfernen.
- Sitzplatz wenn möglich in Nordsüdrichtung.
- Schreibzeug und Papier bereitlegen.
- Füsse flach auf den Boden stellen.
- Aufrechte Haltung, Arm aufstützen.
- Die bevorzugte Hand benützen.
- Entspannen.
- Ich mache mich empfindlich/sensibel auf ...
- Das Pendel soll mit Ja-/Nein-Zeichen antworten.
- Frage stellen und stets wiederholen.
- Antwort abwarten.
- Gegenfrage stellen.
- Mehrere Fragen mit ähnlichem Wortlaut stellen.
- Fragen und Antworten notieren und weglegen.
- Wenn möglich die Ergebnisse kontrollieren.
- Entspannen.
- Hände waschen oder duschen, mentales Reinigungsritual.

# Einfache Anwendungsbeispiele

In den bisherigen Kapiteln haben wir Ihnen den Gebrauch von Rute und Pendel ausführlich erklärt. Es geht nun für Sie darum, mit diesen Werkzeugen möglichst viel zu üben. Wählen Sie sich dazu Aufgaben, deren Ergebnis Sie leicht überprüfen können, bevor Sie sich an nicht überprüfbare Fragestellungen wagen. Wir möchten Ihnen an dieser Stelle einfache Anwendungsbeispiele geben, wie Sie Ihre neu erworbenen Fähigkeiten einsetzen können. Wir zeigen Ihnen Möglichkeiten, Ihr Wissen jetzt schon anzuwenden und auszuprobieren, auch wenn Sie noch keine detaillierten Kenntnisse besitzen. Diese erwerben Sie mit zunehmender Erfahrung.

## Pflanzen platzieren

Vielleicht gibt es bei Ihnen zu Hause Pflanzen, die nicht so richtig gedeihen wollen. Stellen Sie sich auf die betreffende Pflanze ein. Das Pendel oder die Rute soll Ihre Fragen mit Ja oder Nein beantworten. Fragen Sie: «Fühlt sich diese Pflanze hier wohl? Ist der Standort die Ursache dafür, dass sie nicht richtig gedeiht?» Falls Sie auf die letzte Frage ein Ja zur Antwort erhalten, wenden Sie die Peilmethode an, um einen günstigeren Standort zu finden. Bitten Sie das Pendel oder die Winkelrute, sie möge Ihnen die Richtung zeigen, in welcher es einen geeigneteren Platz für Ihre Pflanze gibt. Merken Sie sich die Richtung, indem Sie sich eine Linie vorstellen, ändern Sie Ihre Position und fragen Sie nochmals. Gehen Sie nun zu der Stelle, an der sich die beiden Linien ungefähr kreuzen. Wenn es sich um eine kleine Pflanze handelt, stellen Sie diese an die ermittelte Stelle und fragen Sie nochmals, nachdem Sie sich erneut auf sie eingestellt haben: «Fühlt sich diese Pflanze hier wohl?» Handelt es sich um eine grosse Pflanze oder um einen bereits gepflanzten Strauch, nehmen Sie als Schwingungsträger ein welkes Blatt in Ihre freie Hand und arbeiten Sie damit, bis Sie den definitiven Standort gefunden haben. Falls Sie ein Nein erhalten, fahren Sie fort, nach der Richtung zu fragen, in der Sie den Topf platzieren sollen. Sobald Sie erfahren, dass die Pflanze sich am neuen Ort wohl fühlt, fragen Sie, ob sie noch gedreht werden möchte. Pflanzen wachsen in Übereinstimmung mit dem Erdmagnetfeld. Beim Verschieben achten wir meistens nicht auf ihre ursprüngliche Ausrichtung, sondern stellen die Pflanzen, wie es uns gerade passt, so dass sie sich neu ausrichten müssen. Es kann zu Energie- und in der Folge zu Wachstumsstörungen führen, wenn wir eine Pflanze entgegen ihrem natürlichen Energiefeld stellen.

Beim Setzen von mehreren Pflanzen erkundigen Sie sich auch, ob sich diese miteinander vertragen. Da Pflanzen verschieden gepolte Felder erzeugen, kann es sein, dass sie sich gegenseitig stören. Prüfen Sie, welchen Abstand Sie zwischen den einzelnen Setzlingen einhalten sollten.

Die oben beschriebene Methode erleichtert Ihnen Ihre Gartenplanung, ohne dass Sie sich um Wasseradern oder Erdlinien zu kümmern brauchen. Sie können sehr schnell geeignete Plätze für jeden Ihrer Schützlinge finden. Ihr Garten wird dadurch sehr wahrscheinlich ein ganz anderes Gesicht erhalten. Statt nur nach äusseren Gesichtspunkten vorzugehen, setzen Sie vielleicht Nutzpflanzen zwischen Ihre Blumenbeete. Manchmal ergeben sich Stellen, die so stark gestört sind, dass sich dort keine einzige Pflanze wohl fühlt. Legen Sie dort Gartenwege hin, wenn Sie mögen. Es ist auch nicht sinnvoll, an solchen Stellen seinen Sitzplatz einzurichten. Wo sich Pflanzen nicht wohl fühlen, liegen meistens technische Störungen vor, die auch uns nicht gut tun. Probieren Sie diese Art von Gartenplanung aus und beobachten Sie Ihre Pflanzen! Wir haben erlebt, dass sich Pflanzen, die zuvor lange gekümmert hatten, in ganz wenigen Tagen erholten und danach üppig gediehen.

Wenn die Ursache für den schlechten Wuchs nicht beim Standort zu suchen ist, müssen Sie weitere Fragen stellen. Liegt sie in der falschen Bodenzusammensetzung, hat es zu wenig Licht, sind die Pflanzen zu dicht gesetzt, stimmen die Nachbarpflanzen nicht usw.? Das Vorgehen bleibt dasselbe. Gewisse Zimmerpflanzen fühlen sich unwohl in einem glasierten Übertopf. Solche Gefässe verändern die Polarität des Feldes und können dadurch störend wirken. Ziehen Sie auch diesen Gesichtspunkt in Betracht.

## Aufladen an Bäumen

Pflanzen und in besonderem Mass Bäume eignen sich auch, um sich daran aufzuladen und zu regenerieren. Wenn Sie sich ausgelaugt fühlen, gehen Sie nach draussen und stellen Sie sich auf Ihre eigene Gesundheit ein. Fragen Sie Ihre Rute oder Ihr Pendel, ob es einen Baum in der Nähe gibt, an dem Sie sich jetzt aufladen können. Fragen Sie mit der Peilmethode nach der Richtung, in der sich dieser Baum befindet.
Nachdem Sie einen entsprechenden Baum gefunden haben, stellen Sie sich erneut auf Ihre Gesundheit ein und fragen Sie, wie lange Sie sich daran aufladen sollen. Das Pendel oder die Rute soll Ihnen mit dem Ja-Zeichen antworten, wenn Sie die richtige Zahl nennen. Nun nennen Sie verschiedene Zeitangaben. Sie können den Zeitraum zuerst grob einkreisen, wie wir es bei der Wassertiefe und -menge gezeigt haben (siehe Seite 33, 34), und am Schluss in kleineren Schritten die richtige Zeitdauer ermitteln. «Soll ich mich länger als eine halbe Stunde aufladen? Länger als eine Viertelstunde?» Ein Diagramm erleichtert Ihnen diese Arbeit.
Sobald Sie die geeignete Zeit ermittelt haben, legen Sie am besten Ihre Werkzeuge zur Seite und wenden sich dem Baum zu. Es hängt von Ihnen ab, wie Sie mit dem Baum Kontakt aufnehmen möchten. Befühlen Sie ihn mit den Händen, umarmen Sie ihn, lehnen Sie sich mit dem Rücken gegen seinen Stamm, oder legen Sie sich darunter. Versuchen Sie, seine Energie in sich zu spüren.
Vielleicht versuchen Sie auch, mental mit ihm in Kontakt zu treten. Stellen Sie ihm eine Frage und lauschen Sie in sich hinein, was Ihnen dazu in den Sinn kommt. Stellen Sie die nächste Frage und achten Sie wieder auf Ihre Reaktion. Wenn Sie lernen, Ihren Wahrnehmungen zu vertrauen, lässt sich mit der Zeit eine Art Zwiegespräch mit dem Baum führen. Er wird zu Ihrem persönlichen Ratgeber. Auf diese Weise schulen Sie auch Ihre Intuition und lernen, sich anderen Energiebereichen zu öffnen.
Beenden Sie die Kontaktnahme, indem Sie sich bei dem Baum bedanken und ihm Ihrerseits liebevolle Energie senden.

## Schlafplatz

Eine Schlafplatzuntersuchung ist anspruchsvoll, da sich viele Energien gegenseitig beeinflussen. Ausserdem ist es bei einer so wichtigen Frage schwieriger, unvoreingenommen zu bleiben. Nehmen Sie sich eine Untersuchung des Schlafplatzes erst dann vor, wenn Sie bereits etwas Übung im Rutengehen und Pendeln erworben haben, wenn Sie nicht zu leicht beeinflussbar und bereit sind, gegebenenfalls Änderungen in Ihrem Schlafzimmer vorzunehmen. Zu wissen, dass Sie an einem ungünstigen Ort schlafen, kann Ihrer Gesundheit weit abträglicher sein, als unbeschwert dort zu ruhen.
Es gibt für Anfänger eine einfache Möglichkeit, die Bedingungen des Schlafplatzes zu verbessern. Dies ist ein abgekürztes Verfahren für all jene, die sich nicht weiter in die Materie vertiefen möchten. Wer mehr über Energien erfahren will, erhält weiter hinten ausführlichere Informationen.

Stellen Sie sich neben Ihr Bett, und machen Sie sich auf sich selbst und Ihre Gesundheit sensibel. Das Pendel oder die Rute möge Ihre Fragen mit Ja oder Nein beantworten. Fragen Sie: «Ist dieser Platz für mich gut und erholsam zum Schlafen? Ist es für meine Gesundheit förderlich, wenn ich hier schlafe? Ist es für meine Gesundheit schädlich, hier zu schlafen?» Gewöhnen Sie sich an, zu einem Thema immer mehrere ähnliche Fragen und Gegenfragen zu stellen. Lautet die Antwort Nein, können Sie wiederum die Peilmethode verwenden, um einen geeigneteren Schlafplatz zu finden. Machen Sie sich sensibel auf einen für Sie erholsamen Schlafplatz. Bitten Sie die Rute oder das Pendel, Ihnen die Richtung zu zeigen, in der sich ein geeigneterer Platz für Sie befindet. Oder Sie gehen durch die Wohnung und bitten die Rute, immer dort auszuschlagen, wo es für Sie zum Schlafen erholsam ist.

Fragen Sie auch, ob es einen oder mehrere Gegenstände gibt, die Sie beim Schlafen stören. Bitten Sie die Rute oder das Pendel, Ihnen die Richtung zu zeigen, aus welcher die Störung kommt. Fragen Sie, ob sich der Gegenstand in Ihrem Schlafzimmer, in Ihrer Wohnung oder ausserhalb befindet. Ist er im Schlafzimmer oder in der Wohnung, versuchen Sie den Störenfried zu finden und entfernen Sie ihn. Denken Sie daran, dass sich solche Gegenstände auch in Schränken verbergen können. Störend können technische Geräte wie Radiowecker oder Nachttischlampen (je nach Standort!) wirken, jede Art von grösseren metallenen Gegenständen und insbesondere Spiegel, spitze Gegenstände, die genau auf Ihr Bett zielen, Kunststoffgegenstände, religiöse Dinge oder Kultgegenstände (auch wenn es sich «bloss» um Souvenirs handelt), Bilder von Verstorbenen, unruhige Bilder oder solche mit Gewaltdarstellungen, knallige Farben und anderes mehr.

Haben Sie etwas gefunden und entfernt oder verschoben, fragen Sie erneut nach störenden Gegenständen, bis Sie ein Nein als Antwort erhalten. Möglicherweise ist das Problem ohne Verschieben des Bettes bereits behoben.

Eine Schlafplatzuntersuchung sollte immer auf eine bestimmte Person bezogen sein. Nicht alle Menschen reagieren gleich empfindlich. Manchmal hilft es, den Platz mit dem Partner zu tauschen.

## Rosenquarze platzieren

Mit Rosenquarzen lassen sich leichtere natürliche und technische Störungen harmonisieren. Sie können sie auch bei technischen Geräten wie Computerbildschirmen oder Fernsehgeräten einsetzen. Damit der Stein seine Wirkung behält, müssen Sie ihn regelmässig reinigen. Benützen Sie Ihren Computer täglich mehrere Stunden lang, sollten Sie auch den Stein täglich waschen. Halten Sie ihn dazu unter fliessendes kaltes Wasser, etwa so lange, wie man braucht, um sich gründlich die Hände zu waschen. Trocknen Sie ihn mit einem weichen Tuch ab und legen Sie ihn eine Weile ans helle Tageslicht, aber nicht in die pralle Mittagssonne.

Sie benötigen rohe Rosenquarze etwa in der Grösse eines Pflastersteins. Achten Sie darauf, dass der Stein keine zu ausgeprägten Spitzen hat. Befragen Sie vor dem Kauf Ihr Pendel, ob der Rosenquarz mit Ihnen in Harmonie ist. Sollte dies nicht zutreffen, versuchen Sie es mit einem anderen Stein.

Waschen Sie den Stein nach dem Kauf zu Hause unter fliessendem Wasser und legen Sie ihn in die Morgensonne zum Trocknen. Bestimmen Sie nun die drei positiv gepolten Seiten, und legen Sie den Stein so vor sich hin, dass diese drei Seiten nach Norden, nach Osten und nach oben weisen. Am besten bezeichnen Sie eine Seite, zum Beispiel die Nordseite, mit einem wasserfesten Stift.

Prüfen Sie nun das Feld des Steines. Machen Sie sich darauf sensibel und bitten Sie das Pendel oder die

Rute, Ihnen so lange das Ja-Zeichen zu zeigen, wie Sie sich damit im Feld des Steins befinden. Markieren Sie es mit Papierstreifen. Sie sollten den Stein so platzieren, dass Sie sich beim Arbeiten oder beim Schlafen innerhalb seines Feldes befinden. Legen Sie den Stein nicht unter Ihr Bett! Er liebt und braucht das Licht. Ausserdem würde sich dadurch zu viel Energie an einem Ort konzentrieren, was sich ungünstig auf ein Organ auswirken kann.
Fragen Sie zum Schluss, ob der Stein so, wie Sie ihn gestellt haben, in seiner optimalen Position ist. Wenn Sie ein Nein zur Antwort erhalten, fragen Sie, in welche Richtung Sie ihn verschieben oder drehen müssen. Am besten markieren Sie den Standplatz des Steins mit etwas Klebeband, um ihn nicht nach jedem Waschen neu suchen zu müssen.
Fühlen Sie sich unwohl im Feld des Steins, könnte er zu gross für Sie sein. Wie bei Tabletten kommt es auch bei Steinen auf die richtige Dosierung an. Teilen Sie den Stein, falls nötig, oder stellen Sie ihn an einen anderen, weiter entfernten Platz.

## Schmuck und Edelsteine

Schmuck oder Brillengestelle können ein enormer Störfaktor sein. Wenn Sie sich mit einem Schmuckstück unwohl fühlen, fragen Sie, ob es mit Ihrem Körper in Harmonie ist. Wenn die Antwort Nein lautet, müssen Sie sich nach dem Grund dafür erkundigen. Um nicht jede Frage einzeln beantworten zu müssen, empfiehlt sich dafür das Arbeiten mit einem Diagramm.
Möglicherweise stört der Schmuck, weil es sich um einen geschlossenen Metallring handelt. Ist dies der Fall, kann das Problem mit einem Zwischenstück aus Kunststoff behoben werden.
Wenn Sie das Schmuckstück von jemandem geerbt haben, könnte es noch Schwingungen Ihrer Vorgängerin tragen. Dies kann vor allem dann problematisch sein, wenn die Person lange krank war oder wenn sie eine sehr negative geistige Einstellung pflegte. Es ist auf jeden Fall ratsam, den Schmuck gründlich zu reinigen, wenn er unbekannter Herkunft ist. Vielleicht reicht es nicht, das Stück bloss unters fliessende Wasser zu halten. Legen Sie es dann über Nacht in Salz ein, indem Sie es ganz damit bedecken. Am nächsten Tag waschen Sie es gründlich unter kaltem Wasser und legen es mehrere Tage lang ins helle Tageslicht. Nach dieser Prozedur sollte er gereinigt sein. Vergewissern Sie sich, dass der Schmuck Sie nicht mehr stört.
Manchmal sind es einzelne Bestandteile eines Schmuckstücks, die nicht mit Ihrem Körper harmonieren. Dies können Metalle oder einzelne Steine sein. Viele Menschen sind zum Beispiel auf Nickel allergisch. Bestimmte Steine können einem Organ zu viel Energie zuführen. Fragen Sie, ob Sie diesen Stein nur gerade jetzt oder generell nicht vertragen. Je nach der Antwort empfiehlt es sich, auf das Schmuckstück zu verzichten oder es entsprechend umarbeiten zu lassen.
Manchmal wirkt sich auch die Form ungünstig aus. In diesem Fall hilft wohl nur umarbeiten oder weggeben.
Edelsteine und Halbedelsteine können Ihr Wohlbefinden erheblich stören, wenn sie nicht mit Ihnen harmonieren. Andererseits kann man auch Steine dafür einsetzen, gezielt einen Vorgang im Körper oder in der Psyche zu unterstützen. Benutzen Sie ein Diagramm, um die für Sie geeigneten Steine herauszufinden. Beobachten Sie, wie Sie auf Steine reagieren und führen Sie gegenbenenfalls ein Tagebuch. Auf diese Weise lässt sich kontrollieren, ob sich irgendwo ein Fehler eingeschlichen hat.

# Fragetechnik

Die meisten Fehler, die beim Rutengehen und Pendeln auftreten, beruhen auf zu ungenauen Fragen. Beim Pendeln nehmen wir mit einer anderen Ebene als unserem normalen Alltagsbewusstsein Kontakt auf. Je nach Weltanschauung mag man diese als Unbewusstes, als höheres Selbst, kollektives Unterbewusstsein oder als universelles göttliches Wissen betrachten. Wir nennen sie am liebsten scherzhaft den grossen Zentralcomputer, in dem alles Wissen gespeichert ist. Sofern man den Code kennt, weiss, wie der Computer zu bedienen ist, kann alles Wissen abgerufen werden. Wenn einem die nötigen Kenntnisse fehlen, das bedeutet im übertragenen Sinn die erforderliche Reife noch nicht erworben wurde, bleiben die Daten unerreichbar. Es lässt sich nur abrufen, was dem persönlichen Bewusstseinsstand entspricht. Und wie ein Computer reagiert diese Wissensebene ausschliesslich auf die Befehle, die wir eingeben. Der Computer ist unerbittlich und führt nur das aus, was wir tatsächlich eingegeben haben.

Diese zentrale Wissensebene funktioniert nach anderen Gesetzen als unser Verstand. Sie ist zu vergleichen mit dem Denken eines kleinen Kindes, das alles, was wir zu ihm sagen, absolut wörtlich nimmt. Wenn man zu diesem Kind sagt: «Kannst du die Kartoffeln aus dem Keller bringen?», antwortet es mit Ja und rührt sich nicht von der Stelle, weil in diesem Satz keine direkte Aufforderung steckt. Wir haben eine Frage gestellt, die korrekt beantwortet wurde. Mehr nicht. Ebenso reagiert die Ebene des Unbewussten auf das, was wir sagen, und nicht auf das, was wir meinen. Wir sind uns in der Regel nicht bewusst, wie ungenau wir uns meistens ausdrücken. Wenn Sie zum Beispiel Ihr Pendel fragen: «Kann ich Tollkirschen essen?» Dann lautet die Antwort: «Ja.» Essen können Sie Tollkirschen. Fragen Sie, ob Sie unzerkleinerten Granit essen können, lautet die Antwort: «Nein.» Man kann ihn weder in den Mund stecken noch ein Stück davon abbeissen. Gefährlich ist nun, wenn Sie die erste Antwort falsch deuten, weil Sie etwas anderes meinen, als Sie tatsächlich gefragt haben, nämlich ob Ihnen die Tollkirschen bekommen. Die Antwort des Pendels ist absolut korrekt. Falsch ist nur Ihre Interpretation dieser Antwort.

Um solchen Schwierigkeiten zu begegnen, ist es wichtig, eine grosse Genauigkeit in der Formulierung zu üben. Je präziser Sie die Frage stellen, umso präziser wird die Antwort ausfallen. Auf ungenaue Fragen erhalten Sie ungenaue Antworten, die wertlos sind.

Gewöhnen Sie sich an, als Kontrolle Gegenfragen zu stellen. Sie werden deren Wert schnell schätzen lernen, auch wenn Ihnen dies zu Beginn albern und überflüssig erscheinen mag. Fragen Sie: «Ist dies so richtig? Ist dies so falsch?» Oder: «Stimmt dies so? Stimmt dies so nicht?» Wenn immer Sie auf zwei sich widersprechende Fragen die gleiche Antwort erhalten, steckt irgendwo ein Fehler. Er gibt Ihnen die Möglichkeit, genauer nachzufragen.

## Mehrere ähnliche Fragen stellen

Es empfiehlt sich auch, immer mehrere, sehr ähnliche Fragen nacheinander zu stellen. Ersetzen Sie zur Kontrolle in Ihrem Fragesatz einzelne Wörter durch ähnliche.«Habe ich etwas übersehen? Habe ich etwas falsch gemacht? Habe ich etwas vergessen? Habe ich alles richtig gemacht?» Oder: «Ist dies sinnvoll? Ist es nötig? Ist es nützlich? Ist es empfehlenswert?» Wenn Sie auf verschiedene Fragen, die scheinbar alle dasselbe bedeuten, unterschiedliche Antworten erhalten, lernen Sie die versteckte Ungenauigkeit zu entdecken. «Nötig» ist nicht dasselbe wie «empfehlenswert». Sie lernen zu unterscheiden und Bedeutungsunterschiede zu beachten.

Fragen Sie im obigen Beispiel: «Ist es meiner Gesundheit förderlich, wenn ich Tollkirschen esse?», muss die Antwort Nein heissen. Wieder eine andere Frage könnte lauten: «Ist es meiner Gesundheit förderlich, wenn ich Tollkirschen als homöopathisches Medikament einnehme?» Je nach Ihrem Gesundheitszustand kann die Antwort nun Ja oder Nein lauten.

Lassen Sie uns ein weiteres Beispiel anführen. Sie stehen in Ihrem Schlafzimmer und fragen, ob es dort eine Wasserader gibt. Lautet die Antwort Nein, kann dies zweierlei bedeuten: Entweder gibt es in dem Zimmer keine Wasserader oder es gibt mehr als eine Wasserader. Stellen Sie daher immer die Gegenfrage: «Gibt es in meinem Zimmer keine Wasserader?» Lautet die Antwort nun wiederum Nein, heisst die nächste Frage: «Gibt es in meinem Zimmer mehr als eine Wasserader?» Ergibt sich erneut ein Nein, versteckt sich irgendwo ein Fehler. Entspannen Sie sich und beginnen Sie von vorne. Erhalten Sie hingegen ein Ja zur Antwort, stellen Sie der Reihe nach Fragen mit verschiedenen Mengen von Wasseradern: «Gibt es zwei Wasseradern, drei, vier usw.?»

Ein Nein bedeutet also nicht immer bloss Nein, sondern häufig auch «stimmt so nicht». Irgendwo ist etwas nicht korrekt. Erst wenn alles richtig ist, erhalten Sie ein Ja.

In solchen Fällen kann es vorkommen, dass die Antwort nicht eindeutig ausfällt oder Ihr Werkzeug keinen oder bloss einen zögernden Ausschlag zeigt. Dies bedeutet ein Jein oder weist darauf hin, dass ein Detail ungenau ist. Die Heftigkeit des Ausschlags gibt einen Hinweis darauf, wie sehr etwas zutreffend ist. Die Antwort kann ein zögerliches «Ja-a» oder ein begeistertes «Ja, genau so ist es» bedeuten.

Notieren Sie Ihre Fragen, um sie genau überprüfen zu können. Achten Sie bei Ihren Formulierungen ganz besonders auf die kleinen Füllwörter wie «schon», «eher», «eigentlich», «überhaupt» usw. Sie verändern oft den Sinn Ihrer Frage, auch wenn sie nicht bewusst verwendet wurden. Sie können aber auch zur Präzisierung einer Frage sehr wichtig sein. So ist es meistens empfehlenswert, das Wörtchen «jetzt» zu verwenden. Sie schränken sich damit auf den Moment ein, in dem Sie fragen, was oft äusserst hilfreich ist.

Achten Sie bei Ihrer Fragestellung genau auf jedes einzelne Wort und hinterfragen Sie jedes Detail, wenn Sie einen Fehler entdecken. Lassen Sie jedes überflüssige Wort weg, aber vergessen Sie nichts. Bleiben Sie so einfach wie möglich. Es ändert die Bedeutung Ihres Satzes grundlegend, wenn Sie fragen: «Sind diese Pilze geniessbar?» Oder: «Sind sie noch geniessbar?»

Manchmal ist es sinnvoll, seine eigenen Fragen zu hinterfragen. Sie können nämlich so ungenau gestellt sein, dass sie sich gar nicht beantworten lassen. Meistens reagiert das Pendel in einem solchen Fall mit Stillstand. Dies geschieht zum Beispiel, wenn Sie etwas als Tatsache annehmen, was so nicht zutrifft. Nehmen wir als Beispiel die Frage: «Wurden in meinem Haus Wohngifte verwendet?» Haben Sie das Haus nur gemietet und es gehört Ihnen nicht, kann die Frage nicht beantwortet werden. Es ist nicht Ihr Haus, obwohl Sie darin wohnen. Die Frage ist in sich falsch. Bei solchen Unklarheiten ist es hilfreich, sich zu vergewissern: «Lässt sich diese Frage so beantworten?» Oder: «Steckt in dieser Frage irgendwo ein Fehler? Stimmen alle Details? Habe ich etwas übersehen?» Auf diese Weise lässt sich der verborgene Fehler entdecken.

Die Fähigkeit, Fragen zu stellen, die nur mit Ja oder Nein beantwortet werden dürfen, lassen sich mit einem Spiel üben, zu dem Sie weder Rute noch Pendel brauchen. Es lassen sich dadurch lange Fahrten verkürzen, und viele Kinder spielen es liebend gern. Jemand denkt sich eine bekannte Persönlichkeit oder einen Gegenstand aus. Sie versuchen nun, mit geschickten Fragen möglichst schnell herauszufinden, um wen oder was es sich handelt. Ihr Gegenüber darf aber nur mit Ja oder Nein antworten. Auch bei diesem Spiel werden Sie immer wieder mit ungenauen Fragen konfrontiert. Immer wieder werden Sie zu hören bekommen, das lässt sich so nicht beantworten. Spielerisch trainieren Sie auf diese Weise eine absolut wichtige Voraussetzung für zuverlässiges Rutengehen und Pendeln.

Scheuen Sie sich nicht davor, zu Übungszwecken scheinbar Banales zu fragen. Im Gegenteil. Wichtig ist für Sie zu Beginn, dass Sie sehr viel üben. Je mehr Sie üben, desto mehr Fehler unterlaufen Ihnen, aus denen es zu lernen gilt. Gehen Sie spielerisch an die Sache heran. Bleiben Sie sich bei Ihren Übungen immer bewusst, dass Sie am Üben sind. Nehmen Sie die Antworten hin und überprüfen Sie sie wenn möglich.

Es gibt unendlich viele Möglichkeiten, im Alltag zu üben. Versuchen Sie das Gewicht eines Briefes zu pendeln, bevor Sie ihn zur Post tragen. «Ist mein Mann jetzt schon zu Hause eingetroffen?» «Sind die Karotten jetzt schon gar?» usw.

Wir möchten Ihnen noch ein Beispiel geben, aus dem Sie die Bedeutung genauer Fragen ersehen können. Angenommen, Sie möchten Herrn Meier anrufen und wollen übungshalber zuerst pendeln, ob er zu Hause erreichbar ist. Stellen Sie sich auf ihn ein, indem Sie seinen vollen Vor- und Nachnamen nennen. Fragen Sie: «Ist Hermann Meier jetzt telefonisch erreichbar?» Angenommen, Sie erhalten ein Ja, wählen die Nummer, aber niemand hebt ab. Wo könnte der Fehler stecken? Herr Meier befindet sich immer noch im Büro und ist dort telefonisch erreichbar. Auch in einem Restaurant bleibt er telefonisch erreichbar. Sie müssen daher fragen: «Ist Herr Meier jetzt zu Hause telefonisch erreichbar?» Nun werden Sie ein Nein zur Antwort erhalten.

Wir haben einmal erlebt, dass die obige Frage verneint wurde, und als wir zur Kontrolle trotzdem anzurufen versuchten, meldete sich die gewünschte Person am Telefon. Wieder galt es herauszufinden, wo sich der Fehler versteckte. Nach längerer Suche ergab sich schliesslich, dass sich diese Person an ihrem Wohnort nicht zuhause fühlt. Sie besitzt ein Wochenendhaus, das sie innig liebt und das für sie das eigentliche Zuhause ist. Als wir anschliessend fragten: «Ist diese Person jetzt an der und der Strasse telefonisch erreichbar?», lautete die Antwort korrekterweise Ja.

## «Gut» und «schlecht»

Sie ahnen wohl, dass die meisten Fragen, die wir eben schnell mal das Pendel fragen möchten, viel zu ungenau sind. «Soll ich die Arbeitsstelle wechseln?» Eine solche Frage kann sowohl mit Ja als auch mit Nein beantwortet werden, wobei beide Antworten richtig sind. Was ist Ihnen wichtig? Wollen Sie wegen des Einkommens oder wegen der Arbeitskollegen kündigen? Möchten Sie Neues lernen? Suchen Sie Sicherheit oder eine neue Herausforderung? Je nach Gesichtspunkt muss die Antwort verschieden ausfallen.

Bevor Sie Fragen von einer solchen Tragweite stellen, ist es unbedingt erforderlich, dass Sie die Sprache Ihres Pendels genau kennen und sich in präziser Fragetechnik geschult haben. Denken Sie daran, dass das Pendel keine Verantwortung trägt und auch keine Konsequenzen erdulden muss. Sie sind es, der oder die unangenehme Folgen von falschen Entscheiden zu tragen hat! Üben Sie daher mit Vorteil zuerst an harmlosen Aufgaben, wo Fehler nichts ausmachen und sogar erwünscht sind, weil Sie daraus am meisten lernen.

Aus dem Beispiel mit der Arbeitsstelle wird deutlich, dass die Bewertung als «gut» oder «schlecht» sehr relativ ist. Meistens ist es viel zu ungenau, danach zu fragen. Es kann für mein Einkommen «gut» sein, die Stelle zu wechseln, aber sehr schlecht für meine persönliche Sicherheit, wenn die neue Firma nach einem halben Jahr in Konkurs geht. Ist das nun gut oder schlecht für mich?

Gewöhnen Sie sich an, bei «gut» und «schlecht» eine Ergänzung anzufügen: «Ist es gut für die Gesundheit, gut für meinen beruflichen Fortschritt, gut für mein seelisches Gleichgewicht?» Oder ersetzen Sie «gut» durch andere Ausdrücke: «Ist es meinem Einkommen förderlich, ist es für mein geistiges Wachstum sinnvoll, ist es für den Erhalt einer glücklichen Beziehung nötig?» Oder wenn es sich um Ihre Gesundheit handelt: «Wird dies meine Heilung beschleunigen? Ist es in Harmonie mit meinem Körper? Birgt es eine Gefahr für mich?»

Darüber hinaus gilt es zu bedenken, dass «gut» oder «förderlich» nicht immer «angenehm» und «bequem» zu bedeuten hat. Wir sind alle auf dieser Erde, um gewisse Dinge zu lernen. Je länger wir eine Lektion vor uns her schieben, desto deutlicher werden wir von unserem Innern, unserer geistigen Führung aufgefordert, die nötigen Schritte zu unternehmen. Es kann daher durchaus sein, dass eine Erfahrung, die wir machen, im Moment sehr unangenehm ist und wir diese als «schlecht» bezeichnen würden. Sobald jedoch das Schlimmste überstanden ist und wir etwas Abstand gewonnen haben, erkennen wir, dass die vermeintlich «schlechte» Erfahrung eine unserer besten war, weil wir an ihr gewachsen und gereift sind.

Wenn Sie fragen, ob es für Ihr persönliches Wachstum sinnvoll ist, die Arbeitsstelle zu wechseln, mag die Antwort durchaus Ja lauten. Erkundigen Sie sich danach, ob diese Erfahrung angenehm für Sie ist, können Sie ein Nein erhalten. Je mehr ähnliche Fragen Sie zu einem Thema stellen, desto deutlicher wird für Sie die Antwort. Sie spüren sich in die Problematik hinein. Zu guter Letzt ist es nicht mehr das Pendel, das Ihren Entschluss beeinflusst, sondern Ihre Intuition, die durch die gestellten Fragen wachgerufen und trainiert wird. Eine solchermassen intuitiv herbeigeführte Entscheidung ist sicher richtig.

Alle Fragen, die eine Wertung beinhalten, sind sehr schwierig zu beantworten. «Gut» und «schlecht» sind Wertungen. Wie bereits erwähnt, sind sie sehr subjektiv und vom persönlichen Standpunkt abhängig. Es entspricht unserer menschlichen Sichtweise, immer alles beurteilen zu wollen. Der Kosmos oder das absolute Wissen sind frei davon. Stellen Sie zum Beispiel irgendeine Frage nach gutem oder schlechtem Wetter, lautet die Antwort immer «gutes Wetter», selbst wenn es Katzen hagelt und Sie vor Nebel die Hand nicht vor den Augen sehen können. Der Kosmos kennt kein gutes oder schlechtes Wetter, er wertet nicht.

Man kann also das Pendel zu wichtigen Fragen nicht eben mal schnell befragen. Um zu einem zutreffenden und aussagekräftigen Ergebnis zu gelangen, ist es unbedingt notwendig, sich Zeit zu nehmen und für Ruhe zu sorgen. Es ist wichtig, sich in die Frage zu vertiefen, sich mit ihr während mehrerer Tage immer wieder zu beschäftigen, um auf diese Weise sämtliche Kanäle zu öffnen und zu einem optimalen Resultat zu gelangen. Solcherart wird das Pendeln zu einer Schulung der Persönlichkeit. Sie lernen, oberflächliche und kurzfristige Sichtweisen zu erkennen und nach dem tieferen Sinn Ihres Lebens zu fragen.

Unter diesem Gesichtspunkt kommt den Fragen eine ganz besondere Wichtigkeit zu, ja, sie sind sogar wichtiger als die Antworten. In der Frage liegt die Antwort! Erst durch Ihre Fragen wird die Intuition geöffnet, und Sie werden empfänglich für aussergewöhnliche Impulse, die Ihr Leben in ungeahnter Weise bereichern.

## Was soll man pendeln und was nicht?

«Gibt es gewisse Dinge, die man nicht fragen darf?» Dies ist nicht ganz einfach zu beantworten, weil eine Antwort je nach dem ethischen oder moralischen Standpunkt anders ausfallen muss. Wir gehen grundsätzlich davon aus, dass es eine Wissensebene gibt, den grossen «Zentralcomputer», wo alles Wissen des gesamten Kosmos enthalten ist. Diese Ebene wird auch Akasha-Chronik genannt. Wie bei einem Computer ist aber nicht alles Wissen gleich leicht zugänglich. Es werden ganz bestimmte Kenntnisse vorausgesetzt, um an die höchsten Geheimnisse zu gelangen. Für bestimmte Bereiche braucht es vielleicht sogar eine Art Passwort, weil es nicht sinnvoll ist, dass ungeübte oder unreife Menschen damit hantieren. Der Zugang zu diesen Ebenen ist geschützt. So betrachtet, gibt es keine Grenzen dafür, was man fragen soll oder darf.
Wir stellen uns den Kosmos oder die göttliche Energie ohne Wertungen vor. Die Begriffe «gut» und «schlecht» entspringen unserer menschlichen Wahrnehmung. Es gibt daher für uns keine Instanz, die uns die Entscheidung darüber abnehmen könnte, was «richtig» und was «falsch» ist. Alles ist möglich. Es ist daher grundsätzlich möglich, alles, was auf dieser allwissenden Ebene gespeichert ist, abzurufen. Dies bedeutet jedoch nicht, dass es auch sinnvoll ist, nach allem zu fragen. Vielmehr müssen wir selbst die Verantwortung für unser Handeln übernehmen. Man sollte sich daher über die Beweggründe klar werden, aus welchen man etwas Bestimmtes wissen möchte. Welche Absichten verstecken sich dahinter?
Wir halten wenig von der Warnung, man solle nie aus blosser Neugier fragen, im Gegenteil betrachten wir Neugier als eine sehr positive Eigenschaft, die uns anspornt, Neues zu lernen. Ohne Neugier fehlen die Fragen. Sie kann auch anregen, spielerisch Ihre neuen Fähigkeiten zu üben, solange Sie stets eine kritische Distanz zu Ihren Ergebnissen bewahren. Überlegen Sie sich einzig, worauf Sie Ihre Neugier richten und weshalb Sie etwas wissen möchten!
Es gibt kosmische Gesetze, die unentrinnbar für alle gelten. Eines dieser Gesetze lautet: «Was du säst, wirst du ernten.» Es wird in östlichen Kulturen auch als Karma bezeichnet. Dieses Gesetz bedeutet, dass jede Handlung, jeder Gedanke zu uns zurückkehrt und wir seine Folgen am eigenen Leib spüren. Wenn wir uns dieses Gesetzes bewusst sind, setzen wir uns selbst gewisse Grenzen. Es ist sinnvoll, das Rutengehen und Pendeln einzusetzen, um persönlich zu wachsen und zu reifen. Es ist jedoch wenig empfehlenswert, es einzusetzen, um im Leben anderer Menschen herumzuschnüffeln.
Gewisse Fragen zu stellen ist sehr unklug, weil sie meist zu einer Art «Eigentor» werden. Dazu gehören etwa solche nach Unglück oder dem eigenen Tod. Die wenigsten Menschen sind reif genug, mit diesen Dingen verantwortungsvoll umzugehen. Woher nehmen Sie im Übrigen die Gewissheit, dass Ihre Ergebnisse stimmen? Bei derartigen Fragen lässt sich nichts kontrollieren. Ausserdem besteht die Gefahr, dass Sie gewisse Konsequenzen durch Ihre Gedanken und durch die daraus folgenden Sorgen selbst in Ihr Leben ziehen. Sie könnten den Unfall unbewusst herbeiführen, um sich zu beweisen, dass Sie Recht haben! Wir raten Ihnen daher dringend davon ab, mit solchen Themen zu üben.
Überlegen Sie sich vor dem Pendeln, ob Sie eine bestimmte Antwort überhaupt verkraften. Wenn nicht, lassen Sie die Finger davon! Wir raten auch ganz dringend davon ab, mit Hilfe des Pendels einem Partner nachspionieren zu wollen. «Hat er nun eine Freundin?» «Geht sie wohl fremd?» Herzensangelegenheiten, welcher Art auch immer, eignen sich nicht zum Pendeln. Wir möchten Sie ein-

dringlich vor dem Leid und der Verwirrung warnen, die entstehen, wenn Sie auf diese Weise gewonnene Antworten als vermeintlichen Beweis einsetzen wollen. «Hab ich's doch gewusst! Das Pendel sagt es auch ...» Bedenken Sie, dass Sie bei solchen Fragen mit grosser Wahrscheinlichkeit nicht sehr objektiv sind. Ihr Verdacht ist bereits geschürt, die Eifersucht geweckt. Dadurch besteht die grosse Gefahr, dass Sie das Pendel beeinflussen, um die Antwort zu erhalten, die Sie zu ahnen glauben. Für solche Angelegenheiten ist das Pendel ein denkbar ungeeignetes Werkzeug. Versuchen Sie es doch mit einem liebevollen Gespräch!

## Entscheidungen

Sie müssen sich darüber im Klaren sein, dass Rute und Pendel lediglich Hilfsmittel sind, die weder eine Verantwortung tragen noch einen eigenen Willen oder etwas Ähnliches besitzen. Die Verantwortung liegt immer bei derjenigen Person, die pendelt. Sie trägt alle Folgen, die aus dem Pendeln entstehen. Dies gilt es vor allem zu bedenken, wenn Sie sich wegen einer bevorstehenden Entscheidung unsicher fühlen. Alle Sachverhalte, die für Sie enorm wichtig sind oder die bei Ihnen sehr starke Gefühle hervorrufen, bergen beim Pendeln grosse Gefahren. Die persönliche Verstricktheit verunmöglicht es, objektiv zu bleiben. Unbewusst versucht man oft, das Pendel zu beeinflussen. Vielleicht haben Sie Angst vor einem unangenehmen Schritt oder wollen nicht wahrhaben, dass es Zeit für eine Veränderung ist. Wie einfach scheint es da, sich hinter einer Pendelantwort verstecken zu können: «Das Pendel sagt auch, dass ...» Wir raten Ihnen, solche Fragen nicht mit dem Pendel lösen zu wollen. Stützen Sie auf keinen Fall wichtige Entscheidungen einzig auf Ihre Pendelergebnisse, sondern benutzen Sie Ihren gesunden Menschenverstand und Ihre Intuition. Das Pendel kann eine Hilfe bei Entscheidungen bieten, aber nicht mehr.

## Alltägliches

Bei manchen Menschen besteht eine gewisse Gefahr, in eine Art Abhängigkeit vom Pendel zu geraten. Sie verrichten nichts mehr, ohne vorher das Pendel um Rat zu fragen. «Welches ist heute die passende Pulloverfarbe für mich?» «Soll ich jetzt noch einen Spaziergang unternehmen?» «Soll ich dieses Schweineschnitzel essen?» «Ist ein Kinobesuch heute für mich von Vorteil?» Und so weiter. Solche Entscheidungen sollten Sie selbst und ohne Pendel treffen. Welche Instanz als Sie selbst sollte denn besser wissen, was gerade richtig für Sie ist? Machen Sie sich nicht unnötig klein, sondern nehmen Sie Ihr Leben selbst in die Hand und tragen Sie die Verantwortung für Ihr Tun! Oft werden solche Fragen auch dazu benutzt, um ein schlechtes Gewissen zu beruhigen. Wenn Sie Lust auf ein Glas Rotwein haben, so trinken Sie es mit Freuden! Halten Sie ein gesundes Mass, und es wird Ihnen bekommen! Benutzen Sie das Pendel nicht, um sich selbst zu überlisten. Sollten Sie jedoch unter einer Allergie leiden, kann das Pendel unschätzbare Dienste leisten und Sie vor unerwünschten, unangenehmen Reaktionen bewahren. In diesem Falle könnte es hilfreich und sinnvoll sein, über einer Speisekarte zu pendeln.

## Zukunft pendeln

Oft werden wir gefragt, ob man in die Zukunft pendeln könne. Auch hier ist die Antwort abhängig vom zugrunde liegenden Weltbild. Wir gehen davon aus, dass jede und jeder von uns mit einer Art Lebensplan geboren wird. Dieser Plan bestimmt unsere Familie und bestimmte Ereignisse, denen wir im Laufe des Lebens begegnen werden. Er ist aber nicht fix. Dies bedeutet, dass wir immer wieder vor Entscheidungen geführt werden, die wir mit unserem freien Willen zu treffen haben. Es liegt an jedem einzelnen, ob er seinem Lebensplan folgen will oder nicht. Je nach den getroffenen Entscheidungen nimmt das Leben einen anderen Kurs.

Bei Fragen nach der Zukunft spielt es daher eine Rolle, ob etwas bereits festgelegt ist oder nicht. Was bereits feststeht, kann auch präzise gependelt werden. In vielen Fällen gibt es jedoch bloss eine grosse Wahrscheinlichkeit, dass etwas eintreffen wird. Es kann auch anders kommen. Oft liegt es an Ihnen zu entscheiden, ob Sie etwas in Ihr Leben lassen wollen oder nicht. Diese Ereignisse sind nur schwer zu pendeln, und die Ergebnisse sind fraglich und schwierig richtig zu interpretieren.

Lassen Sie uns einige Beispiele geben. Fragen Sie zum Beispiel: «Werde ich diese Arbeitsstelle erhalten?», kommt es darauf an, ob der betreffende Personalchef die Entscheidung bereits getroffen hat oder nicht. Im ersten Fall können Sie eine zuverlässige Antwort erhalten, im zweiten nur eine wahrscheinliche. Manchmal ist es daher sinnvoll zusätzlich zu fragen: «Steht dies jetzt schon eindeutig fest?»

Wenn Ihnen eine Wahrsagerin voraussagt, dass Sie in zwei Monaten einen dunkelhaarigen Mann treffen und diesen heiraten werden, so schildert sie Ihnen damit bloss eine Wahrscheinlichkeit. Auch wenn Sie diesen Mann tatsächlich treffen sollten, müssen Sie immer noch selbst entscheiden, ob Sie ihn heiraten möchten oder nicht. Es gibt kein kosmisches Gesetz, das Ihnen dies vorschreibt, auch wenn es vielleicht in Ihrem Lebensplan tatsächlich so vorgesehen ist.

Man kann daher allgemein sagen, dass Ereignisse, die in sehr naher Zukunft liegen, oft gut vorausgesagt werden können, vor allem wenn sie bereits feststehen. Je weiter weg sie sind, desto schwieriger wird es. Auf jeden Fall sind Zukunftsfragen sehr schwierig präzise zu beantworten und eignen sich nicht für Ihre ersten Gehversuche.

## Eigener Vorteil

Manchmal werden wir gefragt, ob man Rutengehen und Pendeln zu «seinem eigenen Vorteil» einsetzen dürfe. Wir erachten das Pendeln als eine Fähigkeit wie jede andere auch. Wenn jemand mit grosser Mühe verschiedene Fremdsprachen erlernt hat, wäre er dumm, diese Fähigkeiten, die ihn gegenüber anderen Bewerbern auszeichnen, bei einem Vorstellungsgespräch zu verschweigen. Er hat doch etwas gelernt, um es im Alltag zu seinem Vorteil einzusetzen.

Rutengehen und Pendeln kann jede und jeder lernen, wenn er nur will. Sie können damit Dinge erfahren, die unter der Oberfläche verborgen liegen. Es wäre genauso dumm wie im obigen Beispiel, diese Kenntnisse in Ihrem Alltag nicht anzuwenden. Stellen Sie Ihr Licht nicht unter den Scheffel! Nutzen Sie alle Ihre Fähigkeiten zu Ihrem Nutzen und zum Wohle aller.

Hierher gehört auch die Frage, ob sich Börsenkurse oder Lottozahlen richtig pendeln lassen und ob man dies überhaupt «dürfe». Unserer Meinung nach gibt es keine Instanz, die Ihnen verbieten würde, dies zu versuchen. Auch hier gilt es zunächst, Ihren Beweggründen auf die Spur zu kommen. Ist Ihr Motiv zum Beispiel der Wunsch, schnell reich zu werden, so stehen Sie vor einer grossen Hürde: Dieser Wunsch wird wahrscheinlich so stark sein, dass Sie nicht mehr unvoreingenommen pendeln können. Sie werden zwar sehr eindeutig sechs Zahlen erpendeln, doch mit grosser Wahrscheinlichkeit wird Ihre Enttäuschung am Ziehungstag trotzdem gross sein, weil andere Zahlen gezogen werden. Ihr starker

Wunsch steht Ihnen im Weg. Oftmals pflegen wir auch unbewusste Glaubenssätze, die uns am Reichwerden hindern. Falls Sie glauben, Reichtum sei etwas Verwerfliches, verhindert Ihr Unbewusstes automatisch den Lottogewinn. Sie müssen solche «Programme» zuerst beseitigen, bevor Sie erfolgreich Lotto spielen können.
Sobald Sie innerlich völlig frei vom Wunsch nach Reichtum sind, wird die Aufgabe leichter zu lösen sein. Sind Sie es aber tatsächlich, stellen Sie vermutlich andere Fragen, die für Ihr Leben wesentlicher sind. Zu beachten gilt es ausserdem, dass es sich bei den Lottozahlen oder Börsenkursen um etwas handelt, was erst in der Zukunft eindeutig festgelegt wird. Lottozahlen oder Börsenkurse richtig zu pendeln ist etwas vom Schwierigsten. Es lohnt sich, mit leichteren Aufgaben zu üben.

## Für andere pendeln

Bemühen Sie sich zuerst darum, dass Ihre Aussagen präzise werden, und üben Sie für sich selbst, bevor Sie sich in den Dienst Ihrer Mitmenschen stellen. Es ist nötig, sich dabei an ein paar Regeln zu halten, damit Sie aus lauter gutem Willen und aus dem Wunsch zu helfen nicht mehr Unheil anrichten, als Ihnen lieb ist.
Ein Grundsatz lautet: Pendeln Sie nicht, ohne dass Sie darum gebeten wurden! Respektieren Sie, dass Ihre Mitmenschen ein Anrecht auf ein eigenes Leben und auf eigene Erfahrungen haben. Dies schliesst auch sogenannt schlechte Erfahrungen mit ein. Halten Sie sich zurück mit «guten Ratschlägen», wenn Sie nicht danach gefragt werden. Dies gilt insbesondere für Ihre eigene Familie. Hüten Sie sich vor Übereifer, sonst gehen Sie Ihrer Umgebung bald gewaltig auf die Nerven und ernten nichts anderes als Ablehnung. Und beachten Sie, dass nicht alles, was für Sie gut und nützlich ist, auch für andere gelten muss. Wenn es sich um andere Menschen handelt, ist Neugier fehl am Platz. Es gibt genügend Probleme in Ihrem eigenen Leben, denen Sie Ihre Aufmerksamkeit schenken sollten.
Auch wenn Sie um Hilfe gebeten werden, sollten Sie damit eher zurückhaltend sein. Wir haben es uns zur Gewohnheit gemacht, vor jeder Beratung danach zu fragen, ob sie aus höherer Warte sinnvoll ist. Wenn uns mit Nein geantwortet wird, lehnen wir die Beratung ab. Dies ist allerdings nur sehr selten der Fall. Es gibt vieles, was wir aus unserer beschränkten Perspektive nicht richtig zu beurteilen vermögen. Wir möchten daher auch Ihnen raten, bevor Sie jemandem zu helfen versuchen, verschiedene Fragen danach zu stellen, ob etwas gegen diese Hilfe spricht. Je nach Ihrer Weltanschauung wird die Formulierung anders ausfallen. Hier ein paar Anregungen für solche Fragen:

- Darf ich, kann ich, soll ich helfen?
- Gibt es aus höherer Erkenntnis Gründe, die gegen meine Hilfe sprechen?
- Will die Person meine Hilfe?
- Bin ich in diesem Falle zur Hilfe fähig?
- Gehört es zum Lebensplan von Person X, diese Schwierigkeit ohne Hilfe durchstehen zu müssen?
- Gibt es eine geeignetere Hilfe als meine?

Bedenken Sie auch, dass Sie sich irren oder Fehler machen könnten. Bleiben Sie stets selbstkritisch. Formulieren Sie Ihre Aussagen für andere mit äusserster Sorgfalt und Behutsamkeit. Hüten Sie sich vor «schlechten» Botschaften oder voreiligen Warnungen. Sie tragen die Verantwortung, wenn Sie jemanden beunruhigen oder verängstigen. Seien Sie sich dessen stets bewusst. Was auch immer Sie mit Hilfe von Rute und Pendel unternehmen, die Verantwortung für Ihr Handeln bleibt stets bei Ihnen.

# Schutz

Beim Rutengehen und Pendeln öffnen Sie sich immer wieder neu für eine bestimmte Energie. Oft suchen Sie dabei nach störenden oder krank machenden Einflüssen. Damit diese keinen schädlichen Einfluss auf Ihre körperliche oder geistige Gesundheit ausüben, ist es unbedingt notwendig, sich gut zu schützen.
Bei Ihren Übungen sollten Sie immer auf einen Ausgleich zwischen positiven und negativen Themen achten. Konzentrieren Sie sich nicht ausschliesslich auf schädliche Energien! Suchen Sie stets aufbauende Orte, beschäftigen Sie sich mit schönen und harmonischen Dingen. Ohne diesen Ausgleich besteht die Gefahr, dass Sie vor lauter Furcht vor schädlichen Einflüssen krank werden. Überall lauern heimtückische Störungen. Unsere Erde ist voll davon. Sie sind unentrinnbar, wenn Sie sich ausschliesslich darauf konzentrieren.
Solche Gefahren wirken sich jedoch auf Sie nur dann schädlich aus, wenn Sie ungenügend im Gleichgewicht sind. Der beste Schutz besteht darin, dieses Gleichgewicht zu erhalten. Suchen Sie nicht ausschliesslich Schädliches! Öffnen Sie den Blick für die Schönheiten und Wunder der Natur. Tanken Sie auf, wo diese noch weitgehend intakt ist.
Waschen Sie vor und nach Ihren Übungen gründlich die Hände. Fühlen Sie sich dennoch irgendwie «aufgeladen», hilft eine Dusche. Wasser nimmt die überschüssige Ladung auf und führt sie ab.
Spüren Sie beim Rutengehen oder Pendeln gesundheitliche Beeinträchtigungen, sollten Sie unbedingt eine Pause einschalten. Schieben Sie die Warnzeichen Ihres Körpers nicht einfach zur Seite, sie machen Sie darauf aufmerksam, dass etwas nicht stimmt. Manche Menschen reagieren zu Beginn auf das Rutengehen oder Pendeln mit Herzbeschwerden. Ein solches Symptom weist Sie darauf hin, dass Sie zu viel von Ihrer persönlichen Energie verbrauchen. Brechen Sie Ihre Rutenübungen sofort ab, sobald sich Beschwerden einstellen. Es ist nicht Sinn und Zweck Ihrer neu erworbenen Fähigkeiten, Ihre Gesundheit zu gefährden. Schalten Sie eine Erholungspause ein. Lernen Sie, sich besser zu entspannen, und schützen Sie sich regelmässig mit einer der nachfolgenden Übungen.
Wählen Sie Schutzübungen, die Ihrer Weltanschauung entsprechen. Es ist bei diesen Übungen weniger wichtig, welche Sie anwenden, als dass Sie diese regelmässig praktizieren. Halten Sie sie daher einfach. Der gute Vorsatz, täglich eine halbe Stunde zu meditieren, droht schnell der morgendlichen Hektik zum Opfer zu fallen.
Gewöhnen Sie sich zum Beispiel an, stets ein paar positive und schützende Sätze zu wiederholen, sei es beim Zähneputzen, auf dem Weg zur Arbeit, auf dem Klo, beim Abwaschen, kurz, immer, wenn Sie sich nicht besonders auf etwas anderes konzentrieren müssen. Wählen Sie bewusst einen wohltuenden Gedanken. Solche Sätze könnten etwa lauten: «Ich bin in Frieden und Harmonie. Nichts Negatives kann mich berühren.» Oder: «Gottes Schutz umgibt mich auf all meinen Wegen.» Wählen Sie Ihre eigenen Worte, Ihren Bedürfnissen entsprechend. Solche kürzesten Anwendungen sind sehr einfach und bewirken, stetig gebraucht, viel mehr als unregelmässige längere Übungen. Sie imprägnieren mit der Zeit Ihr Denken und Fühlen in stärkender Weise.
Betrachten Sie Schutzübungen als eine notwendige Hygiene für Ihren Geist und Ihre Seele. So wie Sie morgens und abends Ihren Körper pflegen, sollten Sie auch Ihren Geist regelmässig reinigen. Beginnen Sie den Tag mit einer geistigen Übung und beenden Sie ihn ebenso.
Bei jeder Massnahme zu Ihrem Schutz ist es wichtig, dass Sie diesen so intensiv wie möglich fühlen. Darauf spricht Ihr Unterbewusstsein am schnellsten an. Je intensiver Sie fühlen, desto schneller und wirkungsvoller wird der Schutz aufgebaut.

## Gebete

Gebete bieten einen sehr wirkungsvollen Schutz. Wenden Sie sich an Ihren Schutzengel, an einen Erzengel oder an einen Heiligen und bitten Sie diese um ihren Beistand, ihren Schutz vor negativen Kräften und um ihre geistige Führung. Jeder Mensch hat mehrere geistige Gefährten, die ihn beschützen und zu geistigem Wachstum führen. Sie sind dazu da, uns zu helfen. Nehmen Sie diese Hilfe ruhig in Anspruch! Die meisten Menschen verhalten sich auf der geistigen Ebene so, wie wenn sie bei Regenwetter mit einem geschlossenen Schirm umherliefen. Sie meinen, die geistige Hilfe sei für irgendwen bestimmt, bloss nicht für sie. Die geistige Hilfe ist dazu da, dass wir sie benützen. Je mehr Sie sich der Gegenwart Ihrer geistigen Helfer bewusst sind, desto einfacher ist es für diese, Ihnen beizustehen. Versuchen Sie, deren Nähe und Hilfe zu fühlen. Ist es eine Wärme oder ein leichter Luftzug? Ist es ein angenehmes, geborgenes Gefühl, oder ist es ein intuitives Wissen, gepaart mit vielen guten Ideen? Sind es lauter «glückliche Zufälle», die sich in Ihrem Leben ereignen? Es gibt unzählige Möglichkeiten, die Gegenwart unserer geistigen Helfer wahrzunehmen.
Wählen Sie kurze, innige Gebete, mehr eine Art Stossseufzer als lange Litaneien. Beten Sie mit Ihren eigenen Worten und tun Sie es regelmässig.

## Meditation, geistige Bilder, Mentaltraining

Wer zu Gebeten keine Beziehung hat, kann mit Hilfe von geistigen Bildern, Meditationen oder Mentaltraining einen Schutz aufbauen. Stellen Sie sich etwas vor, was für Sie den Inbegriff von Schutz und Geborgenheit bedeutet. Wählen Sie Ihre eigenen Bilder, sie sind am wirkungsvollsten.

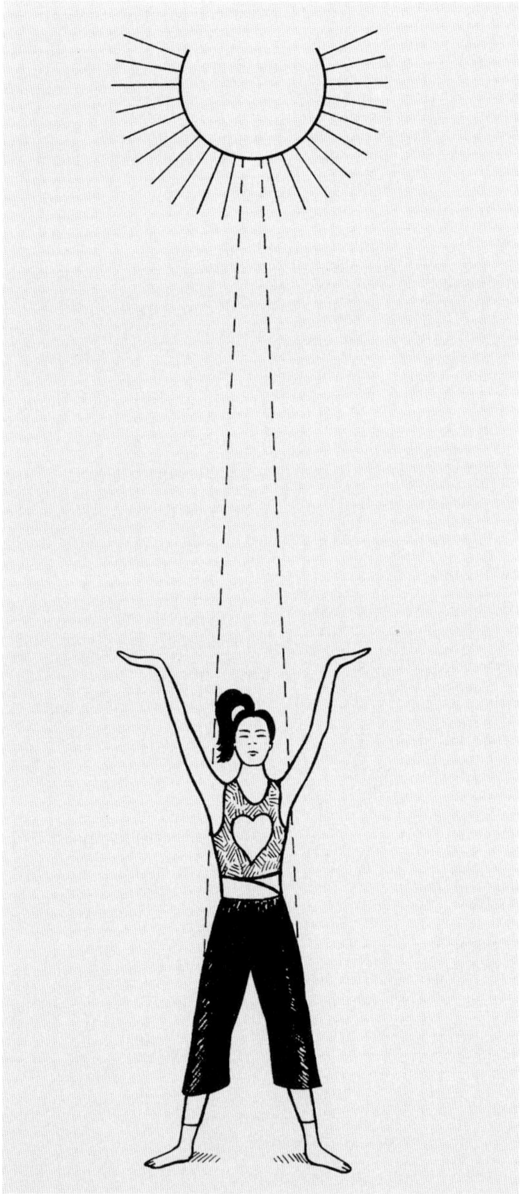

**Stellen Sie sich einen Sonnenstrahl vor, den Sie mit beiden Händen um sich herum herunterziehen können, so dass Sie ganz in sein Licht eingehüllt sind.**

So ein Bild könnte zum Beispiel ein Lichtmantel sein, in den Sie sich ganz einhüllen können. Oder stellen Sie sich mit geschlossenen Augen und erhobenen Armen hin, indem Sie sich einen Sonnenstrahl vorstellen, der durch die Wolken bricht. Fassen Sie diesen Strahl mit je drei Fingern und ziehen Sie ihn zu sich hinunter, bis die Arme zum Boden zeigen. Bemerken Sie zu sich selbst: «Ich bin in Frieden und in Harmonie. Nichts Negatives kann mich berühren.» Fühlen Sie das Licht um sich und wie es Sie durchdringt. Sehen Sie sich in diesem Licht die Aufgaben des bevorstehenden Tages bewältigen. Das Licht bietet Ihnen einen undurchdringlichen Schutz. Es ist stärker als das Dunkel und löst es auf. Fühlen Sie diese Wahrheit in sich. Wenn Sie im Licht stehen, kann Ihnen nichts Negatives etwas anhaben.

Ein sehr wirkungsvolles Bild ist eine Pyramide. Setzen Sie sich im Geist hinein und verschliessen Sie alle Seiten. Fühlen Sie, wie diese harmonische Form Ihnen Kraft gibt und alles Negative von Ihnen fern hält. Unterstützen Sie diese Vorstellung wiederum mit geeigneten Sätzen, wie zum Beispiel: «Ich bin eins mit göttlicher Kraft und Harmonie. Sie unterstützt und beschützt mich auf all meinen Wegen.»

Ein anderes Bild wäre ein Drusenkristall. Das sind jene Steinkugeln, denen man von aussen nicht ansieht, dass sie im Innern Tausende von leuchtenden Spitzen bergen. Setzen Sie sich im Geist in so eine Kugel und fühlen Sie, wie von jeder Steinspitze Kraft und Energie auf Sie einströmt. Sie können vollständig auftanken und sich regenerieren. Der Stein ist hart und schützt Sie vor allen schädlichen Einflüssen. Er ist stärker als alle Gefahren, die auf Sie lauern könnten, und verbirgt Sie vor diesen. Ergänzen Sie diese Vorstellung wiederum mit geeigneten Sätzen: «Die göttliche Energie ist allmächtig. Diese Allmacht ist stärker als alles Negative. Sie beschützt und unterstützt mich immerzu.»

Der Fantasie sind bei diesen Schutzbildern keine Grenzen gesetzt. Wählen Sie etwas ganz Alltägliches oder etwas völlig Fantastisches, ganz wie es Ihnen beliebt. Ein Zelt, das allen Stürmen trotzt, oder eine Kraftmaschine, die Sie zu einem unüberwindlichen Supermann oder einer unbezwingbaren Superfrau werden lässt. Wichtig ist einzig und allein, dass Sie sich das gewählte Bild regelmässig vorstellen und sich darin einfühlen.

Es gibt eine Menge von Büchern, Kassetten oder CDs mit Anleitungen in Mentaltraining. Sie führen Sie Schritt für Schritt dazu, Ihre täglichen sorgenvollen Gedanken zu kontrollieren und sie allmählich in freud- und kraftvolle zu verwandeln. Wir können solche Lernprogramme nur wärmstens empfehlen. Wichtig dabei ist allerdings, dass Sie die Bücher nicht bloss lesen, sondern anschliessend das Gelernte auch anwenden.

## Erden

Beginnen Sie Ihre Rutenübungen, indem Sie sich entspannen. Stellen Sie sich aufrecht hin, schliessen Sie die Augen und konzentrieren Sie sich eine Weile auf Ihren Atem. Spüren Sie den beruhigenden Rhythmus, der sich allmählich verlangsamt. Konzentrieren Sie sich dann auf Ihre Füsse und spüren Sie die Erde unter Ihnen. Es spielt dabei keine Rolle, ob Sie draussen sind oder sich zuoberst in einem Hochhaus befinden. Die Erdenergie ist überall spürbar. Stellen Sie sich vor, Sie seien ein Baum und es wüchsen Ihnen Wurzeln, die Sie mit der Erde verbinden. Sie wachsen immer tiefer und tiefer und verzweigen sich millionenfach. Fühlen Sie, wie daraus Kraft aufsteigt und stärken Sie sich damit. Lassen Sie vor Ihrem geistigen Auge aus Ihrem Kopf eine Krone wachsen. Die Äste ragen in den Himmel und lassen Energie in Sie einfliessen. Spüren Sie diese stärkende Kraft. Nehmen Sie davon so viel auf, wie Sie zu fassen vermögen, und lassen Sie das Übrige zurück in die Erde fliessen. Bedanken Sie sich zum Schluss bei ihr für ihre Unterstützung.

## Reinigung

Nach Ihren Rutenübungen sollten Sie sich bewusst geistig reinigen. Sie müssen die durch die Sensibilisierung geöffneten Türen wieder verschliessen. Dadurch schützen Sie sich, damit nicht unkontrolliert alle möglichen unerwünschten Kräfte auf Sie einstürmen und Sie ungünstig beeinflussen. Lernen Sie also, Ihre Tür nicht wahllos, sondern ausschliesslich gebetenen Gästen zu öffnen.
Wiederum möchten wir Ihnen bloss eine Anregung geben. Sie können durchaus Ihre eigenen Rituale entwickeln. Schliessen Sie die Augen und stellen Sie sich eine Dusche aus hellem Licht vor. Das Licht spült alle negativen Energien von Ihnen ab. Sehen Sie vor Ihrem inneren Auge, wie der Dreck fortgeschwemmt wird und Sie sauber werden. Wenn Sie sich ganz hell und strahlend fühlen, ändern Sie die Farbe Ihrer Dusche in ein leuchtendes Violett. Lassen Sie diese Farbe jede Zelle Ihres Körpers durchdringen und alles Unharmonische umwandeln. Die Erde nimmt alles auf, was von Ihnen heruntergespült wird, und reinigt es. Bedanken Sie sich am Schluss für die Hilfe der Farben und die reinigende Unterstützung durch die Erde.

## Musik von Peter Hübner

Neben dem geistigen Schutz gibt es auf der materiellen Ebene Hilfsmittel. Wir möchten Ihnen die Musik von Peter Hübner empfehlen. Dieser deutsche Komponist hat Werke geschaffen, die auf unseren Körper harmonisierend und dadurch heilend wirken. Er beruft sich in seiner Arbeit auf die universellen Harmoniegesetze. Ein Teil seiner Kompositionen ist unter dem Titel «Medizinische Resonanz Therapie Musik» erhältlich. Sie wird in vielen Kliniken im In- und Ausland zur Unterstützung der Heilung eingesetzt. In nach wissenschaftlichen Kriterien durchgeführten klinischen Tests ist die positive, heilende Wirkung dieser Musik nachgewiesen worden. Der Medikamenteneinsatz wird dadurch verringert oder kann ganz entfallen. Sie wird besonders auch zur Hilfe für die verstrahlten Kinder in der Umgebung von Tschernobyl eingesetzt, als eine der wenigen Therapieformen, die überhaupt eine Wirkung zeigen.
Auf Gesunde wirkt Peter Hübners Musik entspannend, und sie stärkt unser Immunsystem. Wir empfehlen sie all jenen von Ihnen ganz besonders, die sich nicht so leicht entspannen können oder bei denen die Rute nicht reagieren will. Wenn Sie diese Musik eine Zeit lang regelmässig hören, werden Sie bald mehr Erfolg haben.
Peter Hübners Musik eignet sich ganz besonders zur Unterstützung geistiger Schutzübungen. Sie wirkt nämlich nicht nur auf der körperlichen, sondern auch auf der geistigen Ebene harmonisierend und klärend. Wir empfehlen Ihnen, den Tag mit solcher Musik zu beginnen und ihn damit ausklingen zu lassen.

Wir wollen und können nicht entscheiden, welches die endgültige Erklärung des Phänomens Rutengehen ist. Wir möchten Ihnen im Folgenden einige Anregungen für mögliche Zusammenhänge geben, so dass Sie aufgrund Ihrer eigenen Erfahrungen selbst entscheiden können, was für Sie am plausibelsten ist, und zu Ihren eigenen Schlüssen finden. Wir legen dabei das Gewicht auf unsere persönlichen Erfahrungen in unserer täglichen Arbeit mit der Rute, ohne beweisen zu können, dass unsere Vorstellungen in allen Punkten stimmen. Wir haben für uns ein Arbeitsmodell entworfen, das uns in unserer Forschung sehr dienlich ist. Mit seiner Hilfe war es uns möglich, Feldveränderungen gezielt herbeizuführen und wiederholbare Wirkungen hervorzurufen. Auf diese Weise konnten wir Kriterien festlegen, die für uns im Zusammenhang mit «Harmonie» bestimmend sind. Wenn sie erfüllt sind, fühlen wir uns in einem bestimmten Feld wohl, Krankheiten heilen besser, gewisse Symptome verschwinden wie von Geisterhand. Da wir die Wirkung eines harmonischen Feldes auch an der Reaktion von Pflanzen überprüfen können und andere Menschen genauso reagieren wie wir, fühlen wir uns in unseren Beobachtungen bestärkt.
Um Rutengehen «wissenschaftlich» untersuchen zu können, muss zuerst ein grundsätzlicher Wandel im Denken der Wissenschaftler stattfinden. Er erfordert, dass sie ihre eigenen Grundannahmen überdenken und das Zusammenwirken von materiellen und feinstofflichen Ebenen akzeptieren und untersuchen. Wenn man «Wissenschaft» neu definiert und damit jede Tätigkeit meint, mit der jemand ernsthaft nach neuem Wissen strebt, dann wird Rutengehen seit langer Zeit wissenschaftlich untersucht. Im Verlauf der letzten ungefähr hundert Jahre haben viele Menschen auf diesem Gebiet geforscht und sind zu sehr wissenswerten Ergebnissen gelangt. Wenn sich einzelne Schlussfolgerungen widersprechen, darf dies nicht zu einem Ablehnen des gesamten Themas führen. Vielmehr sollte es Anlass bieten, selbst noch weiter daran zu forschen und den Ursachen für die Widersprüche auf den Grund zu gehen.

### Felder: Ausstrahlung von Gegenständen

Die Bezeichnung «Radiästhesie», mit der das Rutengehen allgemein bezeichnet wird, setzt sich aus den beiden Wortteilen «Radius» und «Ästhesie» zusammen. Der erste Teil stammt aus dem Lateinischen und heisst «Strahl». Die zweite, griechische Worthälfte meint «Empfindlichkeit, Fühligkeit». Radiästhesie bedeutet daher «Strahlenfühligkeit».
Die Radiästhesie geht davon aus, dass jeder belebte oder unbelebte Gegenstand um sich herum ein eigenes Feld erzeugt, das mit Hilfe von Rute und Pendel festgestellt werden kann. Landläufig wird dieses Feld «Ausstrahlung» genannt. Jeder Stoff kann über seine Ausstrahlung genau bestimmt werden; es lässt sich zum Beispiel unterscheiden, ob es sich um die Strahlung von Wasser oder von Eisen, ob es sich um eine Erdlinie oder um eine Verwerfung handelt. Diese Ausstrahlung ist mit Messgeräten, die sich auf materielle Erscheinungen beschränken, schlecht nachweisbar, meist eher indirekt oder sehr ungenau. Es handelt sich nicht um eine Strahlung im wissenschaftlichen Sinn, denn es werden keine materiellen Teilchen oder Energien abgegeben. Der wichtigste Teil dieser Ausstrahlung ist feinstofflicher Natur, wie wir weiter hinten beschreiben werden.
Ein Feld können Sie sich wie eine Wolke vorstellen, die sehr unterschiedliche Eigenschaften haben kann. Da alles ein Feld erzeugt, mischen sich diese, beeinflussen sich gegenseitig und lassen sich nicht scharf voneinander abgrenzen. Man könnte daher auch sagen: Die Feldeigenschaften an einem be-

stimmten Ort bestehen aus der Summe aller Kräfte, die dort wirken.
Anhand des Wortes «Umfeld» können wir dies verdeutlichen. Wenn vor Ihrem Haus ein Baum steht, so bestimmt er allein noch lange nicht Ihr Umfeld. Es macht einen Unterschied, ob dies der einzige Baum inmitten von Hochhäusern ist oder ob Sie an einem Waldrand leben. Ihr Umfeld besteht aus allem, was Sie täglich umgibt. Auch das Klima oder das Wetter spielen eine Rolle, die geografische Breite und das soziale Umfeld, Ihr Beruf und Ihre Laune. Sie sind Teil Ihres Umfeldes. Es ist unmöglich, es losgelöst von Ihnen analysieren zu wollen. Der Baum ist nur ein Detail daraus, das, für sich betrachtet, wenig auszusagen vermag, obwohl er für das Ganze sehr wichtig ist.
Felder gibt es nicht nur auf der materiellen, sondern auch auf der feinstofflichen Ebene. Die feinstoffliche Ausstrahlung wird allgemein als «Aura» bezeichnet. Von hellsichtigen Menschen kann sie wahrgenommen werden. Ist die Aura besonders stark ausgeprägt, ist sie als «Heiligenschein» für alle Menschen sichtbar. Wir werden die feinstofflichen Ebenen weiter hinten noch genauer beschreiben, da sie den hauptsächlichen Forschungsgegenstand des Rutengehens ausmachen.
Das Umfeld ist immer sehr vielschichtig. Es sind viele verschiedene Ebenen, materielle und feinstoffliche, die miteinander in Beziehung stehen. Jede Veränderung wirkt sich auf das Ganze aus, wodurch es stetem Wandel unterworfen ist. Es ist unmöglich, eine Ebene isoliert betrachten zu wollen, weil immer viele Faktoren miteinander zusammenspielen und sich gegenseitig beeinflussen.

## Materielle Ansätze

Eine materielle Erklärung für die Ausstrahlung von Dingen könnte die Tatsache liefern, dass unser materielles Umfeld nicht starr, sondern in steter Bewegung ist. Jedes Atom unseres Körpers und unserer Umgebung bis hin zum gesamten Planetensystem bewegt sich unaufhörlich. Dadurch und durch die unterschiedlichen Ladungen von positivem Atomkern und negativen Elektronen entstehen magnetische und elektrische Felder. Jede einzelne lebende Zelle produziert ein Feld, welches die anderen beeinflusst und mit diesen in Wechselwirkung tritt. Unser Organismus steht in einem Fliessgleichgewicht dieser verschiedenen Kräftewirkungen, genauso wie das ganze Sonnensystem.
Auf der materiellen Ebene können wir über die Schwingung der Atome unseres Körpers jede andere Schwingung in unserer Umgebung wahrnehmen, weil die beiden Felder miteinander in Wechselwirkung treten. Unser Körper ist über das vegetative Nervensystem fähig, diese feinsten Veränderungen in unserem Umfeld wahrzunehmen und so ans Gehirn weiterzuleiten, dass es die feinmotorischen Muskelzellen zu einem unwillkürlichen Rutenausschlag anregt. Auf diese Weise lässt sich das physikalische Rutengehen oder Pendeln erklären.
Beim Erforschen unseres Schwingungsumfeldes auf einer rein materiellen Ebene stösst man jedoch schnell an Grenzen: Werden die Feldstärken zum Beispiel sehr gering, sind sie mit Messgeräten nicht mehr nachweisbar. Dies bedeutet, dass es in der Natur elektromagnetische Felder geben kann, die bis jetzt noch unbekannt sind, weil sie mit keinem Messgerät nachgewiesen werden können. Trotzdem könnten sie unseren Organismus beeinflussen.
Ähnliches gilt für sehr hohe Frequenzen von Schwingungen: Ab einer bestimmten Höhe können Frequenzen nicht mehr direkt gemessen werden. Man kann das Vorhandensein solcher Strahlung nur noch indirekt messen, indem man Reaktionen, die diese Strahlung im Umfeld hervorruft, registriert. So

«misst» man zum Beispiel radioaktive Strahlung. Aufgrund dieser Feststellungen müssen wir zum Schluss kommen, dass das natürliche elektromagnetische Umfeld wesentlich vielfältiger ist, als angenommen wird, und dass Wirkungen existieren, welche noch unbekannt sind.
Solche Schwierigkeiten lassen uns zu der Überzeugung kommen, dass physikalische Messgeräte, für welchen Bereich auch immer sie eingesetzt werden mögen, für radiästhetische Phänomene unzureichend sind. Sie liefern bloss abstrakte Werte in irgendeiner Einheit, ohne jedoch über deren biologische Wirksamkeit etwas aussagen zu können. Die Anwender solcher Messgeräte gehen davon aus, dass es Grenzwerte gibt, welche über die Harmlosigkeit oder Schädlichkeit einer Schwingung entscheiden. Selbstverständlich zeigen sehr hohe Werte mit Sicherheit, dass eine Belastung für den Organismus besteht. Oft können aber auch äusserst geringe Werte von grosser Wirksamkeit sein, wenn sie auf einer bestimmten Organfrequenz schwingen oder über einen langen Zeitraum einwirken.
Wir sind der Meinung, dass bis jetzt der Mensch das empfindlichste Messgerät ist. Er allein ist in der Lage zu beurteilen, ob eine Strahlung störend wirkt oder nicht. Ein abstrakter Zahlenwert vermag dies nicht auszusagen. Erst wenn wir die Gesetzmässigkeiten der feinstofflichen Ebenen vollständig verstanden haben, werden wir in der Lage sein, ein Messgerät zu bauen, das auch diese Dimension zu erfassen vermag. Dazu bedarf es noch weiterer Forschung.
Im Folgenden sollen zuerst einige Verfahren vorgestellt werden, mit deren Hilfe die materielle Ausstrahlung von Dingen sichtbar werden kann. Sie mögen als Vorstellungshilfe für feinstoffliche Phänomene dienen.

### Kirlianfotografie

Die sogenannte Kirlianfotografie wurde anfangs unseres Jahrhunderts vom russischen Ehepaar Kirlian entwickelt. Für eine Kirlianaufnahme wird ein Feld von sehr hoher Spannung, aber mit minimalem Stromfluss erzeugt. Darauf wird ein lichtempfindliches Papier gelegt. Jeder geerdete Gegenstand zeigt nun in Wechselwirkung mit dem Hochspannungsfeld ein Bild von Entladungen in Form von Lichtblitzen, die auf dem Fotopapier aufgezeichnet werden. Dieses Verfahren wird in der Industrie zum Aufdecken feinster Haarrisse verwendet.
Auf den Aufnahmen nebenan können Sie erkennen, wie die Form des Gegenstands seine Ausstrahlung beeinflusst. Bei einem regelmässigen Körper wie dem runden Fünffrankenstück erfolgt die Entla-

**Kirlianfoto: Das runde Fünffrankenstück zeigt rundherum eine regelmässige Abstrahlung.**

**Kirlianfoto: Bei einem eckigen Goldplättchen wird die Energie an den Ecken gebündelt und dadurch verstärkt.**

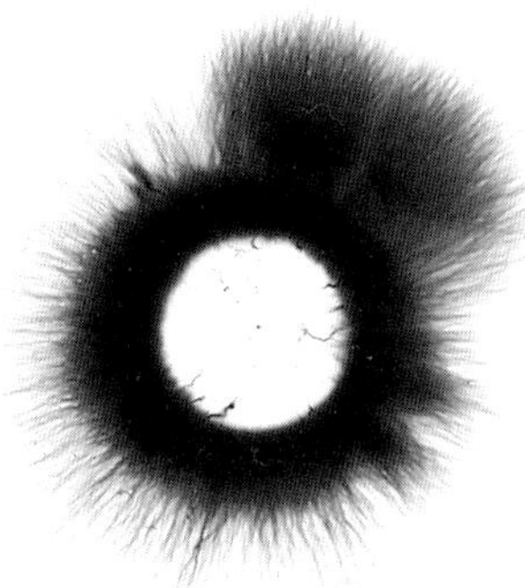

Kirlianfoto: Ein Goldring mit gefassten Steinen. Durch den Schliff der Steine wird die Energie gebündelt und verstärkt.

Kirlianfoto eines Pflanzenblatts.

Kirlianfoto: Fingerspitzen eines Menschen. Lücken oder Verwirbelungen lassen Rückschlüsse auf den Gesundheitszustand zu.

dung gleichmässig. Bei einem eckigen Körper wird die Energie hingegen an den Ecken gebündelt und dadurch verstärkt: Die Blitze an den Ecken sind deutlich länger als diejenigen an den Seitenkanten. Auch bei der Aufnahme des Fingerringes sieht man, dass die geschliffenen Edelsteine mehr Energie abstrahlen als der goldene Ring.
Diese Tatsachen sind äusserst wichtig, um die Wirkung von Formen auf das Verhalten von Energie zu verstehen. Die Kirlianfotografie bietet eine Möglichkeit, Energieflüsse sichtbar zu machen, die man mit Rute und Pendel feststellen kann. Sie liefert einen materiellen Beweis dafür.
Bei belebten Dingen wie Pflanzen, Tieren und Menschen kann man aus der Art der Abstrahlung Rückschlüsse auf deren Gesundheitszustand ziehen. Fehlt zum Beispiel bei einem Finger jegliche Ausstrahlung, so ist der Energiefluss in diesem Bereich blockiert. Dies lässt auf Blockaden in denjenigen Teilen des Körpers schliessen, die mit dem Finger energetisch in Verbindung stehen. Sind die Blitze an einer anderen Stelle viel zu lang, so deutet dies ebenfalls auf eine Störung im Energiehaushalt hin. Auch können sich die Blitze krümmen oder verwirbeln, so dass bei jeder Person ein ganz anderes Bild entsteht. Ein geschulter Heilpraktiker vermag mit Hilfe einer Kirlianfotografie eine zuverlässige Diagnose über den gegenwärtigen Gesundheitszustand zu stellen.
Die Kirlianfotografie macht die materielle Ausstrahlung eines Gegenstandes oder Lebewesens sichtbar. Sie zeigt die Wechselwirkung von zwei Feldern und beweist, dass die Grenze zwischen «belebt» und «unbelebt» willkürlich ist, denn auf der energetischen Ebene existiert sie nicht oder nicht in dieser Form: Ein Stein hat genauso eine Ausstrahlung wie ein Mensch.

**Biofeedback**

Auf einer rein physikalischen Ebene funktionieren auch Biofeedbackgeräte, die über das Messen des Hautwiderstandes bestimmte psychische Zustände sichtbar machen können. Auf diese Weise arbeiten sogenannte Lügendetektoren, die über zwei Elektroden die unterschiedliche Leitfähigkeit der Haut messen. Je grösser der emotionale Stress, desto gezackter fällt die Kurve aus.
Was heute unter dem Namen «Aura-Fotografie» bekannt ist, gehört ebenfalls in den Bereich des Biofeedbacks: Über den Hautwiderstand wird der Grad der Entspannung gemessen, der anschliessend in Form von Farben um den Kopf projiziert wird. Derartige Aufnahmen zeigen physikalische Erscheinungen, keine feinstofflichen, wie sie weiter hinten beschrieben werden. Die beiden Arten von Ausstrahlung haben aber selbstverständlich eng miteinander zu tun.

**Biophotonen**

Die neue Technik der Biophotonenmessung ist ebenfalls im materiellen Bereich der Ausstrahlung anzusiedeln. Der Physiker Fritz A. Popp hat in Kaiserslautern mit gewaltigen Restlichtverstärkern erstmals Photonen sichtbar gemacht. Photonen sind Lichtteilchen, die jedes Lebewesen beständig abstrahlt. Diese Teilchen sind für eine gute Gesundheit von grösster Bedeutung. Je vitaler ein Wesen ist, desto höher ist seine Photonenrate. Auf diese Weise lassen sich beispielsweise Eier von «glücklichen» Hühnern leicht von solchen aus Batteriehaltung unterscheiden: Die «glücklichen» Eier geben mindestens doppelt so viele Photonen ab wie diejenigen aus Batteriehaltung.
Popp führte auch Experimente mit Heilern durch. Es gelang dabei erstmals, die Energie, die beim Heilen abgegeben wird, sichtbar und dadurch beweisbar zu machen.

Bei den Biophotonen geht es nicht allein um Lichtteilchen. Wichtig dabei ist auch die Information, die in ihnen enthalten ist. Popp wies nach, dass es sich um sogenannt kohärentes Licht handelt, ähnlich wie wir es von Laserstrahlen kennen. Mit dieser Art von Licht werden Informationen übertragen und können zum Beispiel projiziert werden, wie man es von Discoveranstaltungen kennt.

Die Forschungen Popps zählen in Bezug auf die Annäherung zwischen feinstofflichen und naturwissenschaftlichen Erkenntnissen wohl zu den wesentlichsten. Es steht zu hoffen, dass sie in Zukunft auf ein grösseres Echo stossen.

Alle diese Verfahren machen deutlich, dass jeder Gegenstand und jedes Wesen einen physikalischen Anteil hat, den man Ausstrahlung nennen kann. Sie ist die Wirkung des Feldes, das über den physikalischen Körper hinausreicht.

## Feinstoffliche Ebenen

Es ist uns bewusst, dass es verschiedene Theorien über Art und Beschaffenheit von feinstofflichen Ebenen gibt. Je nach dem geistigen oder philosophischen Hintergrund ändern sich Namen und Einteilungen. Manche sind verständlich, andere sind hoch kompliziert. Es kann hier nicht darum gehen, alle diese Theorien zu beschreiben oder zu entscheiden, welches die «richtige» ist. Wir beschreiben hier das Modell, mit dem wir arbeiten und das uns gute Dienste leistet. Ausserdem ist es viel einfacher als andere Modelle.

Im Allgemeinen betrachtet man die Dinge um sich ausschliesslich als materiell. Ein Wissenschaftler zerlegt einen Stein in seine chemischen Elemente, bestimmt seine Härte oder Säurebeständigkeit. Untersucht man einen Stein auf feinstofflicher Ebene, erzählt er uns etwas über seine Heilkraft oder über Informationen, die in ihm gespeichert sind.

Überträgt man dieses Beispiel auf eine Schallplatte, so erfährt man auf der materiellen Ebene lediglich, aus welchem Material sie hergestellt wurde, welchen Umfang oder welche Dicke sie besitzt. Die Musik, die darauf gespeichert ist, bleibt dieser Art von Forschung verborgen. Sie macht jedoch genau den besonderen Reiz der Platte aus. Oder auf den Computer bezogen, beschäftigt sich die materielle Sichtweise ausschliesslich mit dem Computer als Maschine (Hardware); der Nutzen der verschiedenen Programme (Software) bleibt ihr völlig verschlossen.

Nach der materiellen Betrachtungsweise meint man, die Dinge seien fest und beständig. Man hält sie für die einzige Realität und lässt ausser Acht, dass dabei das Wesentliche, der wichtigste Teil der Wirklichkeit, verborgen bleibt. Tatsächlich ist jedoch alles stetem Wandel unterworfen, so wie man es am Werden und Vergehen in der Natur beobachten kann. Laufend werden von unserem Körper neue Zellen gebildet, andere sterben ab. Nichts hat in seiner materiellen Form Beständigkeit. Alles ist in stetem Fluss.

Die materielle und die feinstoffliche Ebene sind nicht getrennt voneinander zu betrachten. Vielmehr durchdringen sie sich gegenseitig, sind verschiedene Ausdrucksformen ein und derselben Wirklichkeit. Man kann sie nicht voneinander trennen. Wasser verdeutlicht uns mit seinen unterschiedlichen Erscheinungsformen die verschiedenen Ebenen. Sehen wir es in Form von Eis, so scheint es hart und beständig. Es lässt sich schneiden wie Holz, und man kann sogar Häuser daraus bauen. In flüssiger Form ist es schwierig zu halten. Es entwickelt eine grosse Kraft, zeigt sich sehr durchdringend. Als Dampf entzieht sich uns das Wasser noch mehr. Ist er sehr fein, können wir ihn kaum mehr erkennen. Trotzdem steckt im Wasserdampf immer auch die Möglichkeit, zu Eis zu erstarren. Alle Eigenschaften sind untrennbar miteinander verbunden. Am besten können Sie sich die feinstofflichen Ebenen anhand der Speichen eines Rades vorstellen. Steht das Rad still, sehen Sie die einzelnen Speichen. Setzen Sie es jedoch in Bewegung, vermischen sich die Bilder der einzelnen Speichen, und Sie erkennen nur noch eine graue Fläche, durch die Sie meinen nicht mehr hindurchfassen zu können. Besteht nun das Innere des Rades aus einzelnen Speichen oder aus einer grauen Fläche? Beide Ansichten sind «richtig» oder «real», auch wenn Sie immer nur eine aufs Mal erkennen können. Der Unterschied der beiden Erscheinungsweisen besteht in der Geschwindigkeit der Bewegung oder, technisch gesprochen, in der Frequenz.

Das Beispiel mit den Speichen ist nicht ganz zutreffend, weil die verschiedenen feinstofflichen Ebenen gleichzeitig vorhanden sind. Es ist nicht nur ein Rad, das sich einmal schnell und einmal langsam dreht, sondern es dreht sich gleichzeitig unterschiedlich schnell. Man müsste sich daher eher mehrere identische Räder vorstellen, die sich unterschiedlich schnell drehen. Trotzdem stehen diese Räder miteinander in enger Verbindung und sind nicht voneinander zu trennen. Wenn wir ein materielles Rad wahrnehmen, existiert gleichzeitig ein anderes, das sich so schnell bewegt, dass wir es nicht sehen können. Über diesem gibt es nochmals ein anderes Rad, das sich noch viel schneller dreht.

Feinstoffliche Erscheinungen sind den materiellen sehr ähnlich. Sie schwingen jedoch so schnell, dass sie von den Alltagssinnen normalerweise nicht wahrgenommen werden können. Sie bestehen aus einer feineren Art von «Materie», die wir gerne auch «vormateriell» nennen, weil sie besteht, bevor daraus die uns bekannte Materie wird. Diese feinere Materie muss in gewisser Weise «verdichtet» werden, damit sie materiell in Erscheinung treten kann. Wir stellen uns vor, dass das feinstoffliche Material «abgebremst» wird, bis es so langsam schwingt, dass wir es erkennen können, genauso wie wir es von den Fahrradspeichen kennen. Da sich die beiden Ebenen sehr ähnlich sind, ist es anhand von bekannten materiellen Phänomenen möglich, Gleichnisse für die feinstofflichen zu finden.

Auch das feinstoffliche Material unterliegt einer Art von magnetischen und elektrischen Kräften. Die Gesetze sind auf beiden Ebenen sehr ähnlich und durchaus miteinander vergleichbar. Aus diesem Grund lassen sich auch die feinstofflichen Ebenen durch technisch erzeugte Energien beeinflussen und stören. Die feinstofflichen Ebenen entsprechen den Plänen und Programmen, welche die materiellen Abläufe steuern und bestimmen.

Es gibt nicht bloss eine feinstoffliche Ebene, sondern mehrere. Zum besseren Verständnis der verschiedenen feinstofflichen Ebenen möchten wir Ihnen ein Gleichnis anbieten: Nehmen wir an, Sie möchten Kekse backen. Dafür müssen Sie zuerst einen «Plan» erstellen. Sie kaufen die nötigen Zutaten und suchen das gewünschte Rezept aus. Dies entspricht der Geistebene.

Nun vermengen Sie die verschiedenen Zutaten. Sie wählen Zucker, Mehl, Eier, Schokolade, Nüsse oder was auch immer. Je nach den Zutaten schmeckt Ihr Gebäck anders oder kriegt eine andere Farbe und Konsistenz. Dies entspricht der Gefühlsebene.

Um den Teig mit Hilfe des Spritzsacks auf das Blech zu drücken, braucht es Kraft. Je mehr Kraft Sie dafür aufwenden, desto schneller ist die Arbeit erledigt. Wenn Sie zu sehr pressen, platzt der Sack, sind Sie zu lahm, passiert nichts. Der Teig muss gebacken werden. Diese Vorgänge entsprechen der Kraftebene. Der Teig wird durch einen Einsatz gedrückt, der seine Form bestimmt. Es kann ein gezackter oder ein runder Keks entstehen. Fehlt in der Form ein Zahn, so überträgt sich dieser Fehler auch auf das Gebäck. Dies entspricht der Formebene.

Schliesslich liegt der fertige Keks vor Ihnen, den Sie mit Genuss verspeisen können. Dies entspricht der materiellen Ebene.

Im fertigen Keks sind alle feinstofflichen Ebenen verankert; er könnte ohne sie gar nicht existieren. Das eine lässt sich vom anderen nicht trennen. Es ist unmöglich, einen Keks zu backen, ohne die ganzen Vorbereitungen zu durchlaufen. Es ist unmöglich, dass irgendetwas Materielles existiert, ohne dass es gleichzeitig durch feinstoffliche Ebenen bestimmt würde. Der Einfluss von einer Ebene zur anderen geht immer von der Geistebene aus in Richtung Materie. Die Energie fliesst vom Feineren zum Dichteren. Die Materie steht immer an letzter Stelle, ist immer das Ergebnis von feinstofflichen Vorgängen, die aber darin ebenfalls verankert sind. Das Gleichnis mit den Keksen hinkt nur insofern etwas, als es sich nicht eigentlich um einen zeitlichen Ablauf handelt, sondern alles gleichzeitig vorhanden ist.

Aus diesem Beispiel ersehen Sie deutlich, dass keine Ebene für sich alleine bestehen kann und dass sie harmonisch auf die anderen abgestimmt sein muss. Alles ist immer gleichzeitig da und beeinflusst sich gegenseitig. Was nützt ein Plan, wenn man ihn nicht ausführt? Was nützt Kraft, wenn nichts zum Drücken da ist? Was nützt eine Form, wenn der Teig so flüssig ist, dass er zerläuft?

Nach unserer Erfahrung gehören je zwei dieser Ebenen näher zusammen: Die Kraftebene verbindet sich mit der Formebene, während die Gefühlsebene näher zur Geistebene gehört. Sie bilden miteinander je ein Paar von Energie, das zusammengehört wie die zwei Seiten einer Medaille. Die unteren beiden Ebenen (Form- und Kraftebene) sind im Vergleich zu den oberen beiden (Gefühls- und Geistebene) dichter und viel mehr an einen bestimmten Ort gebunden. Auf der Gefühls- und auf der Geistebene lassen sich Informationen über Distanz schicken und abfragen. Gefühle und geistige Information können zwar an einem Ort verankert sein, sind aber an jedem anderen Ort ebenso leicht abrufbar. Ist zum Beispiel irgendwo etwas Schreckliches passiert, eine Schlacht oder eine Bluttat, so bleiben Gefühle von Angst und Aggression so lange dort gefangen, bis sie mit bestimmten Ritualen geklärt und aufgelöst werden. Sie wirken unbewusst weiter auf uns ein, so dass wir uns dort irgendwie unwohl fühlen. Vielleicht kennen Sie diese Erfahrung vom Besuch alter Kerker oder Folterkammern. Viele Menschen überfällt dort ein Gruseln oder Unwohlsein, weil ihr Gefühlskörper auf die gespeicherten Qualen reagiert.

Aus unserer Erfahrung kennen wir das Beispiel eines Kinderspielplatzes an einem Ort, wo während der Reformationskriege gekämpft wurde. Trotz seiner schönen Gestaltung haben die Kinder den Platz gemieden. Erst nachdem er mit Ritualen energetisch gereinigt worden war, nahmen sie von ihm Besitz, und seither erfreut er sich grosser Beliebtheit.

Feinstoffliche Ebenen bestehen, wie gesagt, aus einer Art «Stoff». Daher rührt auch der Name. Dieser «Stoff» setzt sich genauso aus «Teilchen» zusammen, wie wir es von den Atomen her kennen. Diese wiederum bestehen nochmals aus noch feineren «Teilchen». Sie können sich also so etwas wie eine dreiteilige Babuschka, eine der russischen Holzpuppen, vorstellen, die stets eine kleinere in sich birgt: die materiellen Teilchen und zwei verschiedene Sorten von feinstofflichen Teilchen, die eines aus dem anderen hervorgehen.

Ausserhalb der feinstofflichen Ebenen existieren rein geistige Gefilde. Sie sind nicht Gegenstand dieses Buches. Man könnte sie wohl als «göttliche Energien» bezeichnen.

### Alternative Heilmethoden

Die Wissenschaft beschäftigt sich ausschliesslich mit der materiellen Ebene. Auf unser Beispiel mit den Keksen übertragen, bedeutet dies: Fehlt einem Keks etwa ein Zahn, so schneiden die Mediziner an einem anderen Ort etwas Material ab und setzen es dort an, wo etwas fehlt. So eine Methode mag zwar sehr kunstvoll sein, bleibt aber immer Flickwerk. Die sogenannten alternativen Methoden versuchen den Fehler auf der feinstofflichen Ebene zu beheben. Auf der Formebene reparieren sie die defekte Form, die den materiellen Fehler verursacht. Hierher gehört unter anderem die Homöopathie. Auf der Kraftebene führen sie mehr Kraft zu, beseitigen Blockaden oder bremsen überschüssige Energien. Akupunktur, Reiki, Kinesiologie, Polarity oder Magnetisieren gehören hierher. Mit Düften (Aromatherapie), Klängen oder Farben, die zur Gefühlsebene gehören, verändern sie die gefühlsmässigen und psychischen Faktoren, oder sie nehmen auf der Geistebene mit rein geistigen Mitteln (Geistheilen) oder mit Hilfe von Kristallen direkt auf die «Programme» einen Einfluss. Oft lassen sich mit solchen Methoden gewaltige Erfolge erzielen.

Je nach dem vorliegenden Problem eignet sich die eine oder andere Methode besser. Es geht darum, für jeden Patienten die geeignete Therapie zu finden. Man darf sich nicht dazu verleiten lassen, die eine Ebene als «höher» im Sinne von «besser» zu interpretieren, so wie sich nicht festlegen lässt, was «besser» ist, der Computer oder das Programm. Manchmal hilft eine Massage mehr als eine Aurasoma-Therapie, manchmal braucht es dringend einen Chirurgen, bevor mit Bach-Blüten geholfen werden kann. Am besten ist es wohl, verschiedene Heilweisen, die materiellen eingeschlossen, miteinander zu kombinieren.

Um die feinstofflichen Ebenen noch besser zu veranschaulichen, fassen wir sie in der folgenden Tabelle zusammen.

| Art der Energie | Ebene | Materielle Beeinflussung | Heilmethoden (Beispiele) | |
|---|---|---|---|---|
| nicht materiell | Rein geistige Energie, göttliche Energie | | | < Richtung der Beeinflussung |
| feinstofflich (vormateriell) | Geistebene | Gedanken, Ideen, Information, Telepathie, Bewusstsein des Menschen | Geistheilen, Aurasoma, Kristalle | |
| | Gefühlsebene | Gefühle, Symbole, Töne, Farben, Düfte, geometrische Formen Bewusstsein der Erde | Aromatherapie, Musik, Bach-Blüten, Farbtherapie | |
| | Kraftebene | Energieströme, Wachstum, Grösse, Fruchtbarkeit | Reiki, Magnetismus, Akupunktur Kinesiologie, Handauflegen | |
| | Formebene | Form, äussere Gestalt | Homöopathie Schüssler-Salze | |
| materiell | Materielle Erscheinung | | Medizin | |

**Feinstoffliche Ebenen**

## Pulsierende und fliessende Kräfte: magnetisch und elektrisch

Auf der materiellen und auf den feinstofflichen Ebenen wirken verschiedene Kräfte, die miteinander im Gleichgewicht sein müssen. Es sind im wesentlichen zwei Arten von Kräften. Die einen sind pulsierend, die anderen fliessend. Das Zusammenspiel dieser beiden Kräfte können wir gut am Beispiel von Herz und Kreislauf erläutern. Das Herz zieht sich wie eine Pumpe rhythmisch zusammen und entspannt sich wieder. Das Blut wird dadurch in einem gleichförmigen Kreislauf durch die Adern getrieben. Es liefert wiederum Energie an das Herz und ermöglicht ihm das rhythmische Arbeiten. Das Herz steht für die pulsierende Kraft, das Blut für die fliessende. Damit das System als Ganzes richtig funktioniert, müssen beide Kräfte harmonisch aufeinander abgestimmt sein. Pumpt das Herz zu langsam, werden nicht alle Körperteile richtig durchblutet, pumpt es zu heftig, leiden wir unter Bluthochdruck. Fliesst das Blut zu schnell, führt dies zu Herzrhythmusstörungen usw.

Die beiden Arten von Kräften lassen sich auf der materiellen Ebene mit den elektrischen und den magnetischen vergleichen. Sie verhalten sich sehr ähnlich und lassen sich gegenseitig beeinflussen. Wenn wir daher von magnetischen und elektrischen Kräften sprechen, meinen wir damit eigentlich «magnetähnliche» und Kräfte «ähnlich wie elektrische». Es gehört mit zu den Ursachen für viele Missverständnisse zwischen Wissenschaftlern und Rutengängern, dass diese Ausdrücke von beiden verwendet werden, aber jeder etwas anderes darunter versteht.

### Magnetische Kräfte

Die pulsierenden magnetischen Kräfte sind gekennzeichnet durch ihre zwei verschiedenen Polaritäten. Sie kennen diese Eigenschaft von Magneten mit ihren zwei Polen. Der positive oder männliche Pol entspricht dem Nordpol. Er stösst Energie ab. Der negative oder weibliche Pol entspricht dem Südpol und zieht Energie an. Zwei gleiche Pole stossen sich ab, während sich zwei ungleiche Pole anziehen.

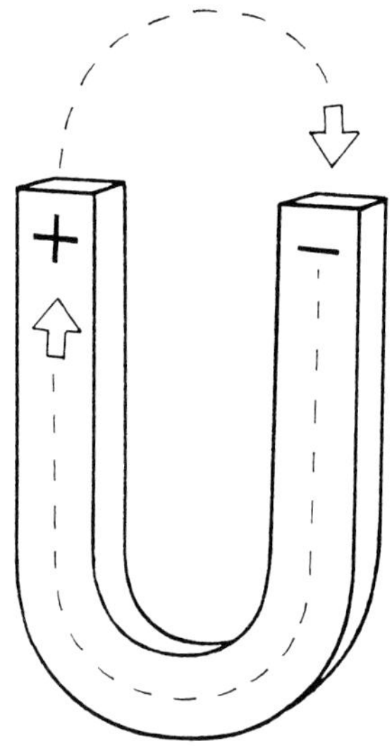


**Magnetkraft: Der positive Pol stösst Energie ab, der negative Pol zieht Energie an.**

Die Polarität ist eine Eigenschaft, die relativ ist. Wir können sie nur in Bezug auf etwas anderes feststellen. Der Handrücken weist gegenüber der Handfläche eine unterschiedliche Polarität auf. Die linke Hand als Ganzes ist von anderer Polarität als die rechte usw. Wird in einem Feld etwas verändert, so können sich auch die Polaritäten ändern.

Stellen Sie zum Beispiel bei einem Stück Kupferblech die Polarität der beiden Seiten fest und bezeichnen Sie diese. Nehmen Sie nun einen spitzen Metallgegenstand, etwa einen grossen Nagel, und richten Sie diesen mit der positiven Spitze auf das Kupferblech. Je nach der Grösse der beiden Gegenstände vermag der Nagel das Kupferblech umzupo-

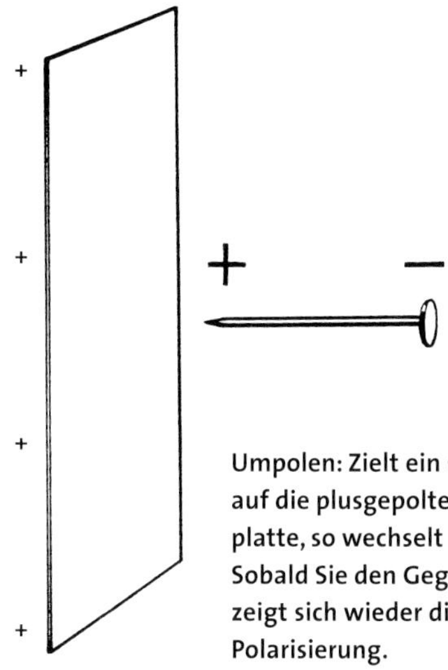

**Umpolen: Zielt ein spitzer Gegenstand auf die plusgepolte Seite einer Metallplatte, so wechselt sie ihre Polarität. Sobald Sie den Gegenstand entfernen, zeigt sich wieder die ursprüngliche Polarisierung.**

len: Wenn Sie auf die positiv gepolte Seite zielen, wird diese negativ gepolt. Die Spitze bündelt die Energie und verstärkt sie dadurch. Wenn Sie Polaritäten zuverlässig bestimmen wollen, achten Sie unbedingt auf alle Metallgegenstände. Manchmal reicht schon eine Gürtelschnalle oder ein Reissverschluss, um die Ergebnisse zu beeinflussen!

Den Wechsel zwischen den beiden Polaritätskräften erleben wir an Ebbe und Flut am eindrücklichsten. Nicht nur ganze Ozeane bewegen sich im Rhythmus der magnetischen Pulsation, sondern jede Flüssigkeit schwingt zwischen positiver und negativer Polarität. Sie können dies mit Ihrem Pendel leicht testen: Bei Flut ist jeder Wassertropfen als Ganzes positiv gepolt, bei Ebbe negativ.

Wir stellen uns die Magnetkraft pulsierend wie das Herz vor. Sie ermöglicht es den Flüssigkeiten, entgegen der Schwerkraft bis in die obersten Wipfel der Bäume zu steigen. Wenn Sie einen Klumpen feuchten Lehm oder Ton zwischen Ihre Hände nehmen und diese rhythmisch bewegen, so entweicht das Material. Es «wächst» aus ihren Händen. Genauso treibt die Magnetkraft die Natur zu Wachstum und Fruchtbarkeit. Sie vermag das Feld um ein Samenkorn derart in Schwingung zu versetzen, dass es die umgebende Erde, ja sogar harten Asphalt zu durchstossen vermag. Dies geschieht nicht durch Kraft im herkömmlichen Sinn, sondern durch die magnetische Pulsationskraft, welche die Umgebung in einer Art «Aufschaukelungseffekt» in Schwingung versetzt. Die Magnetkräfte sind verantwortlich für die Farben, Düfte und Formen und beeinflussen unsere Gefühle. Sie sind die strukturgebenden Kräfte in der Natur. Werden sie gestört, entstehen Missbildungen. Ihre Stärke erreichen sie nicht durch Kraft, sondern durch den richtigen Rhythmus, das Timing. Denken Sie an ein Kind auf einer Schaukel. Es wird immer höher schwingen, sofern Sie ihm den kleinen Stoss zum richtigen Zeitpunkt versetzen. Es ist nicht

**Es sind die pulsierenden Kräfte, die einem Keimling die Kraft verleihen, die Asphaltdecke zu durchstossen.**

so wichtig, wie viel Kraft Sie aufwenden, sondern wann Sie diese einsetzen.
Um den Magnetismus noch weiter zu veranschaulichen, wollen wir die Funktionsweise einer Pumpe für Luftmatratzen genauer betrachten. Die meisten dieser Pumpen können Sie mit dem Fuss bedienen. Dabei nützt es nichts, möglichst viel Kraft aufzuwenden, um die Matratze aufzublasen. Sie können noch so heftig auftreten, Sie beschleunigen das Aufpumpen nicht, denn die Pumpe braucht eine ganz bestimmte Zeit, um genügend Luft nachzuziehen. Diese Zeitspanne lässt sich nur wenig beeinflussen. In der Regel fahren Sie am besten, wenn Sie einfach warten, bis die Pumpe gefüllt ist. Auch wenn Sie schneller pumpen, verkürzt dies die zum Aufblasen benötigte Zeit nicht wesentlich. Durch Ihre hektischen Bewegungen fehlt der Pumpe die Möglichkeit, sich ausreichend mit Luft zu füllen. Sie treten zwar häufiger, aber Sie bewegen dafür weniger Luft mit jedem Tritt. Es gibt einen ganz bestimmten ruhigen Rhythmus, der Sie am schnellsten und mit der kleinsten Anstrengung zum Ziel führt. Spitzensportler kennen diesen Trick: weniger oft, dafür tiefer atmen. Nicht Kraft und Schnelligkeit sind wichtig, sondern der richtige Takt. Dazu bestimmt der Inhalt der Pumpe, wie wirksam sie ist. Man könnte diese Eigenschaften als Pulsationskraft bezeichnen. Die Magnetkraft entspricht einer ein- und ausatmenden Bewegung. Wie bei der Atmung müssen die anziehenden und abstossenden Kräfte im Gleichgewicht sein. Jedes Ungleichgewicht führt zu heftigsten Störungen des gesamten Organismus. Diese «Atmung» findet überall in der Natur statt, von der Zelle bis zum Planeten. Alles pulsiert und wird dadurch in Bewegung gehalten. Die Pulsationskraft ist der «Motor», der das ganze Planetengefüge antreibt und gleichzeitig alles zusammenhält. Man könnte sie auch als «kosmischen Leim» bezeichnen. Wird sie gestört, zerfällt die Materie.
In der Natur ist die Magnetkraft nicht an Eisen gebunden. Die besten Leiter für magnetische Kräfte in unserem Sinne sind alle Naturmaterialien wie Holz, Kork, Leder, Wolle oder Pflanzen sowie Kupfer. Magnetisch inaktiv, ja geradezu Isolatoren für diese Kraft sind alle Kunststoffe.
Die Ausdrücke Magnetismus oder magnetisieren werden am häufigsten im Zusammenhang mit dem Handauflegen verwendet. F. A. Mesmer und später Freiherr von Reichenbach studierten die Möglichkeit der Energieübertragung und Heilung mit Hilfe dieser Art von Magnetkräften. Sie entdeckten, wie durch die richtige Abfolge von «Strichen» im Energiefeld eines Menschen dieses beruhigt oder stimuliert werden kann. Freiherr von Reichenbach arbeitete auch mit hellsichtigen Menschen in der Dunkelkammer. Sie konnten die magnetischen Kräfte sehen und genau beschreiben, wie sie sich verhalten und wodurch sie zu beeinflussen sind.

### Elektrische Kräfte

Die elektrischen Kräfte sind uns besser vertraut. Sie haben mit Kraft und Geschwindigkeit zu tun: Immer schneller, stärker, weiter, höher – so ist unser Denken geprägt. Die elektrische Kraft wird bestimmt durch die Ladung. Sie kann genauso wie die Polarität positiv oder negativ sein. Da dies etwas verwirrend ist, möchten wir den Unterschied mit einem Bild erklären: Stellen Sie sich einen Wagen mit jungen Leuten vor, Männern und Frauen. Auf dem Wagen gibt es eine bestimmte Anzahl von freien Plätzen. Sind noch Plätze frei, so ist die Ladung negativ, d. h. der Wagen zieht noch mehr Leute an. Sind mehr Leute im Wagen, als es freie Plätze gibt, dann steigen Leute aus. Die Ladung ist positiv, es werden Teilchen abgegeben. Sind mehr Männer als Frauen im Wagen, dann ist die Polarität positiv. Sobald sich ein hübsches Mädchen draussen zeigt, wird ein Mann aussteigen. Polarität lässt sich mit dem Geschlecht vergleichen, während die Ladung mehr mit der Menge oder der Stärke zu tun hat. Die beiden Kräfte sind sich ähnlich und doch ganz verschieden, da sie eine andere Ursache haben und eine andere Wirkung zeigen. Die Ladung ist eine Eigenschaft, die zu den elektrischen Kräften gehört, die Polarität gehört zu den magnetischen Kräften. Leider werden diese beiden Begriffe sehr oft miteinander verwechselt oder einander gleichgestellt, was zu Verwirrung führt.

Die Ladung ist eine Energieeigenschaft, die etwas darüber aussagt, ob dem Körper Energie zugeführt oder entzogen wird. Ist die Ladung des Feldes oder eines Gegenstandes positiv, so gibt es Energie ab und unserem Körper wird Energie zugeführt, ist sie negativ, so wird ihm Energie entzogen. Man spricht daher auch von «aufladend» und «entladend».

Genau wie die Polarität kann auch die Ladung im Laufe der Zeit verändert werden. Normalerweise sucht man für Kultplätze stark aufladende Orte. Es ist jedoch möglich, dass diese plötzlich entladend werden. Dies geschieht am ehesten im Zusammenhang mit dem Bau grosser Gebäude oder technischer Anlagen.

Einmal mehr möchten wir betonen, dass «positiv» und «negativ», energetisch betrachtet, nicht gleichbedeutend mit «gut» und «schlecht» sind. Zwar brauchen in der heutigen Zeit als Folge des chronischen Energiemangels die meisten Menschen eher positiv gepolte und positiv geladene Felder. Dies ist jedoch kein Gesetz. Sollten Sie beispielsweise an einem Energieüberschuss leiden, so kann ein entladender Ort für Sie eine Wohltat sein. Es gilt daher in jedem Fall, die Bedürfnisse individuell abzuklären.

Zu den elektrischen Kräften gehört auch der Begriff der Drehrichtung. Wenn Sie sich an die Planeten oder die Elektronen erinnern, so wissen Sie, dass diese sich um ihre eigene Achse drehen. Diese Be-

**Polarität und Ladung: Die Polarität entspricht dem Geschlecht der Fahrgäste, die Ladung der Anzahl Plätze.**

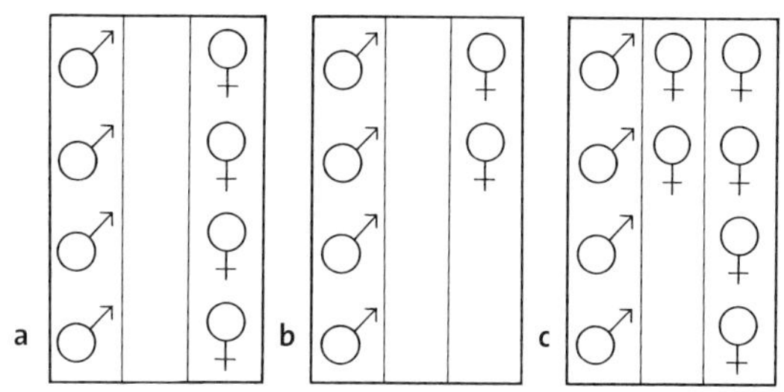


**a) Die Polarität ist ausgeglichen, die Ladung ist ausgeglichen.**
**b) Die Polarität ist positiv, da es mehr Männer als Frauen sind; die Ladung ist negativ, das heisst, es sind Plätze frei und Energie wird angezogen.**
**c) Die Polarität ist negativ, da es mehr Frauen als Männer sind; die Ladung ist positiv, das heisst, es sind mehr Personen da, als es Plätze gibt, und Energie wird abgegeben.**

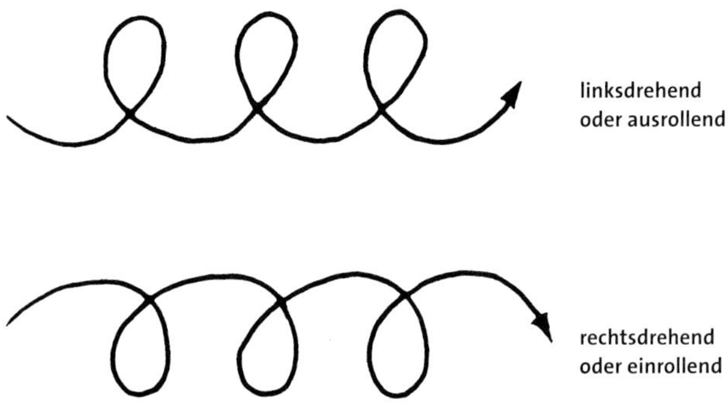


**Fortbewegung der Energie im Raum: rechtsdrehende und linksdrehende Bewegung.**

wegung kann im Uhrzeigersinn oder gegen ihn verlaufen. Man spricht dann von rechts- oder linksdrehender Bewegung. Die Drehrichtung sagt etwas darüber aus, wie sich feinstoffliche Teilchen im Raum bewegen. Da rechts und links im Raum abhängig vom Standpunkt des Betrachters sind, bedeuten diese Bezeichnungen mehr die Richtung der bewegenden Kraft. Die Rechtsdrehung zieht die Kraft zum Zentrum hin und erzeugt Materie und Leben, während die Linksdrehung nach aussen gerichtet ist, wodurch sie Materie auflöst. Man könnte diese Bewegungsarten daher auch als «einrollend» (Rechtsdrehung) und «ausrollend» (Linksdrehung) bezeichnen. Im Darm muss die Energie linksdrehend sein, damit die Nahrung verdaut werden kann. Der übrige Körper benötigt jedoch rechtsdrehende Energie, um gesund zu bleiben. Viele Bakterienarten oder Tumore gedeihen nur in überwiegend linksdrehenden Feldern.

Unserer Meinung nach sind die drei Eigenschaften Polarität, Ladung und Drehrichtung die wichtigsten im Zusammenhang mit harmonischen Feldern. Um ein harmonisches Feld zu erzeugen, müssen Polarität und Ladung ausgeglichen, die Drehrichtung sollte hingegen rechtsdrehend sein. Sind diese drei Bedingungen erfüllt, sind wichtige Voraussetzungen für ein harmonisches Feld geschaffen.

Leiter für die elektrischen Kräfte sind neben den Metallen auch Quarze. Viele Kunststoffe wirken wie bei den Magnetkräften ebenfalls als Isolatoren. Wasser ist ein besonderes Element, denn es leitet sowohl die magnetischen als auch die elektrischen Kräfte gleich gut.

Ganz allgemein entsprechen die magnetischen Kräfte mehr dem Weiblichen, die elektrischen mehr dem Männlichen. Wir meinen damit nicht Männer und Frauen, sondern verschiedene Arten von Energie. In Männern oder Frauen widerspiegeln sie sich lediglich. Jeder Mann verfügt auch über weibliche Anteile, und jede Frau über männliche. Die männliche Energie ist aktiv, dynamisch und linear. Sie ist auf Kraft und Stärke sowie analytisches Denken ausgerichtet, während die weibliche dem zyklischen Prinzip entspricht. Weibliche Energie besitzt ihre Stärke in der Intuition, im Gefühl, in der Fantasie, im Wandel oder im Gewährenlassen. In der östlichen Philosophie wird die männliche Energie mit Yang bezeichnet, die weibliche mit Yin. Das harmonische Zusammenspiel der beiden Kräfte wird durch das Zeichen ☯ symbolisiert.

«Lebensenergie» besteht aus einem harmonischen Gleichgewicht von beiden Arten von Kräften, fliessenden elektrischen und pulsierenden magnetischen. Der Körper ernährt sich nicht nur von der materiellen Nahrung, sondern in mindestens ebenso hohem Masse direkt von der feinstofflichen Lebensenergie. Sie ermöglicht es ihm überhaupt, immer neue Zellen zu bilden, wenn alte absterben. Würde ein Körper ausschliesslich aus der materiellen Nahrung entstehen, so müsste ein Baum mit zunehmendem Alter in einem Loch einsinken. Dies ist nicht der Fall, sondern es entsteht eindeutig mehr Materie aus einem kleinen Samenkorn, als ihm mit Wasser, Dünger und Kohlendioxid während seines

Wachstums zugeführt wird. Die Materie entsteht direkt aus der feinstofflichen Energie. Sie wird aus ihr umgewandelt. Bei diesem Zusammenspiel der Energien bestimmt der magnetische Anteil die Form, die Farbe, die Düfte, die Töne und so weiter, während der elektrische Teil die Kraft für das Wachstum liefert und dessen Geschwindigkeit bestimmt. Damit der Körper gesund bleibt, sind beide Anteile enorm wichtig.

Leider herrscht an sehr vielen Orten ein akuter Mangel an Magnetkräften. Unsere gegenwärtige Technik leidet daran, dass sie fast ausschliesslich mit elektrischen Kräften arbeitet, während die magnetischen als eine Art unnötiger Abfall betrachtet werden. Die Wirkweise und die besonderen Vorzüge des Magnetismus sind der heutigen Wissenschaft fast gänzlich unbekannt. Unser Weltbild, unser gesamtes westliches Denken wird von den Prinzipien der elektrischen Kräfte dominiert. Dies wirkt sich bis auf die sozialpolitische Ebene aus, wo erst langsam erkannt wird, dass die Gleichberechtigung der Geschlechter nicht nur unumgänglich, sondern die Voraussetzung für die harmonische Veränderung der Welt ist.

Die Folge der fehlenden Magnetkräfte sind mangelnde Fruchtbarkeit bei den Pflanzen, bei den Menschen chronische Erschöpfung, aber auch Gefühlsstörungen wie Aggression, Depression oder Sucht. Wir werden solche Zusammenhänge weiter hinten nochmals eingehender besprechen.

Wenn wir nach Lösungen für die drängenden, globalen Probleme suchen, so können wir die bestehende Technik nicht einfach abschaffen. Es führt kein Weg zurück in die Steinzeit. Es wäre eine unrealistische Forderung, die niemand wirklich wünscht. Unserer Meinung nach wäre es auch nicht sinnvoll, sich das Leben unnötig schwer zu machen. Wir müssen die Technik nicht abschaffen, sondern sie verändern. Es muss darum gehen, die Einseitigkeit der benutzten Kräfte zu erkennen und sie ins Gleichgewicht zu bringen. Das Studium dieser Zusammenhänge wird zu Methoden führen, die weniger Rohstoffe verbrauchen und weniger zerstörerisch sind als die heutigen.

Zum Schluss möchten wir die magnetischen und die elektrischen Kräfte in Stichworten einander gegenüberstellen, damit Sie ein besseres «Gefühl» dafür entwickeln können. Bedenken Sie dabei, dass die verwendeten Erklärungen immer unzureichend und eher als Vergleiche zu verstehen sind!

| fliessend | pulsierend |
|---|---|
| elektrisch | magnetisch |
| linear | zyklisch |
| bewegend | ordnend |
| schnelle Fortbewegung | sehr langsame Fortbewegung |
| Ladung | Polarität |
| Drehrichtung | Pulsationskraft |
| Geist | Sinne: Farben, Düfte, Töne |
| Intellekt | Gefühle |
| Kraft, Stärke, Menge | Form |
| Fortbewegung | Timing |
| Melodie | Rhythmus |
| Effizienz, Zielgerichtetheit | Vielfalt, Kreativität |
| Tat | Gewährenlassen |
| Tag: Aktivität | Nacht: Erholung |
| männlich | weiblich |

**Fliessende und pulsierende Kräfte**

## Weihwasser und Heilwasser

Um unsere Ausführungen noch weiter zu veranschaulichen, möchten wir das Beispiel des Weihwassers anführen. Vergleicht ein Chemiker Weihwasser mit normalem Trinkwasser, so kann er keinerlei Unterschied feststellen. Beide Wässer ha-

ben dieselbe Zusammensetzung. Seiner Meinung nach muss die besondere Wirkung von Weihwasser einzig auf Aberglauben beruhen.
Wenn ein Priester Wasser segnet, so lädt er es mit Magnetkraft auf und imprägniert es mit den Gedanken von göttlicher Energie, Vollkommenheit, bedingungsloser Liebe usw. Er verändert nichts Materielles, sondern Muster auf der Gefühls- und Geistebene. Abhängig von seinem persönlichen Bewusstsein erhöht sich die Kraft des Wassers mehr oder weniger. Ist der Priester selbst sehr furchtsam und glaubt kaum, was er predigt, vermag er das Wasser nur gering aufzuladen. Ist er jedoch eine gereifte Persönlichkeit, die mit grosser Präsenz die Handlung ausführt, so ist er imstande, gewöhnliches Wasser in Heilwasser zu verwandeln. Das Wasser wird rechtsdrehend und positiv geladen. Die Polarität bleibt meist abhängig von der Form des Gefässes, in dem es aufbewahrt wird. Es entfaltet seine Heilwirkung vorwiegend auf der Geistebene, denn es verbreitet das harmonische Muster göttlicher Vollkommenheit, das die Anwender anregt, ihre persönlichen Muster dieser Vorgabe anzugleichen.
Auch Heilwasser von wundertätigen Quellen wirkt nach demselben Gesetz. Wiederum sind es weniger die enthaltenen Mineralstoffe, die es auszeichnen, sondern seine Qualitäten auf der Geistebene. Meist umranken religiöse Legenden solche Quellen. Es war eine Marienerscheinung oder ein anderes aussergewöhnliches Heilsereignis, das das Wasser heilig und dadurch heilend werden liess. Diese feinstofflichen Kräfte bleiben zum Segen der Menschen über lange Zeit erhalten.

## Harmonie, Krankheit und Gesundheit

Dieses Buch handelt viel von Harmonie und störenden Einflüssen. Wir legen dabei das Gewicht auf Eigenschaften des Umfelds, in dem wir leben. Daher stellt sich die Frage, ob wir bloss Opfer unserer Umwelt sind und alle Leute plötzlich gesund würden, wenn nur das Umfeld in Ordnung wäre. So stimmt das sicherlich nicht. Doch welche Rolle kommt der Umgebung und den äusseren Einflüssen zu?
Wir erachten Krankheit als ein sehr vielschichtiges Phänomen. Es braucht Heilung, wenn man die Gesundheit wieder erlangen will. Dieses Wort ist verwandt mit heilig. Auch der Heiland, der uns das Heil und damit die Erlösung bringt, weist auf denselben Wortursprung hin. In heil steckt neben der Bedeutung von gesund auch diejenige von ganz. Krankheit hat demzufolge etwas damit zu tun, dass wir irgendwo nicht mehr ganz sind. Die Verwandtschaft von heilen mit den Ausdrücken Heiland und heilig weist ausserdem auf einen religiösen, das heisst geistig-seelischen Zusammenhang hin. Krankheit bezeichnet daher einen Zustand, der eintritt, wenn wir auf geistiger oder körperlicher Ebene nicht mehr ganz sind.
Wenn wir nach Einflüssen suchen, die von aussen unsere Gesundheit beeinträchtigen können, laufen wir Gefahr, den Blick für die Krankheitsursachen zu sehr nach aussen zu richten. Es sind dann die «bösen» Strahlen oder Bakterien, die uns krank machen und denen man alle Schuld zuweisen kann. So einfach ist es nicht. Wir erachten zwar Umwelteinflüsse im Zusammenhang mit Krankheit als sehr wichtig. Doch sind sie sicher nicht die alleinigen Verursacher.
Kehren wir nochmals zum Heiland zurück. Er verkörpert eine Person, die ganz und gar heilig, das heisst vollkommen und gesund ist. Er ist sich seiner göttlichen Herkunft bewusst und schöpft aus diesem Bewusstsein die Fähigkeit zu heilen und Wunder zu vollbringen. Aufgrund dieser Eigenschaften ist er völlig unempfindlich gegenüber allen äusseren Einflüssen. Mit der Kraft seines Gottesbewusstseins

könnte er selbst atomare Verseuchung unschädlich machen. Ihm könnte eine Katastrophe, wie sie zum Beispiel in Tschernobyl geschehen ist, nichts anhaben.
Leider haben die wenigsten Menschen ein so hohes Bewusstsein. Die meisten von uns leben mit Ängsten und Sorgen. Wir stolpern laufend über Kleinigkeiten und lassen uns durch unwichtige Dinge aus der Ruhe bringen. Durch diesen Mangel an innerem Gleichgewicht werden wir anfällig für äussere Störungen.
Jede und jeder entwickelt im Laufe ihres oder seines Lebens bestimmte Muster, um auf die Schwierigkeiten des Lebens zu reagieren. Die einen weichen Problemen lieber aus, während andere Herausforderungen geradezu suchen. Manche geraten laufend in Streitigkeiten, wo bei anderen alles wie am Schnürchen zu laufen scheint. Viele verdrängen ihre Schwierigkeiten, verbergen sie lieber hinter einer Fassade von Fröhlichkeit, wo andere mit ständigem Klagen selbst harmlose Situationen unerträglich erscheinen lassen.
Solche seelischen Verhaltensmuster sind es, die auch unsere Anfälligkeit für gewisse Krankheiten bestimmen. Sie sind der Grund dafür, warum am gleichen Standort nicht alle mit denselben Beschwerden reagieren. Man kann sich dieses Zusammenspiel von äusseren und inneren Krankheitsursachen vorstellen wie eine Schablone: Nur wo Öffnungen sind, kann Farbe durchdringen und auf dem Papier ein Muster erzeugen. Gibt es keine Löcher in der Schablone, ist das darunter liegende Papier vor der eindringenden Farbe geschützt. Bei diesem Beispiel entsprechen die Löcher unseren psychischen Verhaltensmustern, während die Farbe für die verschiedenen äusseren Störungen steht. Das Muster auf dem Papier zeigt die Krankheitssymptome, die bei jedem einzelnen in Erscheinung treten. Sie sind sehr individuell.

Störungen können nicht nur durch äussere Einflüsse verursacht sein, sondern sie können direkt durch negative Gedanken oder schlechte Gewohnheiten entstehen. Halte ich über lange Zeit an Ängsten fest, reagiert der Körper zum Beispiel mit Verhärtungen, Verengungen, Übersäuerung oder Kreislaufstörungen. Überfordert man sich mit übermässigem Stress und einem Mangel an Ruhe, können Herzkrankheiten oder Bluthochdruck die Folge sein.
Oftmals zeigen uns Redewendungen, wo auf der seelischen Ebene Ursachen versteckt sein könnten: «Es platzt mir der Kragen.» «Da geht mir die Galle hoch.» «Es liegt mir etwas auf dem Magen.» «Ich kann es nicht mehr hören oder sehen.» In solchen und ähnlichen Sätzen stecken Botschaften unserer Seele. Es ist nicht erstaunlich, wenn die Sehkraft nachlässt, weil man etwas nicht mehr ansehen will. Sicher ist es immer sehr hilfreich, solche Ursachen von Krankheiten mit in Betracht zu ziehen. Dies hilft Ihnen, Ihre üblichen Muster zu erkennen und über sie hinauszuwachsen. Es sind jedoch kaum alle Ursachen ausschliesslich in diesem Bereich zu suchen. Genauso wenig wie alle Ursachen nur ausserhalb von sich selbst zu suchen sind, sollte man sich selbst und seine Probleme für alles verantwortlich machen.
Nach unserer Erfahrung gibt es ein Zusammenspiel von äusseren und inneren Ursachen. Je nach der Situation sind die einen oder die anderen bestimmender. Wenn jemand in einem stark radioaktiv verseuchten Gebiet lebt, kann man sicher diesen Umstand für seine Leiden mitverantwortlich machen und nicht nur psychische Muster.
Aus den oben erwähnten Gründen kann es keine Wundermittel geben, mit deren Hilfe alle sofort gesund werden, sobald sämtliche äusseren Ursachen behoben sind. Je nach den Umständen kann ein Medikament oder ein Entstörgerät sehr viel helfen oder

keinerlei Wirkung zeigen. Es kommt stets auf den betroffenen Menschen und auf die gesamte Situation an. Achten Sie auf Ihre Gedanken und auf Ihre Gefühle, denn sie sind sehr mächtig. Erinnern Sie sich, dass Jesus gesagt hat: Dein Glaube hat Dich geheilt. Genauso vermögen auch negative Gedanken und Ängste Krankheiten hervorzubringen.

In unserer Arbeit bemühen wir uns, die äusseren Einflüsse so harmonisch wie möglich zu verbessern. Wir erzeugen Felder, die den ursprünglichen natürlichen Gegebenheiten entsprechen. Dies schafft die bestmöglichen Voraussetzungen, um gesund zu werden. Es braucht aber immer die Mitarbeit der betroffenen Personen, damit dies auch geschehen kann. Um es mit einem Beispiel zu verdeutlichen: Wenn Sie krank werden, kann man dies vergleichen mit einem Loch in der Hose. Wir stellen Ihnen eine Nähmaschine zu Verfügung, um dieses Loch zu flicken. Es flickt sich jedoch nicht von alleine. Es braucht immer jemanden, der oder die sich hinsetzt und den Schaden behebt. Damit meinen wir, es braucht das Vertrauen, den Wunsch und den Willen, gesund zu werden. Oft sind auch Veränderungen in der Lebensführung nötig. Krankheitssymptome sind immer Alarmzeichen, die Sie auf einen grundlegenden Fehler aufmerksam machen möchten. Wenn man, mit welchem Mittel auch immer, lediglich das Alarmsignal ausschaltet, bedeutet dies noch lange keine Heilung.

Gesundheit hat immer mit Harmonie zu tun. Disharmonie führt zu einem Ungleichgewicht und über kurz oder lang zu Krankheitssymptomen. Je mehr Sie sich in Ihrer Umgebung auf allen Ebenen um Harmonie bemühen, desto mehr nähern Sie sich Ihrer persönlichen Gesundheit.

# Erdgitter

Seit alters ist bekannt, dass sich über den ganzen Globus ein geheimnisvolles Netz von Energielinien zieht. Sie bilden ein mehr oder weniger regelmässiges Gitter, das den Meridianen auf der Landkarte ähnelt. Das Wissen um die Erdlinien findet sich in allen Kulturen, verteilt über den ganzen Planeten. Immer waren es «besondere» Menschen wie Priester, Schamanen, Druiden oder Medizinmänner, die fähig waren, diese Linien aufzuspüren. Den sogenannt normalen Menschen blieben sie in der Regel verborgen. Dies deutet darauf hin, dass es sich dabei nicht um eine materielle Erscheinung handeln kann. Vielfach bedienten sich die befähigten Menschen irgendeines Werkzeugs, oft eines Stücks Holz, um die Linien aufzuspüren. In anderen Kulturen war dies nicht notwendig, weil die Linien direkt mit dem Körper gespürt oder teilweise sogar gesehen wurden und als Orientierungshilfe dienten, wie zum Beispiel in den weitläufigen Gebieten Australiens.

Ältere Kulturen, die bis mehrere tausend Jahre vor Christus zurückreichen, wie zum Beispiel in China, Griechenland, Rom oder diejenige der Kelten bis in die frühe Neuzeit, nutzten die Erdlinien als eine Art Raster, um ihre Häuser und insbesondere Kultbauten wie Kirchen oder Gräber nach ihnen auszurichten. Sie wussten, dass sich die Harmonie im Innern des Gebäudes erhöht, wenn man die Erdlinien bei der Konstruktion mit einbezieht. Alle von uns untersuchten älteren Kirchen wurden nach diesen Gesetzmässigkeiten errichtet. Man findet aber auch Wohnhäuser, manchmal sogar Ställe, die nach dem Erdgitter ausgerichtet sind. Das Wissen um die Energie der Erdlinien wurde ungefähr mit der Aufklärung im 18. Jahrhundert als Aberglaube abgetan und ging in der Folge in unserer Kultur grösstenteils verloren.

Ungefähr seit Anfang unseres Jahrhunderts haben unvoreingenommene Naturwissenschaftler diese Netzgitterlinien erneut erforscht und teilweise sehr umfangreiche Studien angefertigt. Es waren unter anderem die Ärzte Dr. Ernst Hartmann und Dr. Manfred Curry, die dazu ausführliche Grundlagenforschung betrieben haben. Waren es in alten Zeiten mehr die förderlichen Kräfte, die man suchte und studierte, so traten bei den neueren Forschungen mehr die schädlichen Wirkungen in den Vordergrund. Man erkannte nämlich, dass der längere Aufenthalt auf einer gewissen Linie oder gar auf einer Kreuzung das Entstehen von Krankheiten begünstigen kann. Dies wirkt sich besonders belastend aus, wenn sich das Bett an einer derartigen Stelle befindet. Mit dieser Erkenntnis wuchs die Angst vor den Erdgittern. Allgemein prägte sich der Begriff «Erdstrahlung», mit dem sich die Vorstellung von etwas Negativem verbindet.

## Entstehung der Erdgitter

Die offizielle Wissenschaft distanzierte sich stets von dieser Art von Forschungen, da die Linien mit gewöhnlichen Feldmessgeräten oder anderen technischen Instrumenten nicht zu orten sind. Aus diesem Umstand wurde der falsche Schluss gezogen, dass etwas, was sich den Messgeräten entzieht, nicht existieren kann und daher ins Reich der Mystik zu verbannen sei.

Als aufmerksame Leserin oder interessierter Leser wissen Sie inzwischen, dass es neben den materiellen auch feinstoffliche Energien gibt. Bei den Erdgittern handelt es sich um solch feinstoffliche Phänomene. Über ihre Entstehung gibt es sehr unterschiedliche Theorien. Wir möchten Ihnen hier eine davon präsentieren. Wenn man davon ausgeht, dass der Weltraum kein Vakuum, sondern angefüllt ist mit feinstofflicher Energie, lässt sich die Entstehung der Erdgitter relativ leicht und einleuchtend erklären. Es handelt sich um eine Art Magnetfeldli-

nien, die durch die Bewegung der beiden Körper Erde und Mond im Weltall und um die eigene Achse entstehen. Ausserdem spielen die gegenseitigen Anziehungskräfte bei der Entstehung eine Rolle.
Die Annahme, dass das Weltall angefüllt ist mit feiner Energie, ist nicht neu. Die griechischen Philosophen nannten sie «Äther». In neuerer Zeit studierte vor allem ein Forscher diese Energie, Wilhelm Reich. Er nannte sie «Orgonenergie». Leider werden seine Arbeiten von der offiziellen Wissenschaft kaum beachtet. Seine Ergebnisse, vor allem was die Energieflüsse und insbesondere die Wetterbeeinflussung angeht, könnten aber viel zur Lösung von globalen Problemen beitragen. Es steht zu hoffen, dass dies möglichst bald erkannt und geändert wird.
Wilhelm Reich beschreibt den Orgonstrom, der die Erde antreibt. Sie schwimmt darin wie in einem Ozean. Demzufolge können Sie sich die Erdlinien wie Wellen vorstellen, die sich aber nicht bewegen, sondern immer am gleichen Ort bleiben. Man könnte sie als «stehende Wellen» bezeichnen. Es hat zwar überall Energie, was in diesem Beispiel dem Wasser entsprechen würde, aber an einigen Stellen gibt es mehr Wasser. Es türmt sich höher auf und hat dadurch mehr Wucht. Auf Erdlinien hat es mehr oder dichtere Energie als daneben. Sie bestehen aus einer Art Konzentration von feinstofflicher Energie und haben dadurch mehr Wirkung auf die materielle Ebene.
Man kann die Erdlinien auch mit den Körpermeridianen vergleichen, die von der Akupunktur benutzt werden. Es sind Linien, die sich nicht nur durch einen erhöhten Energiepegel auszeichnen, sondern sie dienen auch als Leiter für Schwingungen und Informationen. Auf diese Tatsache werden wir im Kapitel über Elektrosmog (Seite 143) nochmals zurückkommen.

## Globalnetzgitter

Es gibt mehrere verschiedene Erdgitter. Das erste, Erdgitter, Globalgitter, Globalnetzgitter oder Hartmanngitter genannt, ist das wichtigste von allen. Wir werden meist die Bezeichnung «Globalgitter» verwenden. Ernst Hartmann war Arzt und studierte eingehend die Wirkungen dieses Gitters auf den Organismus; deshalb wird es oft nach ihm benannt. Er mietete dazu eigens eine Wohnung, in der zuvor mehrere Menschen an Krebs gestorben waren. Nachdem er die Netzgitterstreifen durch einen Rutengänger hatte suchen lassen, liess er die Stühle seiner Testpersonen auf Kreuzungspunkte stellen. Er untersuchte darauf Puls, Herzrhythmus, Hautwiderstand und was der Dinge mehr sind, die einen Arzt interessieren. Anschliessend wiederholte er diese Messungen, liess jedoch den Stuhl auf einen neutralen Platz stellen. Hartmanns aufwendige Untersuchungen zogen sich über Jahre hin. Er fasste seine Ergebnisse in dem zweibändigen Werk «Krankheit als Standortproblem» zusammen. Demzufolge gibt es eindeutige Zusammenhänge zwischen einem längeren Aufenthalt auf Netzgitterkreuzungen und bestimmten Krankheitsformen wie beispielsweise Krebs.

### Lage des Globalgitters

Das Globalgitter verläuft ungefähr in den Haupthimmelsrichtungen, das heisst von Nord nach Süd und von Ost nach West. Die einzelnen Linien oder Netzgitterstreifen sind zwischen 15 und 30 cm breit. Man kann sie sich wie eine Ziegelwand vorstellen, die sich senkrecht aus der Erde erhebt. Dieser Vergleich ist nicht ganz zutreffend, da die Linien nicht schnurgerade, sondern leicht schlangenförmig verlaufen. Sie sind nicht starr, sondern sie bestehen aus pulsierender Energie, die sich sehr langsam bewegt. Die Linien haben einen Abstand von ungefähr 1,8 m

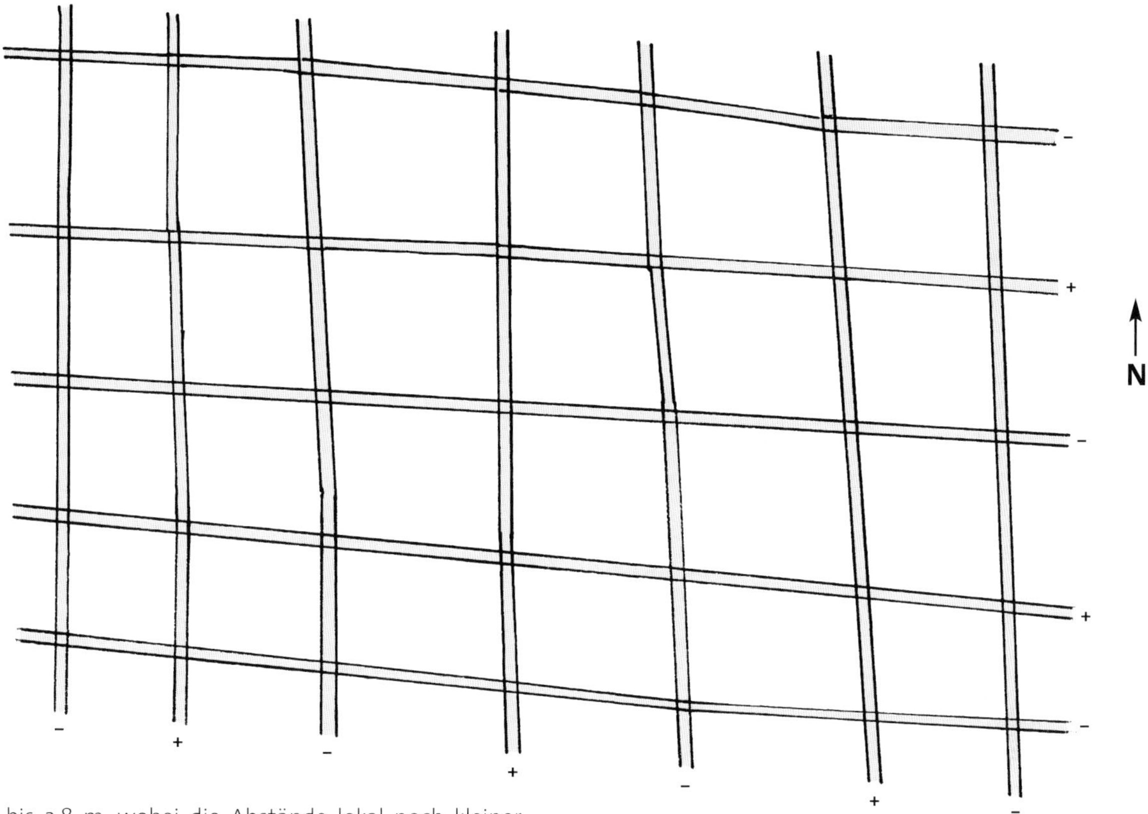


Schematische Lage des Globalgitters

bis 2,8 m, wobei die Abstände lokal noch kleiner oder grösser sein können. Die einzelnen Linien werden durch das Gelände verbogen und verzogen, etwa so wie ein kariertes elastisches Stück Stoff, das man übers Knie zieht, so dass sie selten in ganz regelmässigen Abständen gefunden werden. Dies ist am ehesten in sehr ebenem, unbebautem Gelände der Fall. Auch können die Linien je nach ihrer Lage beträchtlich von den Himmelsrichtungen abweichen. Wir haben Stellen gefunden mit Abweichungen bis zu 22°.

Die Erdgitter werden nur auf der Erdoberfläche gefunden. Sobald man sich ungefähr 5 bis 10 Meter in einem Tunnel oder Stollen befindet, bleiben die Ausschläge der Rute aus. Die Distanz ist abhängig von der Grösse der Tunnelöffnung und der Dicke der Erdschicht, die darüber liegt. Der Tunnel darf nicht

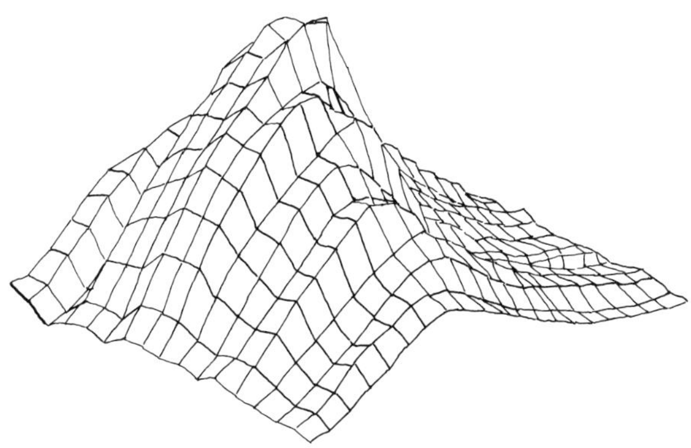

**Das Erdgitter wird durch die Landschaft ähnlich verbogen wie ein dreidimensionales Diagramm auf dem Computer.**

elektrifiziert sein. Durch den elektrischen Strom gibt es sonst im Innern eine Art Reflexe, die Linien nach innen projizieren, was die Ergebnisse verfälschen könnte.
Wenn wir uns die Erde als Körper in einem Meer aus Energie vorstellen, muss die Oberflächenbeschaffenheit einen Einfluss auf das Globalgitter haben. Daher können Berge, aber auch grosse Gebäude oder technische Einrichtungen bewirken, dass man recht häufig nicht nur eine, sondern zwei parallele Linien findet, die nur etwa 60 cm bis 1,20 m auseinander liegen. Man nennt zwei solche Linien «Doppellinien», manchmal auch «Doppelzonen», weil sie als eine Einheit angesehen werden. Bei Doppelzonen ist der ganze Bereich, die beiden Linien und der Raum dazwischen, von erhöhter Energie. Unserer Erfahrung nach gibt es keine Regelmässigkeit für das Auftreten von Doppelzonen, da sie durch Einwirkungen aus der Beschaffenheit des Geländes entstehen. Setzt man eine effiziente Raumharmonisierung ein, so verschwinden Doppelzonen in der Regel, während sich die einzelnen Netzgitterstreifen regelmässiger verteilen und weniger abgelenkt werden.
Das Globalgitter ist dreidimensional ähnlich wie ein Kristallgitter. Die Abstände in der Höhe sind in unbebautem Gelände sehr schwierig zu messen. Am besten eignet sich dazu ein steiler Berg oder ein hölzerner Aussichtsturm. In einem Treppenhaus verzerrt das Gebäude die ursprüngliche Lage der Linien. Der Abstand der horizontalen Linien beträgt ungefähr 2,8 m bis 3 m. Die horizontalen Linien unterscheiden sich jedoch von den senkrechten dadurch, dass es sich dabei nicht um eine Energiekonzentration handelt, sondern eher um eine Art «Nullenergielinie». Sie sind dadurch recht schwierig zu finden. Nach unseren Erfahrungen haben sie keine nachteiligen Wirkungen auf Lebewesen und können somit vernachlässigt werden.

**Eigenschaften der einzelnen Linien**

Die Eigenschaften von Erdlinien sind denjenigen von materiellen Magneten sehr ähnlich. Sie gehören zu den Magnetkräften, wie wir sie weiter vorne im Kapitel Grundlagen (Seite 75) beschrieben haben. Jede Linie ist in ihrer Kraftwirkung entweder plus- oder minusgepolt, und zwar wechseln sie ohne Ausnahme ab: Auf jede plusgepolte Linie folgt eine minusgepolte und so weiter. Sie können diese Eigenschaft auch mit positiv oder negativ, männlich oder weiblich, Tag oder Nacht, Yang oder Yin bezeichnen, je nachdem, was Ihnen am besten zusagt. Wir werden die Bezeichnungen positiv und negativ, plus und minus oder die Zeichen + und – verwenden. Wie bei Magneten ziehen sich zwei unterschiedliche Polaritäten an, während sich zwei gleiche abstossen. Je nach ihrer Polarität wirken die Linien anders auf den Organismus und sind die Wirkungen der Kreuzungen verschieden intensiv. Positiv gepolte Linien stossen Energie ab, negativ gepolte ziehen Energie an.
Kreuzen sich zwei positiv gepolte Linien, so verstärken sie sich gegenseitig in ihrer Wirkung. Ein solcher Ort gibt daher viel Energie ab. Eine Kreuzung von zwei Minuslinien hingegen zieht viel Energie an. Diese Art von Kreuzungen nennt man «aktive» Kreuzungen. Unterschiedlich polare Linien heben sich in ihrer Wirkung auf, wenn sie sich kreuzen. Sie sind in der Regel für die Gesundheit nicht von besonderer Bedeutung.
Die Bezeichnungen «positiv» und «negativ» sagen in diesem Zusammenhang nichts darüber aus, ob die Linie schädlich oder förderlich ist. Wie eine Linie wirkt, lässt sich nicht allgemein bestimmen, sondern dies hängt vom Zusammenspiel aller Kräfte an einem Ort ab.
Wir sind der Überzeugung, dass es ursprünglich keine schädlichen Erdlinien gegeben hat, höchstens für bestimmte Menschen günstigere oder weniger

günstige Orte. Zutiefst bedauern wir, dass das Schlagwort «Erdstrahlung» zu einer grossen Angst vor der Energie der Erde geführt hat. Wir betrachten die Erde grundsätzlich als eine grosse Mutter, die alle Wesen nährt, die auf ihr leben. Angst vor Erdstrahlung führt zu einer generellen Angst vor der Erde; sie wird als eine Art Feind betrachtet, den es zu bekämpfen gilt. So eine Haltung kann nicht richtig sein. Unsere Arbeit hat uns gelehrt, dass Erdlinien verschiedene Energieeigenschaften des Feldes, in dem sie sich befinden, annehmen können. Wird das Feld ungünstig verändert, kann eine Erdlinie sehr schädlich werden, weil sie alles verstärkt. Genau betrachtet ist es nicht die Erdlinie, die uns schadet, sondern Eigenschaften, die ihr aufmoduliert sind. Vor allem durch technische Einrichtungen wird die Qualität einer Linie verändert. Aber auch durch unharmonische Bebauungen, Tunnels, Bergbau, Stauseen, Tiefgaragen usw. können Energieeigenschaften ungünstig beeinflusst werden und Erdlinien eine schädliche Wirkung erhalten.

Auf der materiellen Ebene findet man bei Erdlinien eine Anhäufung von Ionen. Sie bilden ebenfalls eine Art Gitter. Im Gegensatz zu den feinstofflichen Globalgittern können diese ihre Lage im Verlaufe des Tages oder des Jahres ändern. Ebbe und Flut wirken sich auf sie genauso aus wie Hoch- oder Tiefdruckwetterlagen. Je nach Wetter oder Tageszeit lassen sie sich leichter bestimmen oder verschwinden fast vollständig. Wir möchten an dieser Stelle betonen, dass es sich dabei um eine Wirkung des Globalgitters auf der materiellen Ebene handelt, und nicht um das Erdgitter an und für sich. Die gitterförmigen Strukturen der Ionen bieten jedoch eine weitere Möglichkeit, die Existenz des Globalgitters materiell nachzuweisen.

**Flussrichtung von Erdlinien**

Da die Energie der Erdlinien nicht starr ist, sondern langsam fliesst, lässt sich bei jedem Netzgitterstreifen eine magnetische Flussrichtung bestimmen. Die Energie fliesst ähnlich wie in einem Wiesenbach leicht wellenförmig mäandrierend. In ungestörter Umgebung geht der Energiefluss stets von Plus nach Minus, das heisst von Norden nach Süden und von Osten nach Westen. Ist der Energiefluss an einem Ort umgekehrt, so lässt dies auf sehr starke Störungen schliessen. Meist sind sie technischen Ursprungs. Wir werden darauf weiter hinten im Kapitel Elektrosmog (Seite 143) nochmals zu sprechen kommen.

Diese Tatsache liefert nun die Erklärung, weshalb ein Stein beispielsweise eine viel grössere Wirkung zeigt, sobald er mit seinen Plusseiten nach Norden und nach Osten ausgerichtet wird, so wie wir es im ersten Teil des Buches (Seite 49) beschrieben haben. Es ist ebenso die Erklärung dafür, weshalb man am besten mit dem Kopf nach Norden schlafen sollte: Liegt ein Stein oder ein Mensch irgendwie da, so bildet er für die feinstoffliche Energie eine Art Hindernis, was zu «Turbulenzen» führt. Anstatt in einen Körper eindringen zu können und ihn zu regenerieren, fliesst die Energie daran vorbei und zeigt weniger Wirkung. In einer Lage, die mit dem natürlichen Umfeld in Übereinstimmung ist, fliesst die Energie ungehindert in den Körper hinein und durch ihn

**Flussrichtung der Energie auf Erdlinien**

auf Ihren Organismus und so weiter. Man kann den Filter auf jede beliebige Eigenschaft von Erdlinien anwenden. Auf diese Weise lernen Sie, verschiedene Arten einer möglichen Wirkung zu unterscheiden. Sie werden dadurch in Ihrer Arbeit viel genauer, und Ihre Ergebnisse werden brauchbarer.
Achtung: Wir möchten Ihnen nochmals dringend anraten, Ihre Aufmerksamkeit vermehrt auf die Energien zu lenken, die Sie stärken und Ihnen gut tun. Fragen Sie nach Plätzen, an denen Sie sich aufladen können. Suchen Sie nach heilsamer Musik zur Regeneration. Spüren Sie die wohltuende Energie einer harmonisch erbauten Kathedrale. Lassen Sie sich von Ley-Linien inspirieren. Wenn Sie sich ausschliesslich mit Störungen und krankmachenden Dingen beschäftigen, geraten Sie in ein fatales Ungleichgewicht. Da Sie sich dauernd auf schädliche Energien einstellen und sich darauf empfindlich machen, riskieren Sie, erst recht darunter zu leiden. Sie werden nicht nur durch die unharmonischen Schwingungen beeinträchtigt, sondern auch durch Ihre eigenen Gedanken, die nur noch um Krankheit und Furcht kreisen. Wir wollen auf eine Problematik aufmerksam machen, damit sie gelöst werden kann. Wir bemühen uns, Auswege und Harmonisierungsmöglichkeiten aufzuzeigen, so gut dies möglich ist. Es ist für Sie nicht nötig, sich allzu sehr mit der Suche nach Störungen zu belasten. Suchen Sie das Heilsame und das Aufbauende und lesen Sie nochmals das Kapitel Schutz (Seite 71) durch! Beenden Sie jede Rutenübung mit der Suche nach etwas, was für Sie aufbauend wirkt.

**Stärke von Erdlinien**

Vielleicht ist Ihnen die Unterscheidung in «krankmachend» und «förderlich» zu allgemein. Um genauere Angaben zu erhalten, lässt sich auch eine Skala für die Stärke einer Linie verwenden, das heisst dafür, wie schädlich oder wie förderlich sie wirkt. Wir benützen dazu eine Skala für die förderlichen Eigenschaften und eine für die schädlichen. Zeichnen Sie auf ein Blatt Papier eine Linie, die Sie in der Mitte teilen, und bezeichnen Sie diese Stelle mit null. Fügen Sie beidseits des Nullpunktes in regelmässigen Abständen weitere Markierungen an, die Sie fortlaufend nummerieren, also 1, 2, 3 auf der rechten Seite und –1, –2, –3 usw. auf der linken Seite. Ihr Massstab sollte auf beiden Seiten mindestens bis 10 reichen. Sie können eine solche Skala auch halbkreisförmig anordnen, wenn Ihnen dies besser zusagt. Kleben Sie Ihre Messtabelle auf ein Stück Karton und schützen Sie diese mit Plastikfolie gegen feuchte Witterung. Auf diese Weise lässt sie sich für Ihre Messungen überallhin mitnehmen.
Stellen Sie sich auf eine gefundene Erdlinie und machen Sie sich auf deren Wirksamkeit oder Stärke empfindlich. Das Pendel eignet sich am besten für diese Arbeit. Es soll Ihnen das Ja-Zeichen zeigen, wenn Sie sich über dem richtigen Wert befinden oder auf dem Diagramm den richtigen Wert anzeigen. Prüfen Sie zuerst, ob die Linie auf Ihre Gesundheit eine günstige Wirkung ausübt oder nicht. Halten Sie nun Ihr Pendel über den Nullpunkt Ihrer Tabelle und versetzen Sie es in eine neutrale Bewegung. Handelt es sich um eine wohltuende Energie,

**Skala: Stärke der Erdlinien**

bewegen Sie Ihren Arm der Linie entlang langsam so lange nach rechts, bei schädlicher Energie nach links, bis das Pendel in die Ja-Bewegung wechselt. Sie haben nun einen bestimmten Wert, sagen wir +3, der Ihnen sagt, dass die Energie an der Stelle leicht aufbauend wirkt. Normalerweise genügt eine Skala von null bis zehn. Befinden Sie sich jedoch an einem Kraftort, so kann dieser Wert bis auf 30, 40 oder noch höher steigen! Um solch hohe Werte zu ermitteln, halten Sie Ihr Pendel erneut über die Null und definieren Ihre Skala nun als von 10 bis 20 reichend, beim nächsten Durchgang von 20 bis 30 usw. Antwortet Ihr Pendel im zweiten Durchgang bei vier mit Ja, bedeutet dies eine Stärke von 14.

Wenn Ihnen das Pendeln nicht so liegt oder Sie mit den verschiedenen Skalen nicht klarkommen, können Sie auch mental die Stärke abfragen. Gehen Sie dabei genau gleich vor wie bei der Bestimmung der Wassertiefe oder der Wassermenge. Dazu eignet sich die Rute genauso wie das Pendel. Stellen Sie zuerst fest, ob die Linie aufladend oder entladend ist. Danach verlangen Sie nach dem Ja-Zeichen, sobald Sie den richtigen Wert nennen, und zählen langsam aufwärts.

Eine derartige Skala ist selbstverständlich sehr individuell. Wir haben in unseren Kursen jedoch festgestellt, dass die Ergebnisse innerhalb eines kleinen Bereiches übereinstimmen. Ergab bei einer Person ein Platz beispielsweise eine Stärke von 13, so wichen die Ergebnisse bei anderen Kursteilnehmern und Kursteilnehmerinnen um höchstens zwei Punkte ab, das heisst, sie pendelten zwischen 11 und 15. Kommt es zu grösseren Unterschieden, so muss die Ursache ermittelt werden. Es kann zum Beispiel zu bedeutenderen Abweichungen kommen, wenn Sie nicht ganz genau an derselben Stelle messen wie jemand anderer, so dass sich die eine Person vielleicht auf einer Kreuzung von Kraftlinien befindet, was den Wert sehr stark erhöhen kann. Tauschen Sie daher bei Abweichungen die Plätze und wiederholen Sie die Messung.

Auf der negativen Seite können Sie Ihre Skala für die Ermittlung der Stärke von Störungen einsetzen. Dies kann sehr nützlich sein, weil Sie damit herausfinden können, welche Störung Sie unbedingt meiden sollten und was noch in Kauf genommen werden kann. Bei natürlichen Störungen erreichen Sie Werte bis etwa –7. Sind jedoch technische Störungen im Spiel, kann auch diese Skala weit über –10 reichen.

Achten Sie darauf, die Stärke von Störungen auf die Person bezogen zu ermitteln, deren Schlaf- oder Arbeitsplatz Sie gerade untersuchen. In diesem Bereich sind die Ergebnisse sehr individuell und weichen manchmal auch beträchtlich voneinander ab, da nicht jeder Organismus gleich empfindlich reagiert. Bei sehr hohen negativen Werten ist jedoch in jedem Fall Vorsicht geboten. Weichen Sie solchen Stellen besser aus oder beheben Sie die Ursache der starken Störung.

### Die Bovisskala

Sehr oft stösst man in der Literatur auf die sogenannten Boviswerte. Diese Einheit geht auf einen französischen Physiker namens Alfred Bovis zurück, der sich ebenfalls als Rutengänger betätigte. Er beschrieb die Energiewerte an einem Ort mit den Wellenlängen für Licht in Ångström. Aufgrund seiner Erfahrungen definierte er, dass alle Wellenlängen unterhalb von 6500 für die Gesundheit schädlich sind, oberhalb dieses Wertes sind sie förderlich. Die Bovisskala wird heute mehrheitlich ohne diesen Bezug verwendet, als Skala, die von 0 bis 10 000 reicht. Höhere Werte werden ebenso ermittelt, wie wir es weiter oben beschrieben haben: Geht der Ausschlag des Pendels über 10 000 hinaus, so wird die Skala neu definiert für die Werte 10 000 bis 20 000 usw. Ein Ausschlag bei 5000 im dritten Durchgang

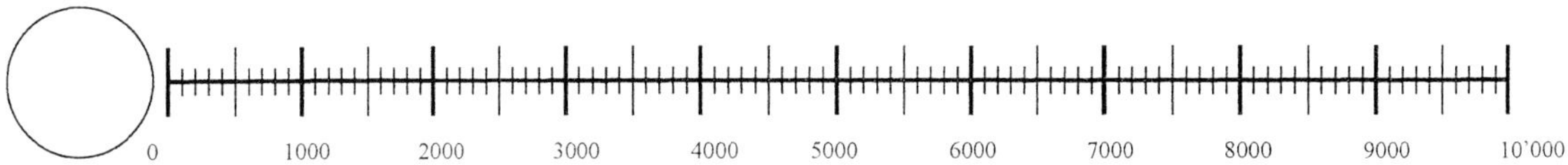


**Die Bovisskala: Stellen Sie eine Probe dessen, was Sie auspendeln möchten, links auf den Kreis. Machen Sie sich auf die Boviswerte sensibel. Benützen Sie Ihre freie Hand als Fühler, der auf der Probe bleibt. Fahren Sie mit der Hand, in der Sie das Pendel halten, langsam entlang der Skala. Das Pendel soll im Ja-Zeichen schwingen, sobald Sie den richtigen Wert erreicht haben. Ein Produkt sollte mindestens 6500 Boviseinheiten haben, um den Organismus nicht zu belasten.**

bedeutet demzufolge 25 000 Bovis. Bei normalen Häusern werden selten Werte von 10 000 überschritten. Bei Messungen auf Kraftplätzen kann der Wert aber 30 000 oder sogar 40 000 überschreiten. Wir beurteilen die Boviswerte mit grösster Zurückhaltung, wenn man sie als einziges Kriterium für die Qualität eines Ortes heranzieht. Ein hoher Boviswert sagt unserer Meinung nach bloss, dass an einem bestimmten Ort viel Energie vorhanden ist. Es handelt sich dabei um den feinstofflichen elektrischen Anteil der Energie, wie wir dies weiter vorne beschrieben haben. Er sagt jedoch nichts über den magnetischen Anteil aus und nichts darüber ob diese Energie förderlich wirkt. Es macht einen erheblichen Unterschied, ob Sie 10 000 Bovis haben, die rechtsdrehend oder linksdrehend sind! Wir haben viele Orte mit sehr hohen Boviswerten angetroffen, die für uns unerträglich waren, weil die Energieeigenschaften falsch waren. Wir reagieren mit Kopfschmerzen, Übelkeit, Kreislaufbeschwerden oder ähnlichen Symptomen darauf. Es liegt in der Tragik unserer Zeit, dass viele Kraftorte feinstofflich verschmutzt sind und daher nicht mehr geeignet sind, uns energetisch aufzuladen.

### Pulsationskraft

Bei unserer Arbeit hat es sich als sehr sinnvoll erwiesen, nicht nur nach der elektrischen Stärke eines Ortes zu fragen, was den Boviswerten entspricht, sondern auch nach der Pulsationskraft. Wie wir im Kapitel Grundlagen des Rutengehens beschrieben haben, besteht die Lebenskraft aus zwei gleichwertigen Anteilen, den magnetischen oder pulsierenden und den elektrischen oder fliessenden Kräften. Weil wir nirgends eine Skala zur Bestimmung der Pulsationskraft gefunden haben, kreierten wir selbst eine. Sie reicht von null bis hundert. Wiederum können Sie diese als Diagramm oder als Massstab darstellen oder einfach mental abfragen. Neben möglichst hohen Bosviswerten braucht es an einem Ort auch eine möglichst hohe Pulsationskraft, damit Leben gedeihen kann, wobei beide Kräfte ungefähr gleich stark sein sollten. Ein einseitig sehr hoher Wert bringt trotzdem nur einen sehr geringen Zuwachs an Lebensenergie, weil sie der Körper nicht richtig aufnehmen kann.

### Wechselwirkungen von Erdlinien

Die Lage des Globalgitters bleibt über Jahrtausende hinweg unverändert. Es bräuchte so umwälzende Ereignisse wie eine Beschleunigung oder Verlangsamung der Erdrotation, um die Gitter zu verschieben. Sie können aber lokal sehr stark verbogen und verzogen sein, wenn zum Beispiel Gebäude unharmonisch errichtet werden oder bei einem Bau viel Metall verwendet wurde. Auch technische Einrichtungen können die Gitter lokal verbiegen.
Erdlinien verhalten sich sehr ähnlich wie Magnete. Sie sind von unterschiedlicher Polarität und können mit jeder Art von Metallen in Wechselwirkung treten. Beachten Sie dabei, dass es sich nicht um den bekannten Magnetismus handelt, der zum Beispiel

auf Eisen einwirkt, sondern um die feinstofflichen pulsierenden Kräfte, wie sie weiter vorne beschrieben wurden. Ihre magnetähnlichen Eigenschaften sind auf der feinstofflichen Ebene sehr ähnlich wie auf der materiellen.

Erdlinien treten mit allen Metallgegenständen ab einer gewissen Grösse in Wechselwirkung. Das können schon Zinnkannen oder metallene Nachttischlampen sein, Heizkörper, Türrahmen oder Dachrinnen. Ganz besonders heikel sind Spiegel. Je nach der Grösse des Gegenstandes reicht seine Wirkung weiter oder ist nur auf einen sehr kleinen Radius beschränkt.

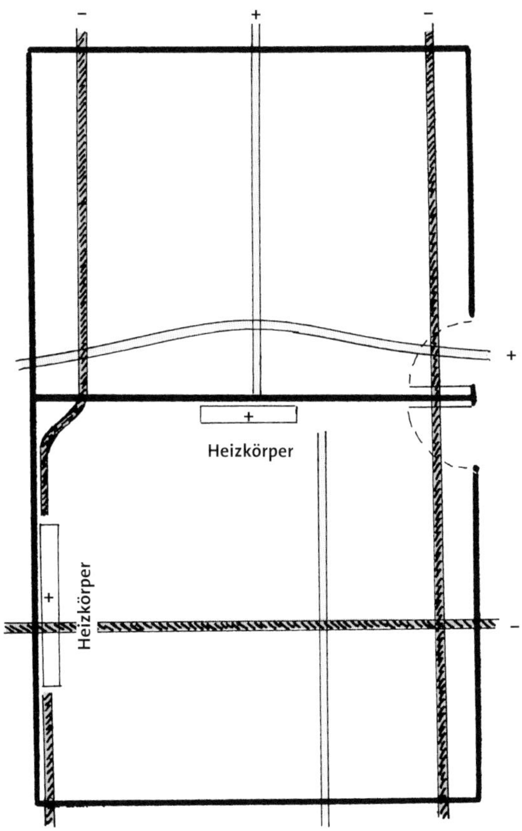


**Metallene Gegenstände verbiegen in ihrer Umgebung die Erdlinien. Gleiche Polaritäten stossen sich ab, ungleiche ziehen sich an. Metallgegenstände vermögen Erdlinien auch zu unterbrechen und zu verschieben.**

Befindet sich in Ihrem Wohnzimmer beispielsweise ein metallener Ofen, so verbiegen sich die Erdlinien in seiner Nähe. Ist dieser Ofen von positiver Polarität, so zieht er die negativ gepolten Linien an, während er die positiv gepolten abstösst. Stehen nun noch andere Metallgegenstände in der Nähe, gelten wieder dieselben Polaritätsgesetze. Dies kann zu einer vollständigen Verzerrung des magnetischen Feldes führen. Linien werden «gebrochen», das heisst, sie hören irgendwo auf oder sind plötzlich verschoben. Neue Linien werden erzeugt oder reflektiert, das heisst vervielfacht oder verbreitert. Verschieben Sie einige Gegenstände, so ändert sich das Erscheinungsbild, was das Auffinden von Erdlinien sehr erschwert. Wundern Sie sich daher nicht, wenn Sie in einem Raum ein enormes Durcheinander von Erdlinien antreffen. Dies ist auch der Grund, weshalb wir Ihnen dringend raten, mit dem Suchen der Globalgitter im Freien zu beginnen.

Nicht jeder Metallgegenstand verzieht die Erdlinien gleich stark. Wiederum spielt es eine Rolle, wie stark das Feld als Ganzes gestört ist. Eine Möglichkeit, die Wirksamkeit einer Entstörmassnahme zu überprüfen, ist zu kontrollieren, ob die Erdlinien wieder in ihre ursprüngliche Lage zurückkehren und von metallenen Gegenständen unbeeinflusst bleiben.

### Muten von Reflexen

Erdlinien können nicht nur verbogen, sondern auch reflektiert oder gestreut werden. Wir bezeichnen die so entstandenen künstlichen Erdlinien als Reflexe. Durch Spiegel und Metallgegenstände können einzelne Linien gebündelt und dadurch verstärkt werden. Meist entsteht so ein Strahl in einem ähnlichen Winkel, wie die Linie auf den Spiegel trifft. Die feinstofflichen Gesetzmässigkeiten sind dabei sehr ähnlich wie die materiellen. In anderen Fällen können Spiegel und Metalle Linien vermehren. Sie finden plötzlich mehrere dicht nebeneinander. Oder eine Linie verbreitert sich, so dass sie mit ihrer Schwingung das ganze Zimmer bedeckt. Solche Phänomene können auch im Zusammenhang mit technischen Schwingungen zum Beispiel von Radio- und Fernsehsendern auftreten.

Um das Muten von Reflexen zu üben, nehmen Sie am besten einen Spiegel von mindestens 60 cm Höhe oder einen grösseren Metallgegenstand mit ins Freie. Suchen Sie eine Wasserader oder einige Erdlinien und bezeichnen Sie diese. Stellen Sie den Spiegel in einem Winkel von ungefähr 45° auf eine Ader oder Linie und beobachten Sie, was passiert.

Wahrscheinlich hilft es Ihnen, wenn Sie bei den folgenden Übungen unterscheiden zwischen «natürlichen» und «reflektierten» Erdlinien oder Wasseradern. Fragen Sie nach der gespiegelten Ader oder Linie. Verfolgen Sie den Reflex ein Stück weit. Sie werden feststellen, dass er nach einer kurzen Strecke aufhört. Untersuchen Sie, wie die Rückseite des Spiegels die Erdlinie beeinflusst. Verschieben Sie den Spiegel mehrere Male, um verschiedene Wirkungen zu studieren. Wenn Sie mit einem Metallgegenstand üben, können je nach seiner Form auch mehrere reflektierte Linien entstehen. Bestimmen Sie die Polarität, die der Spiegel oder der Gegenstand als Ganzes hat. Ist er mehrheitlich positiv oder negativ gepolt? Sie können untersuchen, ob er gross genug ist, um eine Erdlinie abzulenken. Dabei stossen sich gleiche Polaritäten ab, während sich ungleiche anziehen.

Versuchen Sie nun herauszufinden, wie sich die Reflexe verhalten, wenn Sie mehrere Spiegel oder Metallgegenstände in die Nähe bringen. Manchmal lassen sich gespiegelte Linien wieder aufheben. Meist jedoch entstehen immer mehr künstlich erzeugte Linien.

Reflexe sind sehr oft die Ursache für vermeintliche Fehler. Wenn Sie versuchen, das Globalgitter genau zu muten, und Ihre Ergebnisse dabei immer wieder anders ausfallen, fragen Sie nach reflektierten Linien. Meistens finden Sie sehr viele in dichtem Abstand nebeneinander. Da Sie wahrscheinlich erwarten, nur ungefähr alle zwei Meter auf eine Erdlinie zu stossen, blenden Sie alle anderen unbewusst aus. Bei einem nächsten Durchgang schlägt die Rute bei einer anderen Linie aus als beim ersten Mal, weil Sie sich zu wenig genau «erinnern», welcher Reflex den Ausschlag beim ersten Mal hervorgerufen hat.

Reflexionen können ausser im Zusammenhang mit Metallen auch bei grossen Gebäuden, wie zum Beispiel Kirchenmauern, entstehen, wenn gleichzeitig technische Wellen vorhanden sind. In einem bestimmten Abstand zur Mauer finden Sie plötzlich unzählige Linien. Wenn Sie sich genügend weit entfernen, fallen die Reflexionen irgendwann einmal weg. Meist entspricht dieser Abstand ungefähr der Höhe der Mauer. Versuchen Sie Reflexionen zu ignorieren, indem Sie sich nur auf «natürliche» oder «echte» Erdlinien einstellen. Mit etwas Übung sollte sich die Rute durch die Reflexionen nicht mehr beeinflussen lassen.

Wenn Sie im Innern von Gebäuden aus gesundheitlichen Gründen nach den Globalgittern suchen, sind die Reflexionen genauso wichtig wie die eigentlichen Linien. Es spielt daher keine so grosse Rolle, ob Sie sich täuschen lassen oder nicht. Reflexe stören oft noch heftiger als die ursprüngliche Linie.

## Diagonalgitter

Neben dem Globalnetzgitter gibt es noch ein zweites, das auch Diagonalgitter genannt wird, weil es diagonal zum ersten verläuft. Nach einem seiner Erforscher, dem Mediziner Dr. Manfred Curry, heisst es manchmal auch Currygitter. Dieses zweite Gitter entsteht an gewissen, besonders aktiven Kreuzungen von gleichpoligen Erdlinien als Abstrahlung aus dem ersten Gitter. Wenn zwei gleiche Pole in die Nähe voneinander gezwungen werden, versuchen sie stets auszuweichen. Die Linien des Globalgitters durchdringen sich bei Kreuzungen gegenseitig. Wenn die abstossenden Kräfte stark genug sind, bildet sich daher eine neue Linie, ungefähr in der Diagonalen des ersten Gitters. Da nicht alle Linien von gleicher Stärke sind, verläuft das zweite Gitter in der Regel nicht in einem Winkel von 45°, sondern liegt rautenförmig über dem Hartmanngitter. Seine Linien sind etwas breiter als die Linien des Globalgitters, etwa 20 bis 40 cm. Auch der Abstand der einzelnen Linien ist etwas grösser, nämlich ungefähr 3,5 m bis 5,2 m. Sonst gilt im Wesentlichen, was weiter vorne über das Globalgitter gesagt wurde.

Wenn Sie bei einer Globalgitterkreuzung einen hölzernen Pfahl einschlagen, entstehen über eine kurze Distanz zwei Diagonallinien. Mit einem Metallstück funktioniert dies nicht, weil der feinstoffliche elektrische Anteil der Energie zu sehr abgeleitet wird. Je nach der Grösse des Pfahls reichen die Abstrahlungen etwa ein bis zwei Meter weit. Wenn Sie danach fragen, wird der Ausschlag der Rute ab einer gewissen Entfernung ausbleiben. Schlagen Sie bei jeder Kreuzung einen Pfahl ein, so verbinden sich die kurzen Linien, und es entsteht ein sehr enges künstliches Diagonalgitter. Bei derartigen Übungen kann es wiederum hilfreich sein, zwischen «natürlichen» und «künstlichen» Erd- oder Diagonallinien zu unterscheiden.

## Andere Erdgitter

Es sind von verschiedenen Autoren noch andere Erdgitter beschrieben worden. Nach unserer Erfahrung handelt es sich dabei immer um die beiden beschriebenen Gitter, nur unter anderem Blickwinkel betrachtet. Wenn Sie sich die Energiestruktur der vielen Linien über den ganzen Globus verteilt vorstellen, ist es sehr wahrscheinlich, dass verschiedene Menschen unterschiedliche Gesetzmässigkeiten zu erkennen glauben. Die Beobachtungen schliessen sich nicht aus, sondern ergänzen sich gegenseitig. Da alle alten Kultbauten nach den beiden beschriebenen Gittern ausgerichtet wurden, möchten wir der Einfachheit halber nicht weiter auf diese anderen Gitter eingehen.

## Geomantische Zonen

Zusätzlich zu den Globalgittern gibt es noch andere feinstoffliche Energieflüsse, die für unsere Arbeit sehr wichtig sind. Wir nennen sie geomantische Zonen. Sie sind wesentlich breiter als Erdlinien, das heisst, sie können mehrere Meter bis Dutzende von Metern breit sein. Nicht selten ist daher eine solche Zone bei einem Haus oder einem Grundstück flächendeckend. Ähnlich wie die Globalgitter verlaufen sie ziemlich gerade über die Landschaft. Vergliche man die Globalgitter mit Rinnsalen oder Bächen, so würden die geomantischen Zonen den Flüssen und Strömen entsprechen.

Geomantische Zonen entstehen hauptsächlich durch Berge und Hügel, also durch die Beschaffenheit der Landschaft. Wir erklären uns ihre Entstehung damit, dass sich die feinstoffliche Energie an hohen Erhebungen staut und dadurch gebündelt wird, ähnlich wie es das Kirlianbild des Goldplättchens an den Ecken zeigt (Seite 77). Am besten kann man sich eine solche Zone wie einen Lavastrom vorstellen, der sich aus einem Vulkan ergiesst. Der einzige Unterschied besteht darin, dass sich die Energie auch sehr weit in die Höhe ausbreitet, sich also dreidimensional erstreckt. Bei einer geomantischen

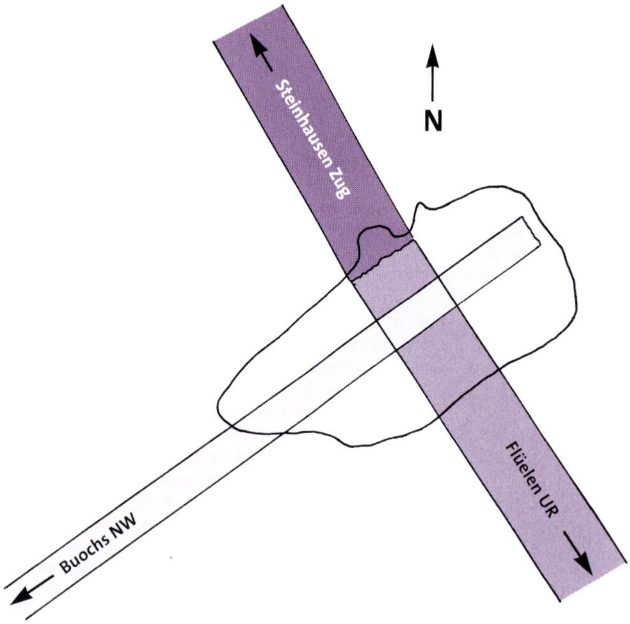


**Die Entstehung von geomantischen Zonen auf Rigi-Hochfluh. Auf den Berggipfeln entstehen geomantische Zonen. Sie haben eine Flussrichtung und können mehrere tausend Kilometer weit reichen.**

Zone ist der ganze Raum von erhöhter Energie erfüllt, nicht nur der bodennahe Bereich. Je mächtiger der Berg ist, desto länger und stärker werden die geomantischen Zonen. Je nach der Höhe ihres Ursprungsortes reicht die Wirkung einer Zone mehrere Dutzend bis mehrere tausend Kilometer weit. Aufgrund ihrer Entstehung sind geomantische Zonen nicht an Himmelsrichtungen gebunden. Sie können in allen beliebigen Richtungen vorkommen, da sie in keinem direkten Zusammenhang mit den Erdgittern stehen.
Haben wir oben die Globalgitter mit magnetischer Energie verglichen, so kann man die Energie von geomantischen Zonen mit elektromagnetischer Energie vergleichen. Beide Kräfte, die fliessenden wie die pulsierenden, sind verstärkt vorhanden. Sie sind von ausgeglichener Polarität und wirken in der Regel stark aufladend. Ungestörte geomantische Zonen sind ausserdem stark rechtsdrehend. Demzufolge üben sie einen sehr wichtigen und förderlichen Einfluss auf alle Lebensprozesse aus. Man könnte auch sagen, sie versorgen die Natur mit der notwendigen feinstofflichen Lebensenergie.
Die Bezeichnung «geomantische Zone» weist darauf hin, dass es sich dabei um eine Energie handeln muss, die für Kulte sehr wichtig ist. Die «Mantik» ist die Kunst der Weissagung, während die Vorsilbe «geo» die Erde bedeutet. Mit «Geomantie» bezeichnet man heute allgemein die Kunst, die Kräfte der Erde zu verstehen und sie, meist religiös oder kultisch, zu nutzen. Seit alters wurden für Kraft- und Kultplätze Orte gesucht, an denen sich mehrere geomantische Zonen kreuzen. Die Schamanen spürten, dass ihnen die Energie solcher Orte half, mit geistigen Ebenen in Kontakt zu treten. Man kann sich vorstellen, dass die Energie an einem Kraftplatz schneller und intensiver schwingt und dadurch die Zellen des Körpers anregt, sich ebenfalls schneller zu bewegen. Je schneller eine Energie schwingt, desto einfacher ist es, sich mit ihren feinstofflichen Anteilen zu verbinden. Sie wirkt weniger materiell, wie wir es vorne am Beispiel mit den Fahrradspeichen beschrieben haben. Auf diese Weise kann eine geschulte Person die Kraft eines Ortes zum Beispiel dazu benützen, im Geist andere Plätze aufzusuchen oder mit Geistwesen in Verbindung zu treten.

**Muten von geomantischen Zonen**

Zum Muten von geomantischen Zonen gehen Sie genau gleich vor, wie wir es im ersten Teil des Buches beschrieben haben. Am besten üben Sie wieder in offenem Gelände oder in der Nähe einer alten Kathedrale, weil Sie dort am leichtesten geomantische Zonen finden können. Stellen Sie sich auf die Energie von geomantischen Zonen ein. Da solche Zonen sehr breit sein können, klären Sie zu Beginn ab, ob Sie bereits auf einer Zone stehen. Falls die Antwort Nein lautet, vergewissern Sie sich, ob Sie nicht auf mehr als einer Zone stehen! Sollten Sie wieder ein Nein zur Antwort erhalten, fragen Sie, in welcher Richtung sich die nächste Zone befindet. Für diese Frage eignen sich die Winkelruten sehr gut. Sie werden sich in Ihren Händen in die Richtung drehen, in der sich eine Zone befindet. Sie können als nächstes fragen, wie weit entfernt die Zone ungefähr ist: Mehr als 100 Meter, mehr als 500 Meter usw. Schreiten Sie nun langsam in die angezeigte Richtung, indem Sie der Rute den Befehl geben, sie solle mit dem Ja-Zeichen reagieren, sobald Sie sich auf einer geomantischen Zone befinden.

Falls Sie bereits auf einer Zone stehen, machen Sie sich auf diese Energie empfindlich. Fragen Sie anschliessend nach dem Verlauf der Zone. Die Winkelruten werden sich in der gewünschten Richtung auseinander bewegen. Mit der V-Rute oder der Einhandrute müssen Sie sich um Ihre eigene Achse drehen. Der Ausschlag erfolgt dann gegenüberliegend zweimal. Stellen Sie sich erneut auf die geomantische Zone ein, indem die Rute das Ja-Zeichen zeigen soll, solange Sie sich darauf befinden. Entfernen Sie sich nun im rechten Winkel zum angezeigten Verlauf und wiederholen Sie dazu den Befehl, dass die Rute ins Nein-Zeichen wechseln soll, sobald Sie die Zone verlassen. Auf diese Weise können Sie leicht den einen Rand der Zone aufspüren und ihn mit einem Fähnchen bezeichnen.

Drehen Sie sich um 180° und nähern Sie sich wieder der Zone. Die Rute soll mit dem Ja-Zeichen antworten, sobald Sie sich auf der Zone befinden. Nachdem Sie einen Ausschlag erhalten haben, schreiten Sie solange weiter, bis die Rute wieder ins Nein-Zeichen wechselt. Denken Sie daran, dass dies über 50 Meter weit sein kann! Sie haben nun die ganze Breite der Zone bestimmt.

Geomantische Zonen weisen wie die Globalgitter eine Flussrichtung der Energie auf. Diese muss nicht immer abwärts gerichtet sein, denn der Ursprung Ihrer Zone kann viel weiter weg liegen, als Sie am Horizont zu sehen vermögen. Gewaltige Zonen reichen von den Alpen bis zur Nordsee, vom Apennin bis Sizilien oder von den Rocky Mountains bis Hawaii, wobei sie zwischendurch über kleinere Erhöhungen hinwegfliessen wie über grössere Steine in einem Flussbett. Sie können unterwegs durch kleinere Zonen gespeist werden, so dass ihre Reichweite in der Tat höchst beeindruckend ist.

Wenn Sie im Bereich einer geomantischen Zone die Globalgitter muten, finden Sie die einzelnen Linien in einem Abstand von lediglich etwa 30 cm. Sie muten dabei die einzelnen Linien der geomantischen Zone, die leicht mit den Erdlinien verwechselt werden können.

### Wechselwirkungen von geomantischen Zonen

Da geomantische Zonen von einer sehr ähnlichen Energie sind wie elektromagnetische Felder, besteht eine überaus starke Wechselwirkung zwischen diesen beiden Energiearten. Aufgrund der vollständigen Missachtung der feinstofflichen Energieebenen gehört es zum schicksalhaften Verhängnis unserer technisierten Zeit, dass wir unsere eigene Lebensgrundlage verschmutzen und zerstören und uns dadurch unserer Kraftorte berauben, ohne es zu bemerken.

Steht zum Beispiel eine Sendeanlage für Rundfunk oder Fernsehen auf einer geomantischen Zone, was auf Bergkuppen üblich ist, so zeigt dies zwei verheerende Wirkungen. Erstens wirkt die Zone als Leiter für die hochfrequenten Schwingungen (Mikrowellen) und verschmutzt dadurch die Zone. Da diese von hoher Intensität ist, verstärkt sie die schädliche

Wirkung der Fernsehwellen, denn diese Schwingungen wirken für unseren Körper, aber auch für Tiere und Pflanzen, chaotisch. Ruhelosigkeit, Stress, chronische Müdigkeit können Folgen davon sein.
Zweitens können durch die Wechselwirkung künstliche geomantische Zonen entstehen, die ebenfalls unharmonische Eigenschaften haben. Die schädliche Wirkung von technischen Einrichtungen vervielfacht sich, wenn sie auf einer geomantischen Zone stehen. So wird, was zum Segen für die Natur dienen sollte, aufgrund von menschlicher Unkenntnis häufig zum Fluch.

## Ley-Linien

Zum Schluss möchten wir noch das System der Ley-Linien erwähnen, das vor allem im englischen Sprachraum grosse Beachtung findet. Ley-Linien werden meist durch Menschenhand geschaffen und sind daher von Himmelsrichtungen unabhängig. Sie entstehen als energetische Verbindung von Kraft- und Kultplätzen. Man könnte sie am ehesten mit Telefonleitungen vergleichen, weil sie vorwiegend dem Austausch von Information und Energie dienen. Auch sie ziehen sich ziemlich schnurgerade über die Landschaft. Oft bilden sie den energiereichsten Teil von geomantischen Zonen, sie treten aber auch ohne diese auf. Ley-Linien sind meist bloss etwa 30 bis 50 cm breit und von sehr konzentrierter Energie. Im Vergleich mit den anderen Energielinien entsprechen sie am ehesten einem Laserstrahl, der sehr stark gebündelt ist.
Ley-Linien können auf unterschiedliche Weise entstehen. Manchmal verlaufen sie entlang von alten Wegen, die Kultplätze miteinander verbanden. Sie wurden durch die vielen Menschen, die diese Wege benützt haben, gleichsam in die feinstoffliche Struktur des Geländes eingegraben. Auch wenn die Wege in Vergessenheit geraten sind, bleiben die Ley-Linien noch lange Zeit erhalten.
Eine weitere Entstehungsmöglichkeit von Ley-Linien steht in direktem Zusammenhang mit den Erdgittern. Man verwendet nämlich deren Energie, um die Ley-Linien zu erzeugen. Es werden dazu Steine benützt, die gezielt auf die Globalgitter und deren Kreuzungspunkte gesetzt werden. Dies entspricht einer Art Akupunktur der Erde. Solche Steinsetzungen früherer Kulturen findet man in Europa von Südskandinavien im Norden bis nach Polen im Osten, im Süden bis zu den Alpen und im Westen in ganz Frankreich und Spanien bis zum Mittelmeer. Aber auch in Nordafrika und auf den Kanarischen Inseln sind sie bekannt. Es werden dazu alle möglichen Arten von Steinen verwendet. Das Material ist nicht so wichtig. Hingegen spielt die Form der Steine eine entscheidende Rolle, weshalb sie so weit wie nötig behauen werden.
Diese Steinsetzungen verstärken die Energie der Globalgitter an einer bestimmten Stelle, um damit die Ley-Linien zu erzeugen. Durch die Grösse und die Form des Steines kann sie auf ein bestimmtes Ziel gerichtet werden. Man findet in näherer oder weiterer Distanz einen nächsten Stein, der wie eine Art Relaisstation den Strahl auffängt, verstärkt und weitersendet. Oft werden auch hohe Berge in das System mit einbezogen. Sie liefern so viel Energie, dass in ihrer Umgebung nur wenige Steinsetzungen erforderlich sind. Auf diese Weise entsteht ein System, das über weite Distanzen funktioniert.

### Muten von Ley-Linien

Je nach Ihrem Wohnort lassen sich leicht mehrere oder über grosse Distanzen keine einzige Ley-Linie finden. Am besten begeben Sie sich zu einer alten Kathedrale, einem Hünengrab, einer bekannten steinzeitlichen oder keltischen Kultstätte, einer prähistorischen Steinsetzung oder zu einem anderen markanten Platz. In so einer Umgebung werden Sie bestimmt auf mehrere Ley-Linien stossen.

Sie müssen sich auf die Energie von Ley-Linien empfindlich machen. Wie beim Muten von geomantischen Zonen kann es hilfreich sein, zuerst nach der Richtung der nächsten Ley-Linie zu fragen, damit Sie wissen, wo Sie suchen müssen. Befehlen Sie Ihrer Rute, mit dem Ja-Zeichen zu antworten, sobald Sie sich auf einer befinden. Nachdem Sie eine Ley-Linie aufgespürt haben, bestimmen Sie deren Verlauf und die Flussrichtung der Energie, so wie wir es für die Globalgitter beschrieben haben. Fragen Sie danach, ob es im erreichbaren Umkreis Kreuzungspunkte von Ley-Linien gibt, bestimmen Sie diese und merken Sie sich deren Lage. Sie können solche Plätze später wieder aufsuchen, um sich energetisch aufzuladen und sich gezielt inspirieren zu lassen.

**Eigenschaften von Ley-Linien**

Ley-Linien besitzen keine Polarität, keine Ladung und Drehrichtung, weil es sich dabei um dichte Energie auf der Gefühls- oder Geistebene handelt. Diese Ebenen sind etwas weiter von der materiellen entfernt, so dass für ihre Eigenschaften andere Gesetze gelten.

Nicht jede Ley-Linie ist von derselben Art von Energie. Wenn in einigen Büchern von «Linien der Beredsamkeit», von «Fruchtbarkeitslinien» oder von «Telepathielinien» gesprochen wird, so sind damit meist Ley-Linien gemeint. Stellen oder setzen Sie sich auf eine Linie und versuchen Sie in sich hineinzuspüren. Falls Sie mit dem System der Chakren vertraut sind, werden Sie feststellen können, dass jede Ley-Linie ein Chakra oder mehrere besonders stimuliert. Sollten Sie sich noch nie damit beschäftigt haben, konzentrieren Sie sich auf Ihren Körper. Beobachten Sie aufmerksam, ob Sie irgendwo ein Kribbeln oder etwas Ähnliches verspüren. Was kommt Ihnen in den Sinn? Werden Sie an eine bestimmte Farbe erinnert? Welche Gefühle tauchen auf? Nehmen Sie sich Zeit, um die besondere Kraft von Ley-Linien zu erspüren und zu entdecken. Sie werden wahrscheinlich feststellen, dass dazu Rute und Pendel eher zu grobe Werkzeuge sind. Mit der Zeit werden Sie lernen, an solchen Orten die Impulse direkt wahrzunehmen.

Spüren Sie nichts, so benützen Sie Rute oder Pendel, um nach dem zu fragen, was Ihnen verborgen zu bleiben scheint. Lassen Sie sich dabei von Ihrer Intuition leiten; aufgrund der unzähligen Möglichkeiten ist es ausgeschlossen, dafür eine genaue Anleitung zu geben. Wir fügen hier lediglich ein paar Anregungen dazu an. Welche Organe werden durch die Energie besonders stimuliert? Wirkt sie anregend oder entspannend? Braucht Ihr Körper diese Energie momentan, oder sollten Sie sich nicht zu lange dort aufhalten? Auf welcher psychischen oder geistigen Ebene wirkt sie vorwiegend? In welcher Farbe schwingt sie? Entspricht sie einem bestimmten Ton? Eignet sie sich, um Sie bei der Lösung anstehender Probleme zu unterstützen? Fördert sie die Fähigkeit, sich auf die Energie der Erde einzustimmen? Hilft sie Ihnen, Kontakt mit geistigen Ebenen aufzunehmen? Und so weiter.

Je häufiger Sie sich mit der Energie von Ley-Linien beschäftigen, umso leichter werden Sie deren unterschiedliche Qualitäten erspüren können. Seien Sie aber vorsichtig mit dem Aufenthalt an Kraftplätzen. Fragen Sie unbedingt danach, wie lange Sie sich dort aufhalten sollten. Sehr oft reichen bloss fünf Minuten! Achten Sie unbedingt auf die Signale Ihres Körpers. Sollten Sie Kreislaufbeschwerden, Herzrhythmusstörungen oder etwas Ähnliches wahrnehmen, begeben Sie sich auf einen weniger energiereichen Platz! Es ist mit dieser Energie wie mit der Einnahme von Medikamenten: Man darf nicht zu viel davon auf einmal nehmen. Ihr Körper sollte sich langsam daran gewöhnen können. Zähmen Sie Ihren Ehrgeiz, bändigen Sie Ihren Wunsch, alles möglichst schnell zu lernen. Lassen Sie sich Zeit, denn es ist unmöglich, einzelne Stufen im persönlichen Reifeprozess zu überspringen.

**Wechselwirkungen von Ley-Linien**

Ihrem Wesen entsprechend, treten Ley-Linien vorwiegend mit Steinen in Wechselwirkung. In bebautem Gebiet sind dies Gebäude. Sie können Ley-Linien unterbrechen, ablenken, manchmal auch aufsplittern, so dass Sie plötzlich zwei getrennte Linien finden. Sobald Sie sich wieder auf freiem Gelände befinden, vereinigen sich die Linien erneut zu einer einzigen.

Unserer Erfahrung nach bleiben Ley-Linien über sehr lange Zeit erhalten, auch wenn die Kultbauten oder Steinsetzungen im Laufe der Zeit verschwunden sind. Sie sind zwar weniger energiereich, vermögen aber ihre inspirierende Aufgabe weiterhin zu erfüllen. Bis jetzt konnten wir nicht feststellen, dass Ley-Linien verschmutzt werden und somit schädlich auf unseren Körper wirken können.

# Wirkung von Erdgittern

## Wirkung auf Tiere und Pflanzen

Im ersten Teil des Buches haben wir in Bezug auf die Wirkung von Wasseradern auf Tiere und Pflanzen zwischen Strahlensuchern und Strahlenfliehern unterschieden. Diese Erkenntnisse müssen wir an dieser Stelle weiter ausführen. Die beiden Kategorien sind nämlich zu wenig genau, wenn wir die Wirkung von Erdgittern auch noch mit einbeziehen wollen. Durch unsere Arbeit mit Rute und Pendel gelangten wir in den letzten Jahren zur Überzeugung, dass man Pflanzen oder Tiere eher nach den bevorzugten Energieeigenschaften des Feldes einteilen sollte.

Die Wirkung von Erdgittern auf Tiere und Pflanzen ist bisher nur ungenügend erforscht. Es ist zu wenig genau untersucht, ob bestimmte Pflanzen und Tiere vor allem auf die «Schwingung» von Wasser reagieren oder auf dessen energetische Eigenschaften. Manchmal ist wohl das eine zutreffender, manchmal das andere. Bienen sind zum Beispiel als Strahlensucher bekannt. Dies ist in Bezug auf Wasseradern sicher richtig. Es ist anzunehmen, dass sie dort vor allem die Schwingung oder «Information» des Wassers suchen. Darüber hinaus gibt es bei ihnen jedoch noch mehr Besonderheiten. So wurde beispielsweise entdeckt, dass sie für die Bildung ihrer Schwärme bevorzugt besonders aktive plusgepolte Kreuzungen des Globalgitters mit dem Diagonalgitter wählen. Auch für das Bienenhaus erweist sich ein stark positiv gepoltes Feld als förderlich. Die Völker gedeihen besser und erkranken weniger. Da in unserer modernen Umwelt das meiste Wasser negativ gepolt ist, ist die Bezeichnung als «Strahlensucher» meist mit einer Vorliebe für negativ gepolte Felder gleichzusetzen. Bei den Bienen ergibt sich daraus ein Widerspruch, weshalb die Ansichten darüber, ob Bienen zu den Strahlenfliehern oder Strahlensuchern gehören, in verschiedenen Büchern voneinander abweichen. Wir sind zu der Ansicht gelangt, dass bei den Bienen die Polarität des Feldes für die Gesundheit ausschlaggebender ist als die Schwingung von Wasser.

Als zweites Beispiel möchten wir Rehe anführen. Wir haben etliche ihrer Lagerplätze im Wald, Stellen, an denen alles Laub zur Seite gescharrt wurde, mit der Rute untersucht. Stets lagen sie auf Globalgitterkreuzungen, sehr oft auf Kreuzungen von Doppelzonen. Wir vermuten, dass die Männchen die Plus-plus-Kreuzungen bevorzugen, die Weibchen die minus-minus-gepolten. Rehe suchen auf jeden Fall aktive Globalgitterkreuzungen, um sich zu regenerieren. Bei den Nestern von Singvögeln konnten wir ebenfalls feststellen, dass sie bevorzugt auf Kreuzungen des Globalgitters gebaut werden. Es bleibt zu erforschen, ob dies für alle Vogelarten gleichermassen gilt.

Auch Ameisen sind als Strahlensucher bekannt. Sie bevorzugen jedoch negativ gepolte Felder. Sie können zum Umziehen bewogen werden, wenn Sie das Feld entsprechend verändern.

Wir haben unsere Kenntnisse an Katzen ausprobiert, weil uns die Frage interessierte, ob sie zum Aufladen die Schwingung des Wassers oder dessen Energieeigenschaften suchen. Wir sind zur Überzeugung gelangt, dass auch Katzen vorwiegend auf die Polarität des Feldes reagieren und sich bei der Wahl ihrer bevorzugten Plätze daran orientieren. Selbst aus tiefem Schlaf schreckten die Tiere auf, sobald wir die Eigenschaften des Feldes, zum Beispiel durch das Platzieren eines Steines, veränderten, auch wenn sie sich zuvor durch unsere Anwesenheit nicht stören liessen. Die Feldveränderung irritierte sie enorm. Es erstaunt daher nicht, dass Katzen nach der Entstörung eines Hauses ihre Schlafplätze ändern. Sie müssen sich neu orientieren, weil eine gute Harmonisierung die Polaritäten des Feldes ja ausgleicht. Dies bedeutet jedoch nicht, dass es keine Polaritäten mehr gibt. Das wäre unmöglich. Es bedeutet, dass die Wirkung der Polaritäten im Ganzen ausgeglichen ist. Ihre Katze findet trotzdem Plätze, an denen sie sich regenerieren kann.

Auch geomantische Zonen können einen Einfluss auf Tiere und Pflanzen haben. Wir wollen in diesem Zusammenhang ein paar Beispiele von Pflanzen anführen. Uns fällt beispielsweise auf, dass in der Nähe von Kraftplätzen meist sehr viele sehr kräftige Heilpflanzen wachsen, die man sonst eher selten findet: Stechpalme, Fingerhut oder Tollkirsche deuten durch ein massenhaftes Vorkommen oft auf besondere Plätze hin. An anderen Orten erstaunen uns Buchen oder Föhren, beides Strahlenflieher, die auch über Wasseradern kerzengerade wachsen. Dies ist an starken Kraftplätzen stets der Fall. Irgendeine Energie muss daher die Wirkung der Wasserader aufheben. Wir vermuten, dass es in diesem Fall die Kraft der geomantischen Zone ist, welche die Wasserader in gewissem Sinne «übertönt». Dieses Phänomen beweist die Möglichkeit, störende Einflüsse zu harmonisieren, so dass sie biologisch nicht mehr wirksam sind.

Oft können sich Globalgitter und Wasseradern nachteilig auf die Gesundheit von Tieren und Pflanzen auswirken. Bei Bäumen ist der Standort des Stammes am wichtigsten. Steht er auf einer Wasserader oder einer ungünstigen Erdlinie, weicht der Baum so lange aus, bis sich sein Stamm über neutralem Grund befindet. Herrschen zu viele störende Einflüsse aus verschiedenen Richtungen, verdreht sich der Baum oder er bleibt zwar gerade, bildet aber viele Krebswucherungen. Die Wirkung des Standorts zeigt das nebenstehende Bild. Beide Platanen wurden gleichzeitig gepflanzt. Der eine Baum wächst glatt und gerade, während der andere durch viele Geschwülste verunstaltet ist. Die Skizze zeigt, was den ersten Baum plagt: Er steht nicht nur auf einer Kreuzung von Wasseradern, sondern auch auf einer Kreuzung einer Diagonaldoppelzone mit dem Globalgitter. Der zweite Baum hingegen steht auf einer völlig neutralen Stelle, weshalb er glatt und gerade bleibt.

**Zwei Platanen in einer Schulhausanlage, die zum selben Zeitpunkt gepflanzt wurden. Die eine wächst ohne Störungen ganz gerade. Die andere entwickelt auf einer Wasserkreuzung und auf einer Kreuzung des Erd- und des Diagonallgitters Tumore (vgl. Skizze).**

Erneut müssen wir betonen, dass alle Kräfte zu berücksichtigen sind, wenn wir bestimmen wollen, ob ein Platz für eine Pflanze oder ein Tier förderlich ist. Es sind nicht die Wasseradern oder Erdlinien, die Krankheiten fördern oder positive Kräfte verstärken,

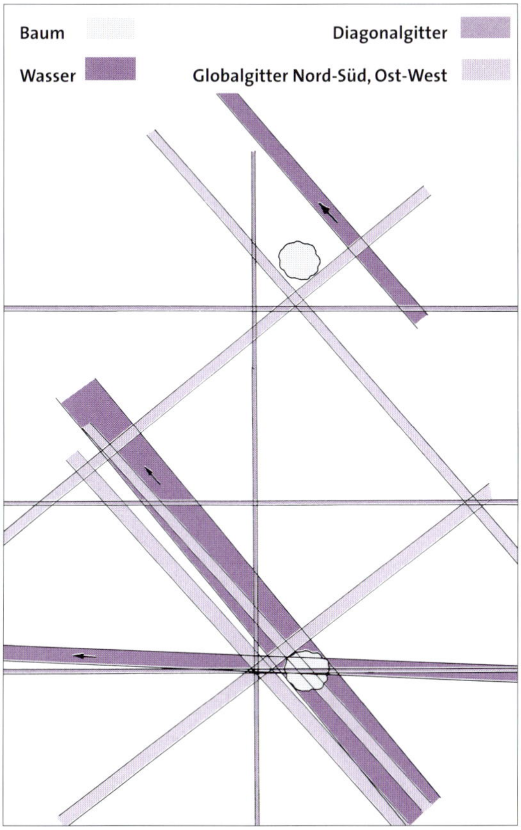


**Der Plan zeigt, weshalb die eine Platane von Wucherungen befallen ist.**

sondern deren besondere feinstoffliche Eigenschaften. Diese sind für die Wirkung einer Wasserader oder einer Linie entscheidend. Da sowohl Wasseradern als auch Erdlinien als Leiter oder Verstärker von technischen Störungen dienen können, wird oft der falsche Schluss gezogen, dass die Energien des Wassers oder der Erde an und für sich schädlich seien.

## Wirkung auf Menschen

Leider haben die Erdgitter in der jüngsten Zeit einen sehr schlechten Ruf erhalten. Sie gelten als gefährlich für die Gesundheit des Menschen. Verschiedene Forschungen haben eindeutig festgestellt, dass ein Zusammenhang besteht zwischen gewissen Krankheiten und einem Schlaf- oder Arbeitsplatz auf einer Globalgitterkreuzung. Diese Aussagen stimmen bedauerlicherweise zu einem grossen Teil. Trotzdem lohnt es sich, sie etwas genauer zu betrachten.
Wir haben bereits erwähnt, dass nicht alle Erdlinien dieselben Eigenschaften besitzen. Der Einfachheit halber raten wir Ihnen, am Anfang nur zwischen für Sie schädlichen und unschädlichen Linien zu unterscheiden, so wie wir es im vorherigen Kapitel beschrieben haben. Grosse Bedeutung kommt den Erdlinien im Zusammenhang mit technischen Einrichtungen zu. Sie wirken als Leiter und als Verstärker für diese Störungen, so dass diese auch noch über weite Distanzen wirken. Unserer Meinung nach sind es die massiven Veränderungen der Umwelt durch die Menschen, die einen Grossteil der Erdlinien für uns schädlich werden lassen. Da es sich dabei um Auswirkungen des Elektrosmogs handelt, werden wir im übernächsten Kapitel (Seite 143) noch näher darauf eingehen.
In der Regel besitzt der menschliche Körper genügend Abwehrkräfte, um einzelne Störungen unbeschadet zu verkraften. Schlimm kann es werden, wenn sehr viele belastende Faktoren zusammenfallen. Dies bedeutet, dass Sie sich meistens wegen einer einzelnen Erdlinie, die durch Ihr Bett verläuft, nicht zu sorgen brauchen. Liegen Sie jedoch auf einer Kreuzung von vielen Linien und von Wasseradern, lohnt es sich sehr wahrscheinlich, etwas an Ihrem Schlafplatz zu verändern. Versuchen Sie das Bett auf einen neutraleren Platz zu verschieben oder in ein anderes Zimmer zu wechseln. Ist dies

nicht möglich, empfehlen wir, etwas zur Harmonisierung zu unternehmen. Im Kapitel Harmonisierungsmöglichkeiten am Schluss des Buches (Seite 175) werden wir Ihnen dazu noch weitere Tips geben.

### Fallbeispiele

Zunächst möchten wir Ihnen ein paar Fälle aus unserer Praxis vorstellen. Sie können daraus die Vielfalt der einzelnen Kräfte und deren Zusammenspiel ersehen. Es lässt sich nicht vermeiden, dass wir dabei den folgenden Kapiteln zuweilen etwas vorgreifen müssen.

*1. Fall: Reflex durch den Badezimmerspiegel*

In einem Schlafzimmer steht das Bett neben dem Globalnetzgitter und wird vom Diagonalgitter lediglich gestreift. Auch fliessen keine Wasseradern durch das Bett. Trotzdem klagt die Frau über Rückenschmerzen.

Bei diesem Fall galt es, über die Zimmerwände hinaus zu suchen. Verfolgt man den Verlauf der einen Diagonallinie, so trifft sie im Badezimmer genau auf den Spiegel. Von diesem wird sie gebündelt und auf das Bett der Frau geworfen, was die Rückenschmerzen verursacht.

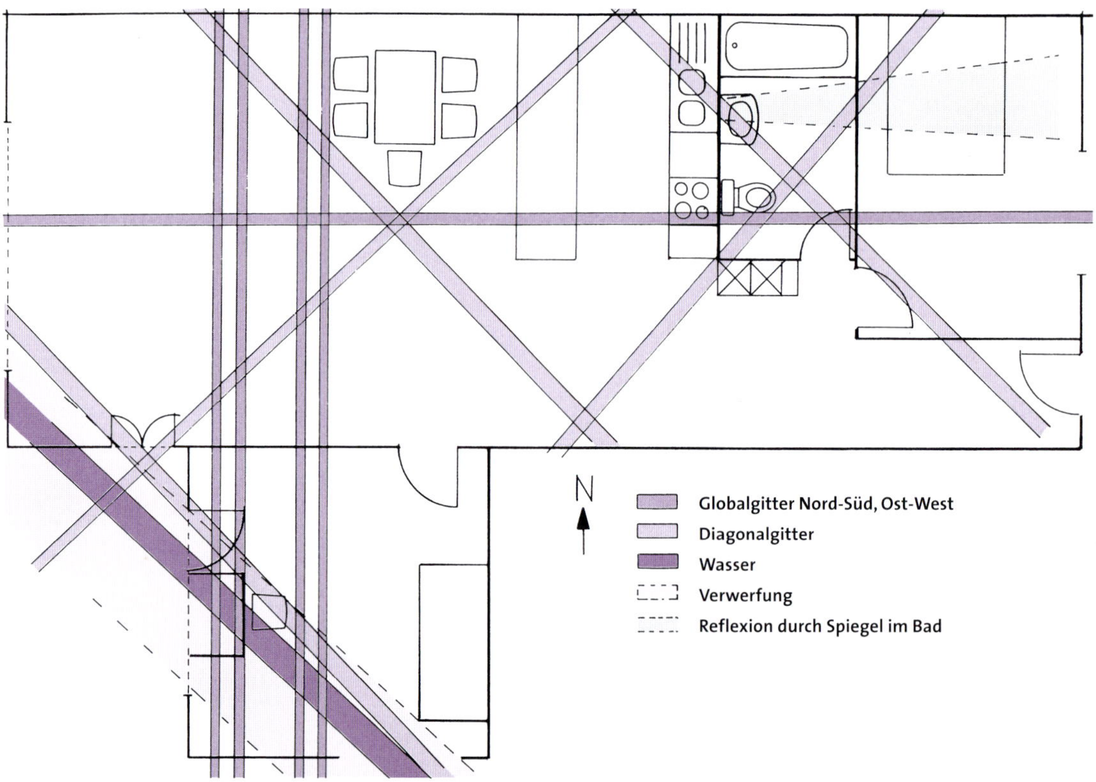


**Der Plan zeigt, wie eine Diagonallinie durch den Badezimmerspiegel reflektiert wird. In derselben Wohnung ist der Arbeitstisch des Kindes stark gestört (Fallbeispiel 1 und 2).**

Bleibt der Spiegelschrank im Bad während der Nacht geöffnet, verschwinden die Rückenschmerzen nach kurzer Zeit. Da diese Lösung auf die Dauer eher unpraktisch ist, empfiehlt es sich, den Reflex durch eine genügend dicke Schicht Kork an der Wand zu unterbrechen. Eine andere Möglichkeit bestünde darin, den Spiegelschrank zu verschieben oder das Feld in der Wohnung grossräumig zu harmonisieren.

*2. Fall: Gestörter Platz am Pult*

In derselben Wohnung lebt ein elfjähriger Knabe, der keine besonderen Beschwerden hat. Seine Mutter wundert sich lediglich, dass er nie an seinem Pult die Hausaufgaben erledigen will. Viel lieber setzt sich der Junge für seine Aufgaben in das Wohnzimmer oder an den Küchentisch.

Die Untersuchung seines Zimmers ergibt, dass das Bett des Knaben ungestört steht. Hingegen häufen sich bei seinem Aufgabenplatz mehrere Störungen. Sein Tisch steht auf einer wasserführenden Verwerfung. Gleichzeitig kreuzen sich je eine Linie des Globalgitters und des Diagonalgitters. Der Junge weicht instinktiv aus, weil er sich an diesem Platz irgendwie «unruhig» fühlt, wie er meint. Auch klagt er darüber, dass er sich dort nicht konzentrieren könne.

*3. Fall: Dieselbe Störung an drei verschiedenen Plätzen*

Eine Frau klagt über Schmerzen im Hüftgelenk sowie über Müdigkeit und Unwohlsein. Da sie selbst versuchte, einen besseren Schlafplatz zu suchen, stellte sie ihr Bett an drei verschiedene Plätze in der Wohnung. Die Beschwerden hielten jedoch unvermindert an.

Das Haus steht auf einem ehemaligen Sumpfgebiet. Der Untergrund ist daher durchzogen von vielen verschiedenen Wasserläufen, die kreuz und quer verlaufen. An allen drei Orten stand das Bett auf einer Wasserader. Zusätzlich waren alle drei Orte vom Diagonalgitter betroffen, so dass die Frau überall auf ähnlichen Störungen schlief.

Das Phänomen, dass man sich an verschiedenen Orten stets auf dieselbe Art von Störungen legt, trafen wir auch in anderen Fällen an, sogar wenn Leute die Wohnung wechselten. Wir vermuten, dass man unbewusst die Störungen anzieht, die zu den eigenen psychischen Strukturen passen.

*4. Fall: Plötzlicher Kindstod*

Ein junges Paar rief uns zu sich, um das Kinderzimmer zu untersuchen. Die Frau war in Erwartung. Sie bat uns, den besten Platz für das Kinderbett zu ermitteln.

Wir fanden eine Kreuzung des Globalgitters mit einer Diagonaldoppelzone. Sonst war das Zimmer störungsfrei. Als wir den zukünftigen Eltern die Stelle mit der Bemerkung zeigten, dass sie dort das Kinderbett nicht hinstellen sollten, wurden beide bleich und nachdenklich. Schliesslich erzählten sie, dass sie schon ein Kind gehabt hätten, dessen Bett genau an der bezeichneten Stelle gestanden sei. Das Kind war am plötzlichen Kindstod gestorben. Der Vorfall war auch der Grund dafür gewesen, weshalb die Eltern uns gerufen hatten.

Das zweite Kind wuchs ohne grössere Schwierigkeiten heran.

*5. Fall: Mehrere Spiegel bei einem Kinderbett*

Ein elf Monate altes Kind war schon dreimal an Lungenentzündung erkrankt, war oft erkältet und litt unter Verkrümmungen des Rückgrates, weshalb es fast pausenlos in ärztlicher Behandlung war. Das Kind schlief unruhig und wand sich im Bett.

Der Schlafplatz dieses Kindes war katastrophal! Das Bett stand auf einer wasserführenden Verwerfung, und es kreuzten sich eine Doppelzone des Globalgitters mit einer weiteren Wasserader. Zusätzlich

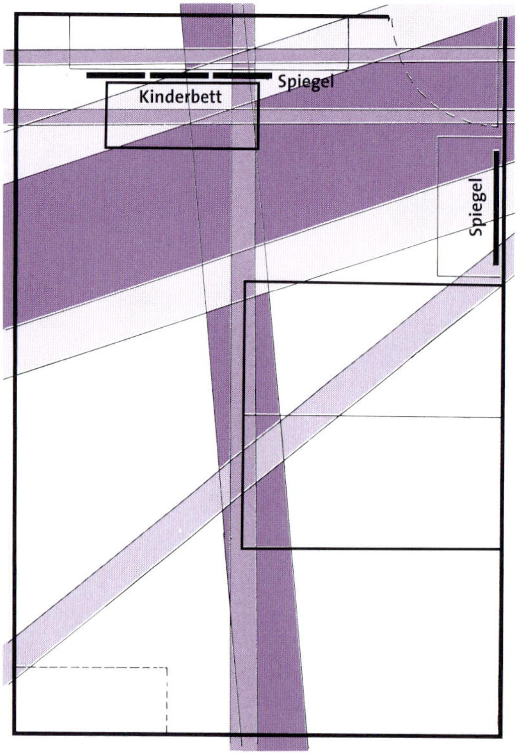


Diagonalgitter
Globalgitter Nord-Süd, Ost-West
--- neuer Standort des Kinderbetts
Wasser
Verwerfung

**Dieses Kinderbett stand extrem schlecht. Alle Störungen wurden durch die Spiegel verstärkt und im ganzen Zimmer gestreut, was hier nicht dargestellt werden kann.**

wurden diese Störungen verstärkt durch zwei Spiegel: Der eine stand an der Kopfseite des Bettchens, der andere längsseits.

Die beiden Spiegel mussten aus dem Zimmer entfernt werden, weil sie die Störungen auf dessen ganze Fläche streuten. Nachdem das Bett an einen neutralen Platz gestellt worden war, besserte sich der Zustand des Kindes allmählich. Sogar die Rükkgratprobleme verschwanden nach mehreren Monaten vollständig.

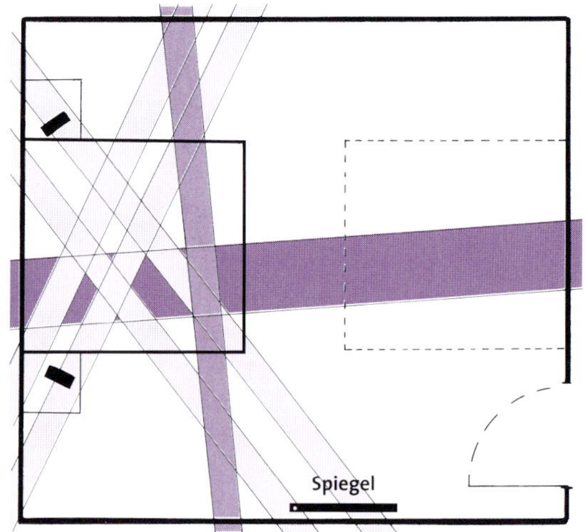


Globalgitter Nord-Süd, Ost-West
Diagonalgitter
Wasser
--- neuer Standort des Ehebetts
Wecker mit Leuchtziffern

**Das Ehebett stand auf einer Kreuzung des Diagonalgitters mit Wasser und einer Globalgitterlinie. Zusätzlich störten die beiden Wecker. Die Diagonallinie wurde durch den Spiegel im ganzen Raum gestreut (Fallbeispiel 6).**

*6. Fall: Ausbleibende Schwangerschaft*

Eine Frau konnte keine Kinder bekommen, obwohl sie jung und gesund war. Da der Frauenarzt keine organischen Ursachen finden konnte, verwies er sie an uns.

Sie lag auf der ganzen Länge des Bettes auf einer Wasserader. Ausserdem kreuzten sich zwei Diagonaldoppelzonen, die durch einen Spiegel gestreut wurden. Beidseits des Ehebetts standen zwei Radiowecker mit Leuchtziffern, deren störender Einfluss durch die Diagonalzonen wesentlich verstärkt wurde.

Das Bett wurde an die gegenüberliegende Wand des Schlafzimmers verschoben, so dass es von den Diagonalzonen nicht mehr betroffen war. Ausserdem wurde der Spiegel etwa um einen halben Meter zur Seite gerückt. Beide Radiowecker verbannten wir aus dem Zimmer. Die Wasserader, auf der die Frau immer noch schlief, harmonisierte sie mit einem grossen Rosenquarz. Nach diesen Veränderungen wurde sie bald schwanger und war überglücklich.

## Geomantie

Wir sind der Meinung, dass die Erdgitter in früheren Zeiten viel weniger problematisch waren als heute. Auf jeden Fall findet man in alten Büchern keine Hinweise darauf, dass Rutengänger einen guten Schlafplatz suchen sollten. In alten Kulturen mussten sie einen geeigneten Platz für eine neue Siedlung bestimmen. Sie orientierten sich dabei an den Erdgittern, aber auch an den Eingeweiden von Tieren. Wiesen diese viele Krankheiten auf, so war der Platz wohl auch für Menschen ungeeignet. Es ging dabei stets um eine ganze Reihe von Häusern oder um ein Kastell, nicht nur um einen einzelnen Schlafplatz. Priester, Schamanen oder Druiden wählten ausserdem Kultplätze oder Plätze für Gräber aus.
Im Mittelalter bestand das Handwerk des Rutengängers vorwiegend in der Suche von Bodenschätzen. Da andere Methoden weitgehend fehlten, waren sie die einzigen, die wertvolle Erze aufzuspüren vermochten. Kein Wunder also, dass man diese kostbaren Fähigkeiten hütete, denn sie boten Zugang zu Reichtum. Es verwundert daher nicht, dass der Mythos geboren wurde, Rutengehen sei nur wenigen, auserwählten Menschen vorbehalten. Wem die Gabe nicht in die Wiege gelegt sei, der könne sie niemals erwerben. Heute wissen wir, dass dies nicht stimmt. Unsere Erfahrung lehrt uns, dass jede und jeder diese Fähigkeit erwerben kann, sofern er oder sie dies wünscht und entsprechend übt.
Geomantie zu betreiben, ist heutzutage schwierig geworden. Viele feinstoffliche Energieflüsse sind blockiert durch Überbauungen oder Strassen und Tunnels. An vielen Orten fehlt die Möglichkeit zu lernen, wie die Energien in der Landschaft ungehindert fliessen würden. Man kann das Ideal, das ursprünglich bestanden haben muss, lediglich erahnen.
Umso wichtiger ist es, dass mehr Menschen sich mit den Erdenergien beschäftigen und versuchen, harmonische Orte wieder zu erschaffen.
Heute kann man geomantische Gesetzmässigkeiten am leichtesten an der Bauweise von alten Gebäuden studieren. Anhand der Lage von Kirchen möchten wir ein paar von ihnen hier etwas ausführen.

### Lage und Ausrichtung von Kirchen

Bis vor ungefähr zweihundert Jahren wurden Kirchen nach geomantischen Kriterien errichtet. Man suchte besondere Plätze und erstellte die Gebäude in Harmonie mit den Energieflüssen des Ortes. Die Gesetzmässigkeiten einer harmonischen Bauweise wurden auch bei einfachen Landkirchen beachtet. Dieses Wissen ist leider in der heutigen Zeit grösstenteils in Vergessenheit geraten, weil es als Aberglaube gebrandmarkt wurde. Heute baut man nach Baulinien und Grundstücksgrössen anstatt nach Erdlinien, verwendet unharmonische Formen, Proportionen und Baumaterialien, so dass es vielen modernen Kirchen an «Geist» mangelt.
Die Lage der alten Kirchen wird durch die geomantischen Zonen bestimmt. Man sucht eine Stelle, wo sich möglichst viele Zonen kreuzen, denn sie laden den Ort mit Energie auf. Sie bestimmen auch im Groben die Ausrichtung der Kirche nach den Himmelsrichtungen. Vergleicht man nämlich die Ausrichtung verschiedener Kirchen, so schauen längst nicht alle nach Osten. Wir finden hier in unserer Gegend auf sehr kleinem Raum eine Kirche, die nach

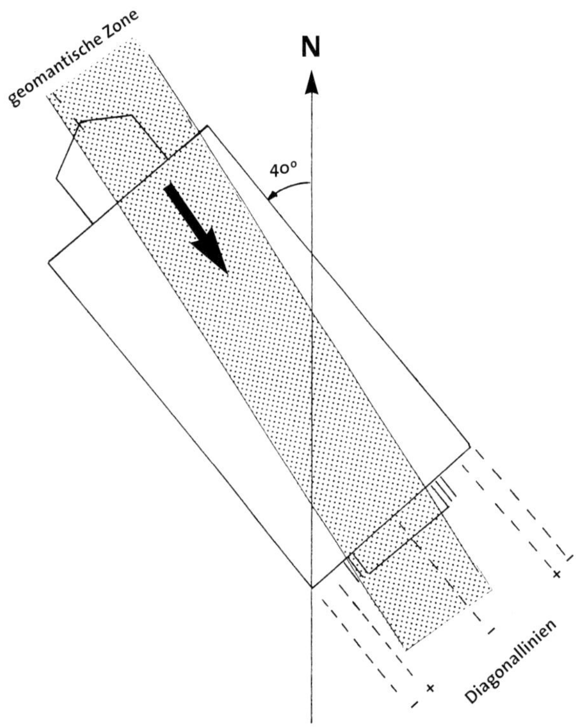


**Schematische Darstellung der reformierten Kirche in Obfelden: Ausrichtung des Altars nach Nordwest.**

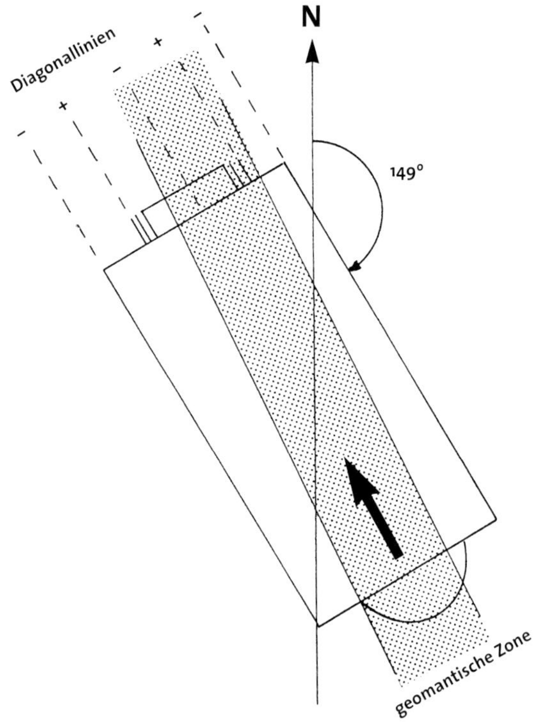


**Schematische Darstellung der katholischen Kirche in Jonen: Ausrichtung des Altars nach Südost.**

Nordwesten und eine, die nach Südosten ausgerichtet ist. Die beiden Kirchen schauen also genau in die entgegengesetzte Richtung. Will man dieses Phänomen ergründen, so fragt man zuerst nach der Flussrichtung der einzelnen geomantischen Zonen. Danach versucht man herauszufinden, welche von ihnen die stärkste ist, oder man erkundigt sich nach der Hauptenergierichtung. Da die Energie stets vom Altar zu den Kirchenbesuchern fliessen muss, bestimmt dieser Energiefluss die Ausrichtung der Kirche in der Landschaft.

Das Globalgitter oder das Diagonalgitter legen die Ausmasse der Kirche fest. Da unsere beiden Beispielkirchen in den Zwischenhimmelsrichtungen stehen, richtet sich der Bau nach dem Diagonalgitter. Es bestimmt die Länge und die Breite des Baus. In anderen Fällen steht die Kirche auf dem Globalgitter. Wenn immer möglich werden die Aussenmauern auf minusgepolten Linien oder auf Doppelzonen errichtet, indem die Ecken auf Kreuzungen zu liegen kommen. Bei grösseren Bauten richtet sich die Lage von Säulen, Seitenkapellen, Portalen, Fenstern, dem Chor und ähnlichen Bauelementen ebenfalls nach den Erdgittern.

Eingangstüren, oft auch Fenster, werden auf aufbauenden Zonen gebaut, denn die zusätzliche Ener-

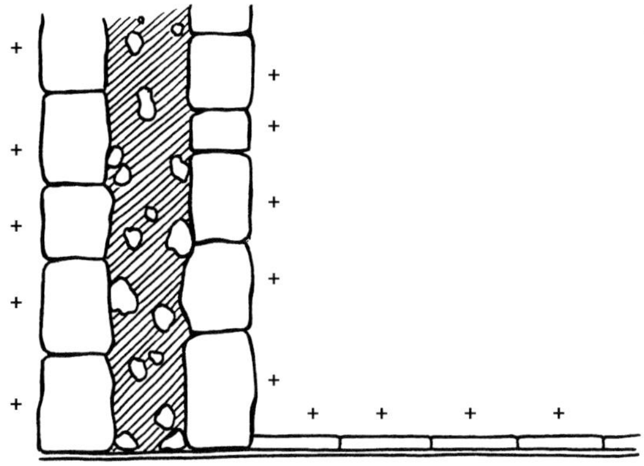

**Bei dicken Kirchenmauern zeigen alle positiv gepolten Seiten der Steine ins Rauminnere. Da die Mauer doppelt ist, zeigen auch nach aussen alle positiv gepolten Seiten der Steine. Bei den Bodenplatten zeigen die positiv gepolten Seiten nach oben.**

gie stärkt die Schwachstelle in der Mauer. Sehr wichtig ist, dass bei den Bodenplatten die plusgepolte Seite nach oben schaut. Leider wird bei den meisten Renovationen darauf aus Unkenntnis keine Rücksicht genommen, was den Energiefluss im Innern stark vermindern kann. Viele Kirchen werden so durch unsachgemässe Erneuerungen energetisch stark beeinträchtigt. Gerade in unserer hektischen Zeit wäre es nötig, harmonische Räume zu erhalten, in denen wir uns aufladen und regenerieren können.

An vielen Orten wurden die Kirchen zusätzlich auf möglichst vielen Wasseradern errichtet. Die Energie der Adern sollte wie ein Reflektor die Kraft des Ortes erhöhen. Die berühmte Kathedrale von Chartres liegt zum Beispiel auf vielen halbkreisförmig angeordneten Wasserläufen. Leider haben in der heutigen Zeit die meisten Wasseradern ihre wohltuende Wirkung verloren, was die erholsame Energie in den Kirchen stark beeinträchtigt. Bei vielen Gebäuden verursachen die Adern dadurch neuerdings erhebliche Schäden an Wänden oder Boden.

Je harmonischer eine Kirche gebaut ist, desto mehr vermag sie durch ihre Architektur die feinstoffliche Energie im Innern zu erhöhen. Sie können dies selbst überprüfen, wenn Sie Ihre Skala für die Stärke von Erdlinien oder die Bovisskala zur Hand nehmen. Suchen Sie eine Erdlinie ausserhalb der Kirche und bestimmen Sie deren Stärke. Verfolgen Sie nun diese Linie bis ins Innere, und fragen Sie nochmals nach der Stärke. Auf einer «gewöhnlichen» Stelle erhöht sich der Wert ein wenig. Messen Sie im Altarbereich, beim Taufbecken, unter der Kuppel oder in der Nähe der Kanzel; je nachdem wo sich das energetische Zentrum befindet, kann er sich sogar vervielfachen. Stellen Sie sich auf so einen Energiepunkt und versuchen Sie, die Energie auch ohne Hilfsmittel zu spüren! Lassen Sie sich davon durchfluten, aber übertreiben Sie bitte nicht! Achten Sie auf Körpersignale wie Schwindel oder Herzbeschwerden und entfernen Sie sich, sobald Sie so etwas bemerken.

Ist eine Kirche nach harmonischen Gesetzmässigkeiten erbaut, so besitzt sie automatisch eine gute Akustik. Um einen Raum akustisch hervorragend zu konstruieren, müssen vor allem die Proportionen der einzelnen Bauelemente stimmen. In der Antike wurde nach dem goldenen Schnitt gebaut. Die Höhe des Gebäudes stand zur Länge und zur Breite in einem harmonischen Verhältnis, ebenso wie die Lage der Säulen und deren Umfang. Kein Bauteil wurde dem Zufall überlassen, sondern alles nach harmonikalen Gesetzen berechnet. Solche Gebäude bestechen auch heute noch durch ihre wohltuende Schönheit und Harmonie.

## Ausrichtung von anderen Gebäuden

Nicht nur Kirchen wurden nach den Globalgittern errichtet. Die Römer benutzten dieses Raster für

Die Kirche von Hedingen (ZH) zeigt, wie auch einfache Landkirchen nach geomantischen Kriterien errichtet wurden:

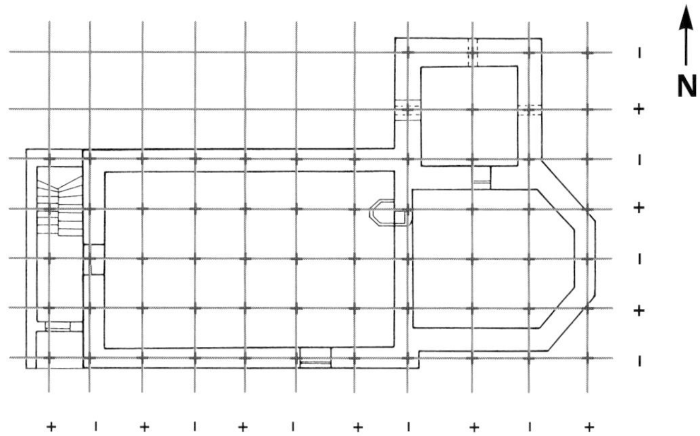


Sie ist auf dem Globalgitter erbaut. Für die Aussenmauern wurden immer minusgepolte Erdlinien benutzt. Die Seitentür und der Anbau sind neueren Datums und daher nicht auf das Globalgitter abgestimmt.

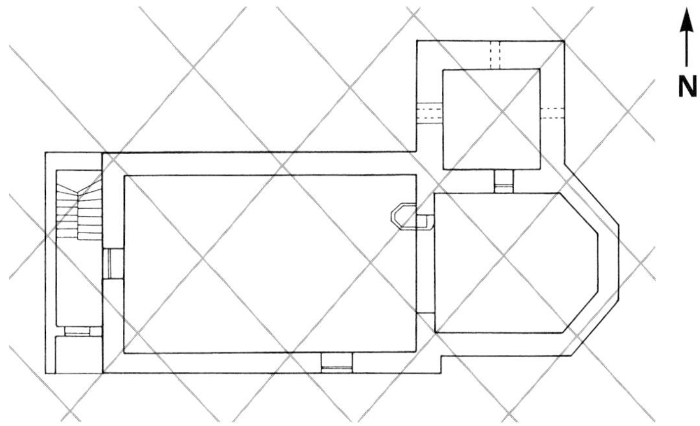


Das Diagonalgitter ist bestimmend für einzelne Bauteile, wie z. B. Ecken oder Chor.

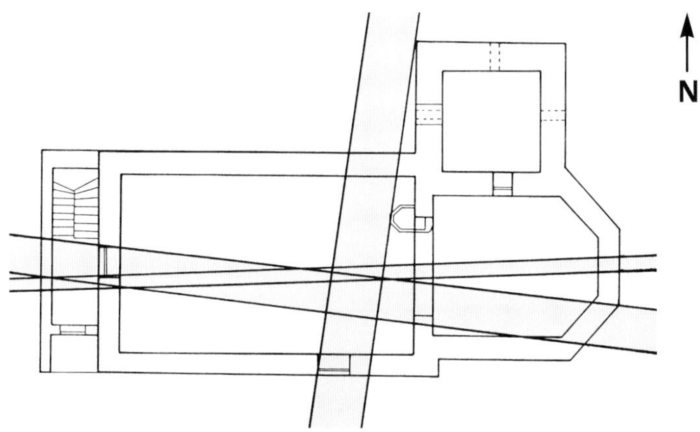


Die geomantischen Zonen in Hedingen. Der stärkste Punkt entsteht beim Kreuzungspunkt, wo heute das Taufbecken steht.

sämtliche Gebäude. Die Hauptachsen ihrer Siedlungen verlaufen in der Regel in den Haupthimmelsrichtungen und unterteilen die Stadt in die Quartiere. Selbst Stadtmauern, Wachttürme und Kastelle entstanden entlang der Netzgitterlinien. Da es noch viele Ruinen aus römischer Zeit gibt, bieten sich genügend Objekte für Ihre Übungen mit Rute und Pendel. Sie eignen sich besonders gut, weil sich Ihre Mutungen anhand der Mauern überprüfen lassen und Sie dadurch eine gewisse Gewähr dafür haben, dass Ihre Ergebnisse stimmen. Stellen Sie sich auf die Globalgitter ein und suchen Sie die einzelnen Linien. Beobachten Sie anschliessend, in welchem Zusammenhang diese Linien mit den Gebäuden stehen. Manchmal bemerken Sie sogar, dass einzelne Gebäudemauern nicht im rechten Winkel erbaut wurden, vor allem wenn sie nach dem Diagonalgitter ausgerichtet sind. Diese Tatsache lässt sich nur dadurch erklären, dass das Mass der Erdlinien höher eingestuft wurde als der rechte Winkel.

Ältere Stadt- oder Bauernhäuser, manchmal sogar Ställe, stehen ebenfalls auf dem Globalgitter. In vielen Gegenden richtet sich zum Beispiel die Grösse durchschnittlicher Wohnstuben nach den Erdlinien. In unserer Gegend sind sie meistens so gross wie vier Quadranten des Globalgitters.

### Prähistorische Steinreihen und Monumente

Das Wissen um die Erdlinien reicht bis in prähistorische Zeiten. Wir finden Zeugen davon in Form von Steinmonumenten. In unserer Gegend, dem Knonaueramt im Kanton Zürich, sind viele seltsame Steinreihen erhalten. Die Gemeinde Mettmenstetten hat die Monumente auf ihrem Gebiet sogar unter archäologischen Schutz gestellt. Man datiert sie auf ungefähr 1000 Jahre v. Chr. Solche Steinreihen erstrecken sich über einige, manchmal auch über mehrere hundert Meter. Die einzelnen Steine sind zwischen 30 cm und etwa eineinhalb Meter hoch und stehen ziemlich dicht nebeneinander. Manche Reihen verzweigen sich oder biegen in einem fast rechten Winkel ab. Meist ist eine Seite der Steine so behauen, dass in einer Richtung eine ziemlich glatte Wand entsteht.

Die Experten der Archäologie stehen den Steinreihen etwas ratlos gegenüber, weil in ihrer Nähe kaum Scherben gefunden wurden. Wohl ist ersicht-

**Das Römerkastell in Irgenhausen am Pfäffikersee. Einzelne Türme sind nicht im rechten Winkel gebaut, da das Kastell auf dem Diagonalgitter errichtet wurde.**

**Römerkastell Irgenhausen: Eine renovierte Mauer von oben. Die Kraft der Globalgitterkreuzung sprengt den Zement.**

**Eine Steinreihe in der Gemeinde Mettmenstetten im Kanton Zürich. In der Verlängerung dieser Reihe steht die Kirche von Mettmenstetten.**

lich, dass die Steine nicht nur durch den Gletscher gesetzt wurden, doch ergibt sich mit einer rein materiellen Betrachtung kein richtiger Sinn daraus. Als Viehzäune sind sie zu niedrig und zu wenig weitläufig. Auch als Grenzsteine sind sie oft zu wenig markant, oder es stehen zu viele davon. Da sie meist in Reihen und nicht in Kreisen angeordnet sind, fällt auch der Bezug zu Kultplätzen eher schwer.
Wir haben uns mit diesen Steinreihen lange und intensiv beschäftigt. Uns fiel dabei auf, dass sie alle nach denselben Regeln errichtet wurden. Es gibt nicht nur Reihen, sondern auch viele Einzelsteinsetzungen. Alle Reihen und einzelnen Steine stehen

**Eine Steinreihe in der Gemeinde Mettmenstetten im Kanton Zürich.**

**Die Menhire von Appenthal in den Vogesen. Sie stehen auf Globalgitterkreuzungen und kanalisieren die Energien. Es entstehen sehr viele Ley-Linien durch diese Steine.**

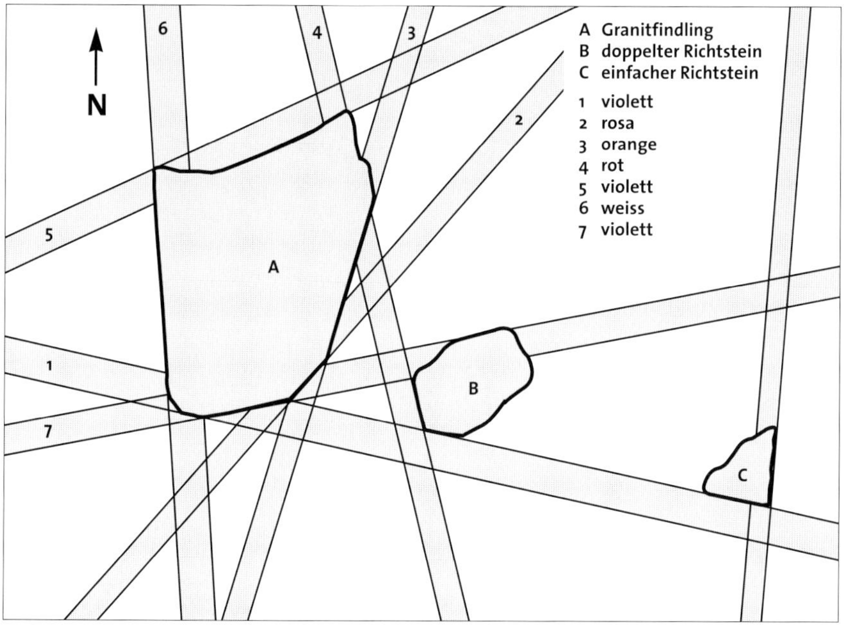


**Das Ley-Linien-System von Risch (ZG): Ein Findling, der ca. 1,8 m hoch ist (~20 m³) fällt durch seine vielen Kanten auf. Sie bezeichnen jeweils eine Ley-Linie. Viele verschiedene Ley-Linien führen durch diesen Stein, werden durch ihn gelenkt und verstärkt. Jede Linie schwingt in einer eigenen Farbe und steht mit anderen Steinen in der Nähe in Verbindung. Die «Energieanlage» von Risch erstreckt sich über ein Gebiet von ungefähr einem halben Quadratkilometer.**

auf minusgepolten Erdlinien, und alle Steine sind mit ihren positiv gepolten Seiten nach Norden, nach Osten und nach oben ausgerichtet. Ist dies nicht der Fall, so kann man davon ausgehen, dass sich die Steine nicht mehr in ihrer ursprünglichen Position befinden. Sie können zum Beispiel durch Erdbeben verrückt worden sein, oder Waldarbeiter haben sie in jüngerer Zeit mit ihren Maschinen verschoben oder umgeworfen. Die Steine weisen sehr unterschiedliche Grössen und Formen auf und haben dementsprechend sehr unterschiedliche Aufgaben. Die Steinreihen sind derart auf den Erdlinien platziert, dass sie an ihrem Standort deren Energie verstärken, wodurch Ley-Linien erzeugt werden. Sie dienen also als Energielieferanten. Durch die Lage und die Form der Steine können diese «Telepathielinien», wie man sie auch nennen könnte, auf ein Ziel gerichtet werden. Meist ist es ein anderer, einzelner Stein, der in einiger Entfernung steht. Er leitet den Strahl weiter bis zu einem Kraft- oder Kultplatz, an dem sich sehr viele Ley-Linien kreuzen.

An vielen Stellen stehen die Steine neben den Ley-Linien, oder die Linien verlaufen zwischen zwei Steinen. Wie durch Leitplanken wird deren Strahl gelenkt. Finden Sie in einer Reihe Steine, die leicht quer dazu liegen, sind diese nicht unbedingt verschoben worden. Vielmehr dienen sie als eine Art Weiche für einzelne Ley-Linien.

Das System der Steinsetzungen reicht über halb Europa. Wir haben es sowohl in Südskandinavien als auch in Frankreich, in Deutschland und auf den Kanarischen Inseln untersucht. Stets standen die Steine nach denselben Gesetzmässigkeiten, und stets vermochten wir die Ley-Linien über weiteste Distanzen zu verfolgen. Die Erbauer des Systems konnten sich offensichtlich weiträumig sehr gut orientieren, was uns heute in grösstes Staunen versetzt.

Betrachtet man einzelne Steine genauer, erkennt man viele Kanten und Ecken, die künstlich geschaffen wurden. Dies sind Markierungen für einzelne Erdlinien, manchmal auch Ley-Linien. Bei genauerer Untersuchung erweist sich keine einzige solche markante Kante als zufällig. Jede steht mit einer bestimmten Energie und deren Verlauf in direktem Zusammenhang. Sie richten und leiten die Linien und weisen uns den Weg zu den nächsten Steinsetzungen.

An manchen Stellen trafen wir auf eigentliche «Energieanlagen». Verfolgten wir einzelne Ley-Linien, führten uns diese in grösseren oder kleineren Bögen zu ihrem Ausgangsort zurück, wodurch Energiewirbel entstehen. Würde man diese Linien mit Bändern auslegen, so entstünden Achterlinien, wie bei den Transmissionsriemen einer Maschine. Solche Orte ziehen vermehrt feinstoffliche Energie an, erhöhen sehr stark deren Frequenz und eignen sich daher ganz speziell als Kultplätze und für den Kontakt mit geistigen Ebenen. Sie erleichtern einem, den Körper zu verlassen, um im Geist zu reisen. Seien Sie vorsichtig an solchen Orten, wenn Sie in diesen Techniken nicht geübt sind!

**Für die Ureinwohner von Gran Canaria war der «roque nublo» ein heiliger Ort. Hier wurden Zeremonien abgehalten. Auf dem Plateau vor dem Felsen kreuzen sich viele geomantische Zonen.**

Wir vermuten, dass das System der Steinreihen und Einzelsteinsetzungen vor den Kelten errichtet wurde. Diese haben zwar ebenfalls Steine benutzt, sie jedoch eher zu Kreisen angeordnet. Auch findet man auf den Steinreihen kaum Verzierungen, während dies bei keltischen Steindenkmälern oft der Fall ist. Wahrscheinlich haben Kelten Steine von Vorfahren benutzt und teilweise neu angeordnet. Wir sind der Meinung, dass es mehrere verschiedene Kulturen gegeben haben muss, die alle Steine verwendeten, sie jedoch unterschiedlich nutzten. Auch auf diesem Gebiet sind noch viele neue Erkenntnisse zu gewinnen.

Auf der Kanareninsel La Palma wurde erst vor kurzer Zeit eine Stufenpyramide entdeckt. Vermutlich wurde sie vor sehr langer Zeit errichtet, später von den Guanchen, der Urbevölkerung der Inseln, ebenfalls verwendet. Obwohl sich diese Pyramide in der Nähe des Flughafens befindet, wurde und wird sie kaum beachtet. Wahrscheinlich gibt sie zu viele Rätsel auf.

Die Grundmauern der Pyramide stehen auf dem Globalgitter. Warum sie im unteren Teil fünfeckig gebaut wurde, vermögen wir auch nicht zu erklären. Im oberen Teil ist sie viereckig. Das Diagonalgitter verläuft genau durch die Ecken. Die Treppe ändert auf halber Höhe die Richtung und folgt ebenfalls dem Diagonalgitter. Die einzelnen Stufen der Pyramide sind in einer Spirale angeordnet. Sie lenkt die Energie nach oben, wo sie im kleinen Gebäude ihr grösste Stärke erreicht.

Der genaue Zweck der Pyramide von La Palma ist nicht bekannt. Wahrscheinlich wurde sie für Kulthandlungen erbaut. Aus den wenigen erhaltenen Dokumenten über die Guanchen geht hervor, dass sie von ihnen ebenfalls benutzt wurde. Sie hielten dort eine Zeremonie zur Krönung ihres Königs ab.

In der Umgebung der Pyramide findet sich ein faszinierendes System aus Mauern. Sie sind ungefähr

Diese Pyramide auf der Kanareninsel La Palma wurde auf dem Globalgitter gebaut. Die Kenntnis um die Lage der Erdgitter wurde von den Ureinwohnern bei der Errichtung wichtiger Bauwerke angewendet (Ansicht von Westen).

Durch die spiralige Anordnung der Stufen entsteht ein Kraftwirbel nach oben.

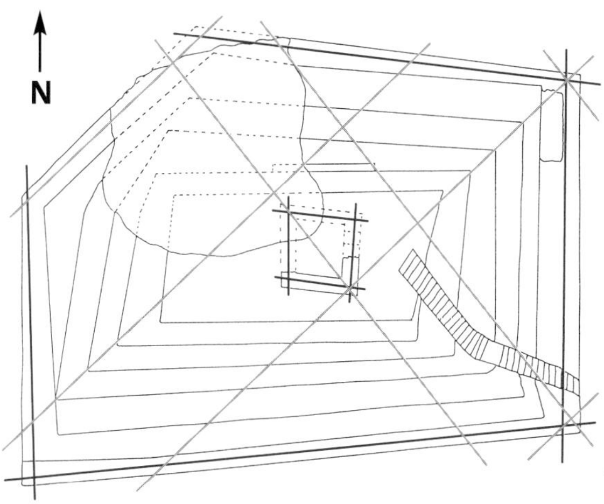


—— Globalgitter
—— Diagonalgitter
------ beschädigte Stellen

Die Pyramide von La Palma wurde auf dem Globalgitter errichtet. Das Diagonalgitter bestimmt die Lage der Ecken und die obere Ausrichtung der Treppe.

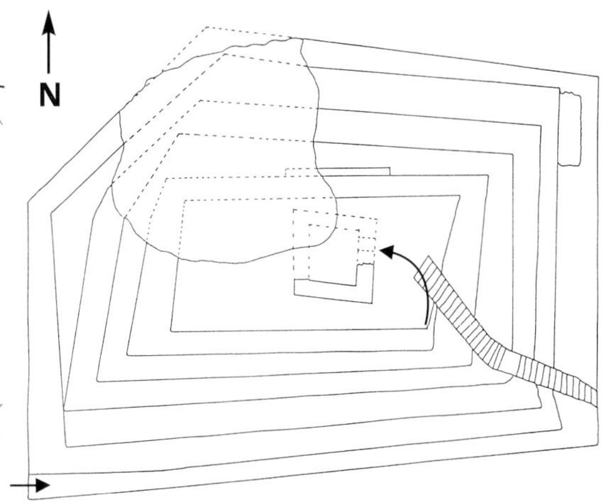


Die einzelnen Stufen sind spiralförmig angeordnet. Sie leiten die Lebensenergie nach oben und kanalisieren sie in das kleine Gebäude.

40 cm breit, verdicken sich aber zuweilen auf über 2 m. An manchen Stellen sind sie eng verwinkelt, so dass dazwischen kaum ein halber Quadratmeter Platz bleibt. Einige der Mauern sind mehrstufig wie Treppen angelegt, an andern Stellen windet sich auf der Mauer nochmals eine gemauerte Spirale in die Höhe. Nach genauerem Betrachten dieses Systems ist es ausgeschlossen, dass die Mauern lediglich errichtet wurden, um Ackerland einzugrenzen.

Auch bei andern alten Kulturen stiessen wir auf ganz eigenartige Mauersysteme. Beim berühmten «Palast» von Knossos auf Kreta zum Beispiel gibt es unzählige winzigste Räume im Untergeschoss. Viele von ihnen besitzen weder Fenster noch Türen und sind kaum ein Viertel Quadratmeter gross, was keinem Menschen ausreichend Platz bietet. Die Gänge sind eng und verwinkelt, so dass es sehr schwer fällt, sich ein geschäftiges Treiben, wie es zu einem Palast gehören würde, darin vorzustellen.

Als die reformierte Kirche von Affoltern am Albis renoviert wurde, fand man unter dem Kirchenboden viele senkrecht stehende Röhren, die aus keltischer Zeit stammen müssen. Wir glauben, dass auch sie einem ähnlichen Zweck dienten wie die verschiedenen Mauerwerke. Sie erhöhen die Pulsationskraft eines Ortes. Ihre Aufgabe ist mit derjenigen von Resonanzkörpern von Musikinstrumenten vergleichbar, die einen Ton erst richtig zum Schwingen bringen. Solche Hohlräume mussten nicht zugänglich sein, sondern richtig angeordnet. Sie versetzen die feinstoffliche magnetische Energie in stärkere Schwingung, was zu einer Art Aufschaukelungseffekt führt.

Durch eine geeignete Bauweise kann auch ein «normaler» Platz zu einem Kraftort werden. Bei der Pyramide auf La Palma fanden wir zum Beispiel keine geomantischen Zonen, wie dies sonst bei Kultplätzen üblich ist. Trotzdem ist sowohl die elektrische als auch die magnetische Energie an diesem Ort ausserordentlich hoch. Diese Tatsache beweist, dass die Erbauer der Pyramide die feinstofflichen Energiegesetze sehr genau gekannt haben müssen.

**Erdgitter können auch einen Einfluss auf die Verwitterung ausüben. Die Granitfelsen am Bärenstein im Böhmerwald rissen meist genau dort, wo wir Erdlinien fanden.**

# Schwingungen von Gegenständen und Baumaterialien

## Materialschwingung

Die Schädlichkeit von Materialien kann man von der materiellen und von der feinstofflichen Seite her betrachten. Wir möchten hier nur einleitend ein paar Worte über die materielle Ebene verlieren und uns sonst auf ein paar feinstoffliche Aspekte beschränken. Die materiellen Erkenntnisse sind in Büchern über Baubiologie schon genügend beschrieben worden.

Ganz allgemein lässt sich festhalten: Je natürlicher ein Material, desto verträglicher ist es. Mit «natürlich» meinen wir auch «wenig verarbeitet». Beton oder Steinwolle beispielsweise sind keine «Naturprodukte», auch wenn uns die Industrie dies weismachen will, sondern Produkte, die sehr stark erhitzt wurden und dadurch ganz andere Eigenschaften angenommen haben als die Ausgangsmaterialien. Ebenso widersinnig wäre es, Plastik als Naturprodukt zu bezeichnen, weil es aus Erdöl hergestellt wird!

Achten Sie darauf, dass die natürlichen Materialien nicht durch Oberflächenbehandlung zerstört werden. Manche Lacke sind so dicht, dass die Qualitäten des darunter liegenden Holzes gar nicht mehr wirken können. In so einem Fall degeneriert der Lack das Holz zu einem Kunststoff. Verwenden Sie daher auch bei der weiteren Verarbeitung ausschliesslich reine Naturprodukte. Es gibt mittlerweile selbst für Kleber und andere problematische Stoffe hervorragende Alternativen zu den giftigen. Wenn Sie daran denken, dass Sie sich viele Stunden täglich im Feld dieser Stoffe und ihrer Ausdünstungen aufhalten, dann lohnt sich ein finanzieller Mehraufwand ganz bestimmt.

Zur Inneneinrichtung gehören Möbel. Heutzutage werden diese meist aus Spanplatten hergestellt und sehr oft mit einer Kunststoffoberfläche versehen. Solche Möbel dünsten häufig eine erhebliche Menge an Formaldehyd aus. Problematisch sind auch Weichmacher in Kunststoffen, ausserdem Farben, Holzschutzmittel und Kleber. Wir raten Ihnen daher, wenn immer möglich Möbel aus Massivholz zu verwenden, deren Oberfläche lediglich gewachst, geölt oder mit einem natürlichen Lack versehen wurde. Auch Teppichböden, Vorhänge, Polstermöbel oder Kleider dünsten häufig einen ungesunden Cocktail an chemischen Zusätzen aus. Es lohnt sich, weniger, dafür qualitativ Besseres zu kaufen.

Es ist inzwischen bewiesen, dass viele Zimmerpflanzen die Fähigkeit besitzen, chemische Gifte abzubauen. Sie können daher mit Hilfe von geeigneten Pflanzen die Belastung durch chemische Ausdünstungen reduzieren. Pflanzen sind sehr unterschiedlich, besitzen eine Art eigenen «Charakter». Vielleicht verstehen Sie sich nicht mit allen gleich gut. Fragen Sie daher Ihr Pendel oder Ihre Rute, ob eine bestimmte Pflanze sich mit Ihnen in Harmonie befindet. Sollte dies nicht der Fall sein, suchen Sie im Bekanntenkreis nach einem geeigneten Platz für Ihren Schützling.

Pflanzen erhöhen die Luftfeuchtigkeit und während des Tages auch den Sauerstoffgehalt. Während der Nacht verbrauchen sie jedoch Sauerstoff. Im Schlafzimmer sollten aus diesem Grund nicht zu viele Pflanzen stehen.

Jedes Material besitzt eine feinstoffliche Eigenschwingung. Je nach der Art dieser Schwingung ist sie mit Ihrem Körper in Harmonie oder nicht. Für die meisten Menschen ist zum Beispiel die Schwingung von Holz unproblematisch. Sie harmoniert gut mit dem menschlichen Organismus. Anders kann dies bei Kunststoffen, Lacken, Farben, Klebern oder Metallen sein. Solche Materialschwingungen können den Körper irritieren. Es braucht keine materielle Ausdünstung vorhanden zu sein. In manchen Fällen reagiert der Körper ausschliesslich auf die

«Information» von Plastik oder Nickel. Sie können sich dies wie einen unharmonischen Ton vorstellen, der dauernd durchdringend auf Sie einwirkt. Für eine kurze Weile «überhört» man ihn. Auf die Dauer kann er einen aber in den Wahnsinn treiben.

Viele Dinge in unserer Umgebung tragen nicht nur ihre Eigenschwingung, sondern auch «Informationen» aus ihrer Herstellung. Sie können wie imprägniert sein mit der 50-Hz-Schwingung des elektrischen Stroms oder einer anderen disharmonischen Schwingung. Bekannt ist auch, dass bestimmte Baustoffe wie Gips, Backstein oder Granit radioaktiv strahlen können. Eine solche Strahlung kann materiell oder feinstofflich sein. Beide wirken sich auf Dauer nachteilig auf die Gesundheit aus.

Die Baustoffe und Einrichtungsgegenstände in unserer Umgebung haben einen grossen Einfluss auf das Verhältnis von elektrischen und magnetischen Kräften im feinstofflichen Sinn. Sehr viele Isolationsmaterialien, wie z. B. die geschäumten Kunststoffe Styropor, Polystyrol und ähnliche, wirken nicht nur gegen die Kälte, sondern blockieren auch die Magnetkräfte. Mit solchen Isolationen berauben Sie sich des natürlichen Nachschubs an Lebensenergie. Andere Materialien wie Steinwolle, Eisenbeton oder Alubeschichtungen als Dampfsperren leiten die feinstofflichen elektrischen Kräfte im Übermass, was ebenfalls zu einem Ungleichgewicht der natürlichen Kräfte führt.

Wenn für die Inneneinrichtung sehr viel Kunstmaterial verwendet wurde, entsteht meist ein Mangel an feinstofflichen Magnetkräften. Sie kennen dies in Form von sogenannter elektrostatischer Aufladung. Sobald Sie ein Stück Metall anfassen, erhalten Sie einen elektrischen Schlag. Die Aufladung entsteht nicht nur durch die Reibung mit künstlichen Materialien, sondern auch als Folge des feinstofflichen Ungleichgewichts zwischen den magnetischen und elektrischen Kräften. Es ist auffällig, dass in derselben Umgebung nicht alle Menschen gleich reagieren, so dass der Schluss nahe liegt, dass auch das persönliche Energiefeld jedes Einzelnen bei diesem Phänomen eine wichtige Rolle spielt. Wenn Sie sehr häufig von elektrostatischer Aufladung betroffen sind, leiden Sie wahrscheinlich unter einem akuten Mangel an Magnetkräften. Beherzigen Sie die unten stehenden Ratschläge und tanken Sie so oft als möglich in der freien Natur auf.

Sofern Sie in der glücklichen Lage sind, ein eigenes Haus zu bauen, sollten Sie die Baumaterialien mit grosser Sorgfalt auswählen. Damit wir hier nicht jeden Stoff im Detail abhandeln müssen, geben wir Ihnen folgenden Tip: Wählen Sie die Baumaterialien nach Ihrem Gefühl aus! Was fühlt sich warm, weich und heimelig an? Dies sind meist Stoffe, die auch gesund sind. Kalte, glatte und harte Stoffe wirken meist eher ungünstig. Sollten Sie sich unsicher fühlen, benützen Sie die Rute oder das Pendel, um geeignete und ungeeignete Stoffe voneinander zu unterscheiden. Stellen Sie sich stets auf Ihre Gesundheit oder auf die Gesundheit aller Hausbewohner ein, um diese Fragen zu klären. Sind die gewählten Stoffe in Harmonie mit Ihrem Körper? Gibt es Gründe, die gegen diese Wahl sprechen? Haben Sie etwas übersehen? Gibt es noch geeignetere Materialien? Dies könnten Fragen sein, die es sich zu beantworten lohnt.

Ist Ihr Haus bereits gebaut oder wohnen Sie in einer Mietwohnung, so können Sie trotzdem Einiges zur Verbesserung Ihres Wohnklimas beitragen. An den meisten Orten mangelt es an Magnetkräften. Sie können diese in Ihre Wohnung holen, indem Sie möglichst viele Naturmaterialien oder naturbelassene Stoffe für die Inneneinrichtung verwenden. Diejenige Schicht der Wände, Böden oder Decken, die Ihnen am nächsten kommt, wirkt nämlich am meisten auf Sie ein. Sie können Eisenbeton oder ähnliche problematische Baumaterialien ziemlich stark aufwerten und deren ungünstige Eigenschaften zu einem grossen Teil neutralisieren. Verputzen Sie Betonwände mit Lehm, Vulkan- oder natürlichem Mineralputz oder streichen Sie die Wände wenigstens mit Naturfarben. Kaufen Sie Teppiche aus unbehandelter Wolle, Sisal oder naturbelassener Baumwolle. Achten Sie bei Spannteppichen auf Naturkautschukrücken. Nähen Sie Vorhänge aus Naturmaterialien wie Wolle, Leinen, Seide oder Hanf. Verkleiden Sie Wände, Böden oder Decken mit geöltem oder gewachstem Holz. Wählen Sie naturbelassenen Kork für die Innengestaltung. Gewähren Sie Pflanzen viel Platz in Ihrem Heim. Es gibt unzählige Möglichkeiten, Magnetkräfte in die Wohnung zurückzuholen, und es lohnt sich, weil Sie durch solche Massnahmen die Lebensenergie in Ihrem täglichen Umfeld wesentlich erhöhen.

Sobald Sie sich ein wenig mit diesen Dingen beschäftigt haben, werden Sie erkennen, dass es keine Frage des Geldes ist, sich seine Umgebung lebendiger zu gestalten. Je nach Ihren persönlichen Vorlieben und Fähigkeiten lassen sich auch mit einfachen Mitteln grosse Wirkungen erzielen. Es kann schon eine Verbesserung bedeuten, wenn Sie ein Baumwolltuch über Ihre Polstergruppe aus Kunstmaterial legen. Wollen Sie die Wände nicht bemalen, hängen Sie Bilder auf, die mit Naturfarben gemalt wurden. Kaufen Sie Möbel aus Massivholz im Gebrauchtwarenladen. Bitten Sie Bekannte um Ableger von Pflanzen und züchten Sie Ihren eigenen Urwald. Lassen Sie Ihrer Fantasie freien Lauf. Es gibt unzählige Möglichkeiten, auch für ein kleines Budget!

### Wasserbetten

Wir erachten Wasser nicht als ideales Material, um darauf zu schlafen. Der Mensch regeneriert sich am besten durch die Kraft der Erde. Wir raten aber nicht nur wegen des Wassers an und für sich davon eher ab, sondern es gibt dafür noch viele andere Gründe. Damit das Wasser im Laufe der Zeit nicht faulig wird, muss es mit Chemikalien versetzt werden, deren Schwingung den Körper beeinträchtigt. Sie liegen während der Nacht im Feld solch irritierender Information. Ausserdem werden die meisten Betten mit Strom geheizt, wodurch ein elektromagnetisches Feld entsteht. Auch dies wirkt sich langfristig nicht gerade förderlich auf Ihre Gesundheit aus. Neuere Modelle tragen diesem Problem Rechnung, indem sie zum Heizen ausschliesslich die Körperwärme benützen. Uns stört zudem der immense Aufwand für diese Betten. Sie sind unhandlich und enorm schwer. Wir bevorzugen Betten aus natürlichen Materialien und möglichst ohne Metallteile.

### Muten von Materialschwingungen

Sollten Sie unter unerklärlichen Symptomen oder Allergien leiden, lohnt es sich, nach möglichen störenden Materialien in Ihrer Umgebung Ausschau zu halten. Stellen Sie sich auf Ihre eigene Gesundheit oder auf Ihren Körper ein. Fragen Sie Ihr Pendel oder Ihre Rute, ob die Ursache für Ihre Beschwerden in einer Unverträglichkeit mit einem Material zu suchen ist. In so einem Fall arbeiten Sie am besten mit Diagrammen. Setzen Sie sich in Ruhe hin und entspannen Sie sich. Konzentrieren Sie sich eine Weile auf Ihre unerklärlichen Beschwerden. Bitten Sie Ihren Schutzengel, Ihr «höheres Selbst» oder Ihr Unterbewusstsein, Ihnen die Ursache dafür zu offenbaren. Lassen Sie Ihren Blick eine Weile umherschweifen und notieren Sie anschliessend spontan alles, was Ihnen einfällt. Einbaumöbel, Kosmetika, Waschmittelzusätze, Unterwäsche, Souvenirs, Kerzen, Quarzuhr, Schmuck, Brille, Holzschutzmittel, Putzmittel, Amalgam, Vorhangstoff, Essgeschirr und so weiter. Ordnen Sie Ihre Einfälle erst, wenn Ihnen nichts mehr in den Sinn kommt. Sie können nun den störenden Stoff ermitteln, so wie wir es weiter vorne im Kapitel Pendeln mit Diagrammen beschrieben haben (Seite 55). Denken Sie daran, eine Linie für weitere Möglichkeiten offen zu halten.

## Spiegel und Metallgegenstände

Vieles von dem, was heute als besonders modern gilt, wirkt sich auf längere Sicht eher nachteilig auf uns aus. Dazu gehören die vielen Metallgegenstände und Spiegel, die in jüngster Zeit in Mode gekommen sind. Metalle und Spiegel treten mit allen natürlichen und technischen Störungen in äusserst ungünstige Wechselwirkung und verstärken deren Wirkung. Dies gilt sowohl für Dinge am Haus, wie z. B. Balkongeländer, Dachrinnen oder Fassadenbauteile, als auch für Treppengeländer oder Türrahmen im Innern.

Auf der materiellen Ebene wirken Metallteile oft als Antenne, z. B. für Radio- und Fernsehwellen. Dies hat zur Folge, dass solche Wellen in gewisser Weise «angezogen», gebündelt und verstärkt werden. Ein nahe gelegener Sender kann dadurch viel intensiver stören.

Genauso können Metalle feinstoffliche Strahlen bündeln und dadurch besonders konzentriert wirken lassen. Manchmal streuen solche Gegenstände auch eine Störung oder vermehren sie. Statt einer Wasserader finden Sie dann plötzlich mehrere, oder die Ader erhält die Breite des ganzen Zimmers, so dass ein Ausweichen nicht mehr möglich ist.

Je mehr metallene Dinge Sie in Ihrer Umgebung haben, desto grösser ist das Risiko, dass Sie sich dadurch belasten. Seien Sie daher besonders zurückhaltend mit Metallen und Spiegeln in Ihrem Schlafzimmer. Trainingsgeräte, Bügelbretter oder grosse Lampen aus Metall gehören nicht dorthin. Verzichten Sie auf ein Bettgestell oder auf Bettfedern aus Metall.

Achten Sie auch beim Einrichten Ihres Arbeitsplatzes darauf, möglichst wenig Metall zu verwenden. Manchmal wirken die vielen Füsse eines Bürostuhles wie eine Antenne, die ungünstige Schwingungen anzieht und verstärkt.

Falls Sie bereits ganze Schrankfronten aus Spiegeln erworben haben und nicht darauf verzichten möchten, nähen Sie aus einem Naturmaterial einen dicken Vorhang, den Sie nachts davorziehen können. Prüfen Sie, welches Material und welche Farbe am geeignetsten sind, um die nachteilige Wirkung zu dämpfen oder ganz aufzuheben.

Wenn Ihre Jalousien aus Metall sind, sollten Sie deren Einfluss in der Stellung prüfen, wie sie nachts stehen. In manchen Fällen wirken die schräg gestellten Lamellen als Reflektoren, die einen grossen Einfluss auf die Raumenergien ausüben. In anderen Fällen haben wir erlebt, dass durch die Rolläden störende Schwingungen von Sendern abgehalten werden konnten.

## Formschwingung

Wir haben Ihnen mit Hilfe der Kirlianfotos gezeigt, dass die Form eines Gegenstandes einen Einfluss auf die Energie und ihre Eigenschaften hat. Alle eckigen Formen bündeln Energie und verstärken sie dadurch. Richten Sie daher während des Schlafes keine spitzen Gegenstände direkt auf Ihren Kopf. Dies gilt ganz besonders für Kristallspitzen. Seien Sie sehr vorsichtig damit und klären Sie ab, ob der Stein mit Ihnen in Harmonie ist und ob sich seine Energie während der Nacht förderlich auf Sie auswirkt. Denken Sie daran, dass man solche kräftigen Energien leicht überdosiert. Sollten Sie einen Kristall in Ihrem Schlafzimmer platzieren wollen, so wählen Sie entweder eine runde oder gleichmässige Form, oder stellen Sie ihn mit der Spitze nach oben auf.

Bewahren Sie nichts unter Ihrem Bett auf. Manche

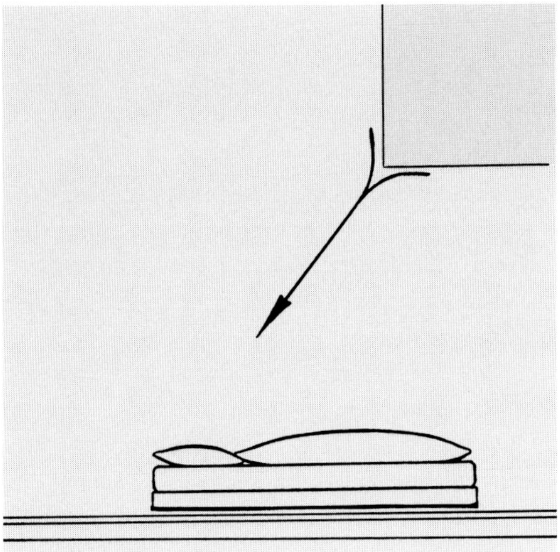

**Eine scharfe Kante oberhalb des Betts kann ebenfalls Energie bündeln.**

Kinder werden dadurch gestört, dass ihre Legosteine unter das Bett geräumt werden. Die vielen Ecken und Kanten in alle Richtungen erzeugen eine sehr unruhige Energie, und das Material ist nicht in Harmonie mit ihrem Körper.

Manchmal können auch Ecken und Kanten von Möbelstücken so ungünstig plaziert sein, dass sie eine unerwünschte Wirkung auf Sie ausüben. Bevorzugen Sie Einrichtungsgegenstände ohne scharfe Kanten und mit gerundeten Ecken. Prüfen Sie Ihren Schlafplatz unter diesem Gesichtspunkt. Liegt das Bett zum Beispiel zwischen einem Schrank und einer Kommode, die beide ihre Kanten darauf richten? Oder liegen Sie genau unter der scharfen Kante eines Dachabsatzes? Sollten Sie so etwas entdecken, klären Sie ab, ob Sie dadurch gestört werden, bevor Sie mit dem Umstellen beginnen.

Die Form als Ganzes ist ebenfalls eine Art «Information». In der Antike achtete man auf harmonische Formen. Man baute im goldenen Schnitt, mit ausgewogenen Proportionen und schmückte die Gebäude mit Verzierungen. Heute gilt dies leider als veraltet. Das Unharmonische ist modern. Im allgemeinen lässt sich festhalten, dass stumpfe Winkel angenehmer wirken als spitze und regelmässige Formen förderlicher als sehr wirre.

### Muten von Formschwingung

Unharmonische Formen senken die Energie, harmonische erhöhen sie. Dies können Sie selbst überprüfen. Nehmen Sie die Bovisskala oder Ihre persönliche Skala zur Hand, die Sie zum Bestimmen der Qualität von Erdlinien angefertigt haben. Zeichnen Sie auf ein Blatt Papier verschiedene Formen oder schneiden Sie solche aus. Machen Sie sich sensibel auf die heilende Ausstrahlung oder den harmonischen Gehalt jeder Form. Ihr Pendel soll bei dem Wert mit dem Ja-Zeichen schwingen, der zu der Form passt. Folgen Sie mit dem Pendel langsam Ihrer Skala, während die freie Hand als Fühler auf der Form liegt. Sie werden bei Kreisen und Kugeln höhere Werte erhalten als bei sehr wirren und gezackten Formen. Bei Formen, die extrem unharmonisch sind, kann der Wert sogar in den krankmachenden Bereich wandern! Wiederholen Sie diese Übung, indem Sie verschiedene Materialien oder Farben verwenden. Ein gezeichneter Kreis wirkt anders als eine Scheibe Kupfer, ein goldener Stern anders als ein giftgrüner. Es gibt Formen und Farben, die besser miteinander harmonieren. Die passende Farbe kann z. B. eine zerrissene Form besänftigen. Dasselbe lässt sich auch bei Materialien und entsprechenden Formen feststellen.

Harmonie ist an keine Zeit gebunden. Ihre Gesetze sind universell und gelten unabhängig von Modeströmungen. Wagen Sie es, sich davon zu lösen und sich mit Altbewährtem zu umgeben. Je harmonischer Sie Ihre Umgebung gestalten, desto erholsamer wird Ihr Schlaf.

## Farbschwingung

Farben wirken besonders auf der Gefühlsebene. Erinnern Sie sich an den Besuch in einem alten Schloss, bei dem jedes Zimmer in einer anderen Farbe gehalten war? Die Bewohner benützten die verschieden gestalteten Räume für unterschiedliche Zwecke. Die Kraft der Farbe sollte sie bei einer bestimmten Tätigkeit unterstützen.

Heute sind sehr viele Wände weiss und leer. Die farbliche Gestaltung beschränkt sich oft auf unterschiedliche Grautöne, da dies zum «coolen» Design der Moderne passt. Farbe ist oft verpönt. In so einer Umgebung erhalten die Gefühle keine Nahrung.

Auf der anderen Seite werden wir irritiert durch viele sehr grelle Farben. Leuchtreklamen, Fernseh- und Videobilder flimmern in unnatürlich bunten Tönen. Diese Vielfalt wirkt verwirrend. In manchen Kinderzimmern findet man lauter schrille Farben mit überbunten Sujets. Es ist möglich, dass eine derart unruhige Einrichtung Ihr Kind stört. Wählen Sie eher sanfte, ruhige Farben für die Gestaltung eines Schlafzimmers. Verbannen Sie Grelles in Räume, die für Aktivitäten gedacht sind.

Jede Farbe hat auf unseren Körper eine andere Wirkung. Sie vermag bestimmte Organe anzuregen oder zu besänftigen. In der Regel gelten die warmen Farben wie Gelb, Orange oder Rot eher als anregend, während die kalten Farben wie Blau, Violett oder Grün eher beruhigend wirken. Nicht nur der Körper, sondern ganz besonders die Gefühle können über Farben direkt angesprochen werden. Es gibt mittlerweile Farbtherapien, die diese Gesetzmässigkeiten nutzen.

Auf den feinstofflichen Ebenen wirken die meisten chemisch oder technisch hergestellten Farben anders, als wir sie mit den Augen wahrnehmen. Manches Rot wirkt feinstofflich braun oder schwarz. Gelb kann eine sehr schmutzige Senffarbe annehmen. Viele Farben, vor allem diejenigen von Bildschirmen, wirken feinstofflich wie schwarz. Wir lassen uns dadurch sehr stark täuschen. Während man glaubt, sich mit einer bunten Welt zu beschäftigen, blickt man eigentlich ins Leere. Die Seele dürstet, auch wenn wir es nicht bemerken. Die Gefühle verarmen. Wir sind der Meinung, dass viele Auswüchse in Grossstädten wie Gewalt und Drogenmissbrauch mit diesem Mangel an natürlichen Farben zu tun haben.

Mit Naturfarben verhält es sich genau umgekehrt. Viele wirken für unsere Sinne weniger strahlend. Wir vermissen die hellen, klaren Töne. Auf der feinstofflichen Ebene entsprechen diese Farben dennoch den intensiven Wirkungen, die unsere Gefühle zu nähren vermögen.

Da heutzutage die wenigsten Menschen so viele Räume zur Verfügung haben, dass man jeden in einer anderen Farbe einrichten könnte, müssen wir uns etwas einfallen lassen. Auch hier gibt es wieder viele Möglichkeiten, wenn man erst einmal danach sucht. Am besten ist es, wenn Sie für Ihre «Farbkur» Pflanzen- oder Mineralfarben aus natürlichen Erdpigmenten verwenden. Lassen Sie Licht und Farbe miteinander spielen. Bedrucken oder bemalen Sie damit einen sehr dünnen Stoff aus Naturmaterial, den Sie als Vorhang verwenden. Eine andere Möglichkeit besteht darin, Seidenpapier zu bemalen und schöne Muster auszuschneiden. Besorgen Sie sich mit Naturfarben unterschiedlich gefärbte Tüchlein, die Sie – mit dem nötigen Abstand! – vor eine Lampe spannen. Das Licht nimmt diese Farben auf und verbreitet sie im Raum. Je nach Stimmung können Sie für eine Weile Rot oder Grün oder Blau tanken, was ausserordentlich wohltuend wirkt.

Vielleicht wagen Sie es, Ihre weissen Wände zu bemalen. Dafür genügt auch bloss ein Hauch von Farbe, den Sie mit den Augen kaum wahrzunehmen vermögen. Ihre Seele wird darauf reagieren. Verwenden Sie eine Schablone und verzieren Sie die Wand mit einer Zierleiste. Oder malen Sie mit Naturfarben ein Bild, das Sie sich an die Wand hängen. Pflücken Sie bunte Sträusse von Wiesenblumen oder sammeln Sie Rindenstücke, Moos, Efeulaub, Steine und andere Naturmaterialien, die Sie hübsch anordnen. Ihre Kinder werden Ihnen dabei bestimmt gerne helfen. Auf diese Weise bringen Sie mehr echte Farben in Ihren Wohnbereich.

## Symbole, Ornamente und geistiger Gehalt

Früher war es üblich und selbstverständlich, alles zu verzieren. Heute glaubt man, dazu keine Zeit mehr zu haben. Schönheit ist zu teuer geworden. Funktionalismus ist angesagt. Für Schnörkel ist kein Platz.
Muster, Mäander oder Symbole können mehr sein als «nur» Verzierung. Richtig verwendet, wirken sie harmonisierend und verleihen einem Raum oder einem Gegenstand auf subtile Weise eine bestimmte energetische Eigenschaft. Symbole und Ornamente haben vorwiegend auf der Gefühlsebene einen Einfluss. Es ist für uns alle äusserst wichtig, uns mit schönen, harmonischen Schwingungen zu umgeben. Wir möchten hier eindringlich für die Schönheit werben. Alles, was liebevoll und sorgfältig gestaltet wurde, verströmt während seines Gebrauchs diese Gefühle und unterstützt die Menschen darin, während sie sich eines Gegenstandes oder Hauses bedienen. Dasselbe gilt natürlich auch für Gegenstände, die um des reinen Profits willen in jeder Hinsicht möglichst «billig» gefertigt wurden. Dieser Hang zum schmucklosen Billigprodukt zahlt sich jedoch nur sehr kurzfristig aus, denn längerfristig betrachtet verarmt die Seele; soziale Probleme und Krankheiten können die Folge sein.
Unter Symbolen verstehen wir abstrakte Formen und Zeichen, die eine besondere Bedeutung haben können. Mandalas, das sind symmetrische, oft kreisförmige geometrische Muster, wirken einzig durch ihre Form, ohne damit etwas Bestimmtes auszusagen. Positive Symbole wirken stärkend, unterstützen die Konzentration und helfen, uns zu zentrieren. Man kann sich durch geschickt gewählte Symbole energetisch sehr gut unterstützen.

### Labyrinthe

Wir möchten hier als Beispiel das Labyrinth anführen, wie es sich in der Kathedrale von Chartres, aber auch an vielen anderen Orten auf der Erde findet. Es entspricht seiner runden Form und seinem regelmässigen Aufbau nach einem Mandala. Labyrinthe sind keine Irrgärten, denn sie bieten keine Wahlmöglichkeiten. In einem Labyrinth gibt es immer nur einen Weg, der auf gewundenem Pfad zur Mitte führt. Er lenkt Sie wohl immer wieder in eine andere Richtung, doch endet er stets im Zentrum. Von dort weist derselbe Weg zurück zum Ausgangspunkt. Ein Labyrinth dient dazu, den Weg meditativ abzuschreiten und dabei in seine eigene Mitte zu finden. Es ist eine anschauliche Meditationshilfe. Sie folgen den spiraligen, sich ein- und ausrollenden Kräften des Universums und bringen sich damit in Einklang. Es gehört mit zur Übung, sich zuerst ins Innere zu wenden, was symbolisch auf das eigene Wesen übertragen werden kann, um dann langsam wieder nach aussen zurückzukehren, wo man auf fremde Energien stösst. Der Weg darf nicht im Zentrum enden. Dies käme einer Abkapselung gleich. Er führt, gestärkt durch die Erfahrung der inneren Sammlung, zurück nach aussen, wo man sich den Problemen des Alltags zu stellen hat.
Ein solches Labyrinth hat zusätzlich eine sehr harmonisierende Wirkung. Es strahlt durch seine Form auf seine Umgebung eine ausgeglichene Energie aus. Wenn Sie beispielsweise störende Erdlinien finden, so werden diese in einem gewissen Umkreis

**Das Labyrinth von Chartres. Es konzentriert feinstoffliche Energie im Zentrum und vermag sie stark zu erhöhen. Dadurch wirkt es auch entstörend auf die Umgebung.**

**Ein Labyrinth neueren Datums: Die Verbindung zwischen dem Zentrum und dem Eingang verursacht eine Art energetischer Kurzschluss, der die Wirkung des Labyrinths stark reduziert.**

durch ein Labyrinth entstört. Dieser Effekt ist am stärksten, wenn der Eingang des Labyrinths nach Norden gerichtet ist. Es kann einen harmonisierenden Radius von mehreren Dutzend Metern erreichen.

Im Innern des Labyrinths herrschen konzentriertere feinstoffliche Energien als ausserhalb. Wenn Sie zum Beispiel mit einer Bovisskala die Stärke im Zentrum messen, können sich die Werte gegenüber dem Aussenbereich mehr als verdoppeln. Ein Labyrinth kann also dazu dienen, sich energetisch aufzuladen.

In jüngster Zeit wird die Kraft von Labyrinthen wieder neu entdeckt. Mancherorts werden entsprechende Anlagen errichtet, oft als gemeinschaftliche Aktionen, zu denen sich viele Menschen zusammenschliessen, um die nötige Arbeit zu leisten. Oftmals sind es Frauen, welche die Initiative ergreifen, ist doch das Labyrinth eine äusserst weibliche Form. Dies scheint Frauen in besonderem Masse anzuziehen, da sie spüren, dass sie ihre eigenen Kräfte durch ein Labyrinth stärken können. Das Abschreiten eines Labyrinthes stimuliert die urweiblichen Energien in jedem von uns und kann daher sehr ausgleichend auf unser gesamtes Energiesystem wirken.

Es ist schade, wenn ein Labyrinth gebaut wird, ohne dass sich die Verantwortlichen ausreichend mit den dort wirkenden Kräften beschäftigen. Der enorme Aufwand und die investierte Arbeit bringen nur einen kleinen Teil von der Energie, die ein richtig konstruiertes Labyrinth auf seine Umgebung ausstrahlen könnte. Wir stiessen zum Beispiel im Kanton Zürich auf eine Anlage, die unserer hektischen Zeit angepasst wurde. Die Erbauerinnen glaubten, für besonders eilige Zeitgenossen eine Abkürzung anbieten zu müssen, weil das Abschreiten des ganzen Weges für manche zu viel Zeit beanspruche oder zu mühsam sei. Man baute daher einen Verbindungs-

weg, der direkt aus dem Zentrum zum Eingang zurückführt. Durch diesen Eingriff in die ursprüngliche Form entsteht eine Art «energetischer Kurzschluss». Die Spirale wird durchbrochen, es kann kein Kraftwirbel entstehen. Die Boviswerte sind gegenüber dem Aussenbezirk nur leicht erhöht. Man kann sich in dieser Art von Anlage magnetisch nur wenig aufladen.
Es wirkt sich auch nachteilig aus, wenn der Weg des Labyrinths nur zur Hälfte zurückgelegt wird. Dadurch fehlt ein wesentlicher Teil der geistigen Übung. Die Bewegung wird nicht zu Ende geführt, sondern bleibt stecken. Dies führt dazu, dass es vor allem auf der geistig-seelischen Ebene der Übung an Ganzheit und dadurch an Sinn mangelt.
Labyrinthe können eine harmonisierende und leicht stärkende Wirkung erzeugen, auch wenn sie bloss auf Papier gedruckt sind. Kleben Sie zum Beispiel ein Labyrinth auf eine runde Kupferplatte und prüfen Sie die Wirkung: Sie erzielen dadurch ein positiv gepoltes Feld, das leichte, natürliche Störungen zu beheben vermag und leicht stimulierend wirkt. Eine ähnliche Wirkung erzielen Sie, wenn Sie vier Labyrinthe mit der Öffnung nach oben auf jeder Seite einer Pyramide befestigen. Sie braucht nicht aus Kupfer zu sein, Karton genügt auch, doch ist die Wirkung mit Kupfer wesentlich grösser.

### Kreuze

Jede Form von Kreuzen, seien sie senkrecht oder diagonal, wirkt sich auf den Energiefluss aus. Meist stoppen sie Energie und halten sie fest. Man muss daher sehr vorsichtig mit diesem Symbol umgehen, damit keine Energieblockade an einem Ort entsteht, wo dies unerwünscht ist. Andererseits kann durch ein solches Fixieren Energie auch gefestigt und dadurch verstärkt werden. Diese Eigenschaft der Kreuzform wird sehr oft beim Bau von Kirchen angewendet, die mit Haupt- und Querschiff ein Kreuz bilden. Wie wir weiter vorne erwähnt haben, wurden alte Kirchen stets an Kraftorten errichtet, deren Wirkung durch die geeignete Architektur positiv unterstützt wurde.
Da man das Kreuz als Symbol für das Christentum verwendet, befindet es sich sehr oft auch an ungeeigneten Stellen. Viele Menschen glauben, sich durch einen Anhänger in Kreuzform schützen zu können. Ein Kreuz kann nur eine schützende Wirkung entfalten, wenn wir es gegen eine Energie verwenden, die von aussen auf uns eindringt. Es braucht dazu den Menschen, der diese Geste anwendet. Wir kennen dies aus Sagen, in denen ein böser Geist oder der Teufel durch ein Kreuzzeichen gebannt wird. In dieser Form ist das Kreuz ein sehr mächtiges Zeichen, das sich wie ein Schutzschild vor die üble Macht stellt.
Das Kreuz als Schutzzeichen sollte immer getrennt vom eigenen Körper verwendet werden. Es eignet sich nicht als Anhänger, weil es die eigenen Energien blockiert. Besonders, wenn es um den Hals getragen wird, behindert es den Energiefluss zwischen Kopf und Körper. Verzichten Sie vor allem bei sehr kleinen Kindern darauf.
Sie können dies selbst überprüfen. Messen Sie bei einer Versuchsperson das Feld der Ausstrahlung an verschiedenen Körperstellen. Darauf soll sich die Person einen Anhänger in Kreuzform umhängen, und Sie messen erneut das Feld. Deutlich wird nun das Ergebnis festzustellen sein: Das Feld um den Kopf hat sich merklich verringert.
Falls Sie aus Glaubensgründen auf ein Kreuz als Anhänger nicht verzichten möchten, wählen Sie eine etwas andere als die gebräuchliche Form. Ungleichschenklige Formen, wie sie für das Kreuz Jesu allgemein verwendet werden, sind ungünstig. Die Wirkung ändert sich jedoch, sobald so ein Kreuz von einem Kreis umschlossen wird. Auch das ägyptische Ankh-Kreuz, bei dem der obere Teil des senkrechten

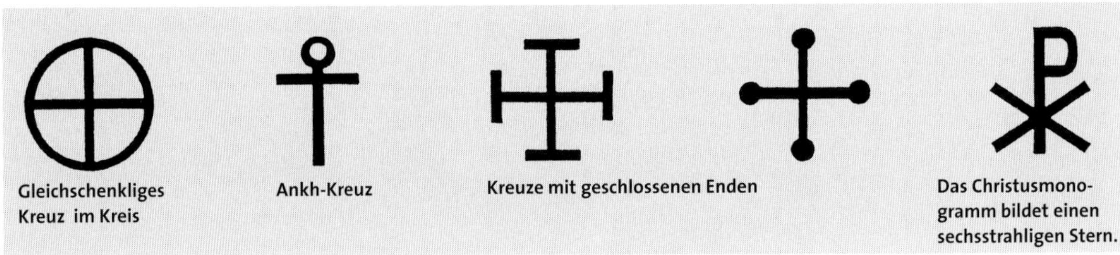


**Verschiedene Typen von Kreuzen: Kleinigkeiten vermögen die Wirkung stark zu verändern.**

Balkens zu einem Ring geformt ist, blockiert nicht mehr. Günstig ist auch, wenn alle vier Enden durch runde Formen verziert sind oder durch einen weiteren Querbalken abgeschlossen werden. Die weitaus beste Wirkung auf Ihren Energiefluss zeigt das Christusmonogramm, das grosse P, das sich aus zwei diagonalen Balken erhebt, so dass ein sechsstrahliger Stern entsteht.

Stellen Sie stets mehrere Fragen, bevor Sie sich einen Anhänger kaufen: «Ist dieser Schmuck in Harmonie mit meinem Körper? Hemmt er Energieflüsse? Übt er einen nachteiligen Einfluss auf mich aus? Raubt mir dieser Anhänger Energie? Ist er für meine Gesundheit förderlich?» und so weiter. Stellen Sie auch immer die Gegenfrage: «Führt mir dieses Schmuckstück Energie zu?» Erhalten Sie auf zwei sich widersprechende Fragen zweimal ein Nein, dann wirkt sich der Gegenstand nicht oder neutral auf Sie aus.

### Runen

Runen sind die Buchstaben, die von den Germanen verwendet wurden. Sie sind jedoch weit mehr als Buchstaben. In jedem dieser Zeichen steckt ein grosser symbolischer Gehalt. Es sind Stationen des menschlichen Lebens. Wurden Runen gemalt, entstand nicht einfach ein Text, sondern jedes Zeichen verkörperte zugleich eine bestimmte menschliche Situation. Runen wirkten bei gesprochenen Texten zusätzlich durch ihren Klang, so dass sie zu eigentlichen Zauberformeln wurden.

Die Germanen verwendeten Runen auch, um das Orakel zu befragen. Sie ritzten die Zeichen in kleine Holzstückchen und warfen diese auf ein weisses Tuch, so dass ein willkürliches Muster entstand. Nach Rücksprache mit den Göttern wurden die Zeichen dann gedeutet. Diese Anwendung der Runen erfreut sich wieder grösseren Interesses.

Runen sind sehr einfache Symbole. Sie lassen sich auch heute noch anwenden, wenn man sich ein wenig in ihre Wirkweise vertieft. Es lässt sich damit beispielsweise der Hauseingang verzieren. Dazu können Sie die Rune Algiz (ᛉ) als Schutzzeichen verwenden. Auch Sowelu (ᛋ) übt eine äusserst günstige Wirkung aus.

Wenn Sie sich der Runen bedienen wollen, überprüfen Sie stets zum Schluss mit verschiedenen Fragen, ob Sie auch tatsächlich die Wirkung erzielen, die Sie beabsichtigt haben. Berücksichtigen Sie dabei insbesondere, ob durch die Kombination von verschiedenen Zeichen nicht eine unerwünschte Wirkung entsteht. Bei allen Anwendungen von Symbolen ist stets grösste Vorsicht angebracht.

### Embleme und Firmenlogos

Heute finden Symbole vorwiegend beim Gestalten von Emblemen und Firmenlogos Verwendung. Da Symbole sehr stark auf der Gefühlsebene wirken,

schlagen wir vor, sich dieser Aufgabe nicht vom Kopf, sondern vom Gefühl her zu nähern. Auf diese Weise kommen Sie sehr viel schneller und effizienter zum Ziel. Stellen Sie sicher, dass Sie nicht gestört werden. Entspannen Sie sich in einer bequemen Haltung, schliessen Sie die Augen und achten Sie für eine Weile auf Ihren Atem. Lassen Sie Ihre Gedanken allmählich zur Ruhe kommen. Stellen Sie sich nun möglichst genau vor, wie Ihr Logo wirken soll und lassen Sie diesen Eindruck in Ihr Gefühl dringen. Sehen Sie zufriedene Kunden vor sich oder fühlen Sie, wie ein angenehmes Arbeitsklima entsteht. Bitten Sie nun Ihre innere Stimme, Ihre geistigen Helfer oder Ihre Intuition, sie möge Ihnen Bilder zeigen, die zu diesem Gefühl passen. Lassen Sie alle Ideen einfach fliessen. Es ist nicht nötig, dass Sie etwas «sehen», es kann aber sein, dass vor Ihrem inneren Auge tatsächlich Bilder auftauchen. Sie können auch Sätze «hören» oder einfach etwas plötzlich «wissen». Es spielt keine Rolle, auf welchem Weg das Wissen Ihnen zufliesst. Lassen Sie einfach alles zu, ohne es zu bewerten. Wenn nichts Neues mehr dazukommt, atmen Sie einige Male tief durch und strecken Sie Ihre Glieder, bevor Sie Ihre Ideen aufschreiben oder aufzeichnen. Am besten lassen Sie diese Entwürfe einige Zeit liegen, ehe Sie daran weiterarbeiten. Achten Sie genau auf Ihre Gefühle, wenn Sie Ihr Zeichen nach einer Weile erneut betrachten. Entspricht es dem, was Sie erreichen möchten?
Prüfen Sie zum Schluss das Logo, indem Sie zum Beispiel fragen: «Hat dieses Zeichen eine nachteilige Wirkung für meinen Betrieb? Habe ich etwas übersehen? Kann ich es noch verbessern?» Messen Sie die Boviswerte und stellen Sie sicher, dass es über 7500 sind. Je höher die Werte, desto besser ist die Wirkung Ihres Firmenlogos. Denken Sie daran, dass es manchmal Kleinigkeiten sind, die einen sehr grossen Einfluss auf die Wirkung des Ganzen ausüben können, so wie wir es vorne beim Labyrinth oder beim Kreuz beschrieben haben.

**Ornamente**

Verzierungen haben je nach der Form und der Platzierung eine andere Wirkung. Runde Formen unterstützen das weibliche Yin-Prinzip, eckige das männliche Yang. Harmonie entsteht, wenn sich die beiden Kräfte ungefähr im Gleichgewicht befinden.
Durch eine geschickt gewählte Verzierung lässt sich die Aufgabe eines Raumes dezent verstärken. Ein Sitzungszimmer wird demnach anders eingerichtet als ein Schlafzimmer. Das sind eigentlich selbstverständliche Weisheiten, die jeder und jede spüren sollte. Doch verkümmert bei vielen das natürliche Gespür für solche Zusammenhänge, weil man sich durch Modeströmungen und Designerideen gängeln lässt. Nicht selten findet man, gerade bei jungen Menschen, Schlafzimmer, in denen es vor Metall und sehr eckigen Formen nur so wimmelt. Beides gehört zum Yang-Prinzip, welches Aktivität unterstützt. Wen wundert es, wenn man in einem solchen Raum keine Ruhe findet?
Manchmal entstehen durch die verwendeten Baumaterialien unbeabsichtigt Muster und Orna-

**Die eckige Form entspricht mehr der feinstofflichen elektrischen Energie, die runde der magnetischen. Die beiden Mäander haben dementsprechend eine andere Wirkung im Raum.**

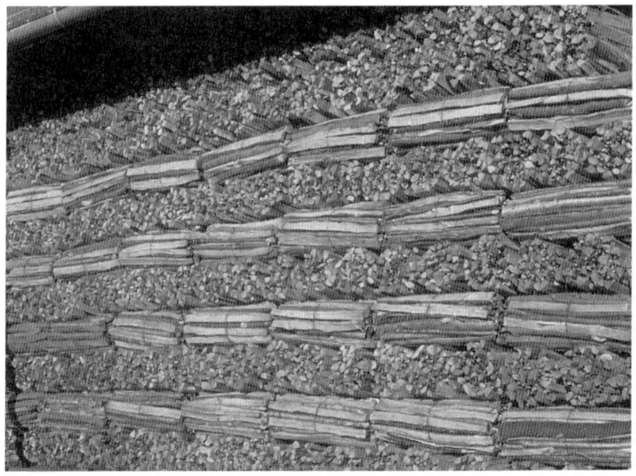

Oben links: Schindeln strukturieren ein Dach in harmonischer Weise.

Oben rechts: Strukturen umgeben uns, von uns unbemerkt, überall. Diese Holzbündel sind nicht nur fürs Auge erquicklich, sie ordnen auf subtile Weise feinstoffliche Energie.

Ein Fachwerkbau strukturiert die feinstoffliche Energie in harmonischer Weise.

mente. Sie können zur Harmonie des Gebäudes beitragen oder aber zusätzlich störend wirken. Wir sind umgeben von Strukturen und Ornamenten, die wir im Alltag meist nicht bewusst zur Kenntnis nehmen. In einem mit Fliesen ausgelegten Raum herrscht wegen der Fugen ein Muster von Kreuzen, das die Energie im Raum festhält. Die leicht gerundete Struktur von Schindeln erhöht die weiblichen Kräfte. Senkrecht gestellte Wellbleche fördern den feinstofflichen elektrischen Anteil der Energie und leiten sie zu stark. Abgesehen vom Material wirkt bei so einem Bau auch die Struktur der Fassade belastend. Liegende Wellbleche hingegen brechen den starken Energiestrom und stören daher weniger. Ein Fachwerkbau strukturiert die Wand in harmonischer Weise und erhöht dadurch die Lebensenergie.

### Geistiger Gehalt

Möglicherweise hängen Poster mit Horrorszenen an der Schlafzimmerwand, wie sie von bestimmten Musikgruppen oder anderen gesellschaftlichen Gruppierungen gefördert werden. Es ist ein sehr grosser Irrtum zu glauben, dass dies harmlos sei und man im Dunkeln die Bilder ja nicht sehen könne. Bilder sind symbolische Darstellungen und beeinflussen direkt die Gefühlsebene. Gerade im Schlaf sind Sie dafür sehr offen; Ihre Träume und Ihre Gefühle werden durch Symbole und Bilder in Ihrer Umgebung direkt beeinflusst. Stellen diese Gewalt dar, erzeugen sie Angst und Unsicherheit in Ihrem Unterbewusstsein, was sich auch im Alltagsbewusstsein störend auswirkt. Achten Sie darauf, womit Sie sich umgeben, und fragen Sie sich bei jedem Gegenstand in Ihrem Schlafzimmer, ob Sie Ihre Seele und Ihre Gefühle während der Ruhe mit dessen symbolischer Botschaft nähren möchten. Es liegt ganz in Ihrem Ermessen!

Achten Sie auch darauf, welche Fernsehsendungen, Musikstücke oder Bücher Sie sich vor dem Einschlafen zu Gemüte führen! Mord und Totschlag, Horror- und Schreckensszenarien können weder erfreuen noch entspannen. Das Gegenteil ist der Fall! Nachgewiesenermassen neigt der Körper viel mehr zur Übersäuerung, wenn er ständig Angst ausgesetzt ist. Auch auf den feinstofflichen Ebenen hinterlässt ein destruktives Fernsehprogramm ungünstige Spuren. Da sich die wenigsten Menschen vor dem Schlafen energetisch reinigen, nehmen sie die Gefühle von Angst und Schrecken mit. Anstatt sich zu erholen, setzen sich solche Muster auf der Gefühlsebene fest und verselbständigen sich mit der Zeit. Grosse Verunsicherung, ständige Angst und das Akzeptieren von Gewalt als etwas Normales sind die Folge davon.

Wir raten Ihnen, sich vor dem Einschlafen mit erbaulichen Dingen zu beschäftigen. Hören Sie heilende Musik, lesen Sie etwas Erfreuliches, unternehmen Sie einen Nachtspaziergang und bestaunen Sie den Nachthimmel, betrachten Sie ein schönes Bild. Gewöhnen Sie sich an ein tägliches Ritual zur energetischen Reinigung, wie wir es im Kapitel Schutz (Seite 71) beschrieben haben.

### Religiöse Gegenstände und Sinnsprüche

Diese Überlegungen gelten auch für religiöse oder kultische Gegenstände. Das Christentum hat sich in eine Richtung entwickelt, in der das Leiden und Sterben Christi sehr stark in den Vordergrund gerückt sind. Das Kreuz oder Jesus am Kreuz sind viel verwendete Symbole. Sie drücken Brutalität, Angst und Schrecken aus und erwecken den falschen Eindruck, dass sich das Böse durchzusetzen vermag. Bedenken Sie, dass sich auch diese Botschaft während des Schlafs in Ihrem Unterbewusstsein festsetzt und Angst fördert. Wählen Sie besser eine Abbildung, die Jesus Christus als Auferstandenen, als Überwinder des Todes oder als Weltenherrscher darstellt! Sie

hilft Ihnen, Vertrauen zu gewinnen, und fördert Ihre persönliche Stärke.
Seien Sie äusserst vorsichtig mit Kultgegenständen oder Fetischen aus anderen Religionen oder Kulturen, die Sie nicht sehr genau kennen. Solche Gegenstände können energetisch stark aufgeladen sein, sei es im Guten als Amulett oder Schutzgegenstand, sei es im Schlechten als Träger von unheilbringenden Botschaften. Es ist ungünstig, zu viele solche Gegenstände im Schlafbereich aufzubewahren, auch dann, wenn sie positiv wirken sollten. Ihre Energie ist meist zu stark, um in ihrem Einflussbereich zu ruhen.
Früher wurden die Häuser mit Sinnsprüchen verziert. Auch dies kann einen Einfluss auf die Energie im Innern eines Gebäudes ausüben. Sinnsprüche sind festgehaltene Gedanken und wirken auf der Geistebene. Sie können sie etwa wie ein ununterbrochen ausgesprochenes Gebet betrachten. Überlegen Sie sich daher gut, was für einen Spruch Sie wählen! Vermeiden Sie verneinende Formulierungen wie zum Beispiel: «Beschütze uns vor Unheil!» In so einem Satz schwingt das Unheil immer mit, auch wenn Sie es anders meinen. Die Geistebene funktioniert nach anderen Gesetzen, als wir es gewohnt sind. Schreiben Sie, was Sie gerne erreichen oder erringen möchten: «Gewähre uns Segen, Glück und gute Gesundheit.» Seien Sie grosszügig und schliessen Sie Ihre Nachbarn sowie Tiere und Pflanzen bis hin zum ganzen Planeten mit in Ihre Wunschliste ein. Je grösser Ihr Herz, desto mehr günstige Energie wird zu Ihnen zurückfliessen.

**Muten von Symbolen und Ornamenten**

Was wir in diesem Kapitel beschrieben haben, soll für Sie eine Anregung sein. Es ist unmöglich, alles was damit zusammenhängt, genau aufzulisten und zu präsentieren. Wie bei allem gibt es auch hier kein «Richtig» und «Falsch», sondern man muss in jedem Fall die beste Lösung herausfinden. Wir können daher nicht schreiben, «die und die Formen sind gut für Sie, jene hingegen schlecht», denn es spielt stets eine Rolle, in welchem Zusammenhang diese stehen. Welche Wirkung möchten Sie erzielen? Wollen Sie in einem Sitzungszimmer die Diskussion anregen, oder wollen Sie ein Schlafzimmer beruhigend einrichten?
Die feinstofflichen Ebenen sind äusserst vielschichtig miteinander verwoben. Es lässt sich intellektuell nicht lernen, wie man damit «richtig» umgeht. Mit unseren kurzen Ausführungen wollten wir darauf hinweisen, dass alles in Ihrer Umgebung einen Einfluss hat. Alles ist bedeutungsvoll, auch wenn wir uns dessen nicht bewusst sind.
Wollen Sie sich mit diesen Ebenen beschäftigen, so müssen Sie dazu Ihr Gespür, Ihre Intuition und Ihr Gefühl verwenden. Für diese Lernschritte braucht es viel Zeit und Musse. Sie werden langsam in diese Zusammenhänge hineinwachsen, indem Sie etwas ausprobieren und auf seine Wirkung hin prüfen. Sie lernen durch Versuch und Irrtum, und nicht alles wird auf Anhieb klappen. Beginnen Sie mit diesen Übungen gleich und nicht erst, wenn Sie am Bauen eines Hauses sind. Die Hektik im Zusammenhang damit wird Ihnen die nötige Zeit für Ihre Entscheide kaum lassen. Üben Sie zuerst mit Dingen, die nicht so wichtig sind, bei denen Sie nicht unter Erfolgsdruck stehen: Eine Tischdekoration, ein Namensschild, ein kleines Geschenk für jemanden. Beobachten Sie beim Kauf von neuen Dingen, worauf Sie besonders ansprechen: Ist es die Farbe, das Muster, die Struktur, die Form eines Gegenstandes? Auf diese Weise können Sie Ihre alltäglichen Verrichtungen in ein Übungsfeld für feinstoffliche Wahrnehmung verwandeln, ohne dass Sie dazu eine Rute oder ein Pendel brauchen. Fragen Sie sich immer wieder: «Was spricht mich am meisten an?» Beurteilen Sie Inserate oder Briefpapier Ihrer Geschäfts-

partner nach diesen Kriterien, um die Gesetzmässigkeiten langsam kennenzulernen. Erinnern Sie sich, dass die Werbung längst diese Erkenntnisse anwendet, um Sie zu beeinflussen. Je mehr Sie davon verstehen, desto eher durchschauen Sie deren Machenschaften.

Wenn Sie selbst etwas erstellen wollen, werden Sie sich immer zuerst klar über die zu erzielende Wirkung. Diese können Sie mit Ihrem Verstand so exakt wie möglich definieren. Danach setzen Sie sich in Ruhe hin, entspannen Sie sich und versuchen Sie, die gewünschte Wirkung so genau wie möglich zu fühlen. Geben Sie sich diesem Gefühl eine Weile hin. Notieren Sie anschliessend alles, was Ihnen während dieser kurzen Übung in den Sinn kam, ohne es zu beurteilen: Farben, Geräusche, Erinnerungen an vergangene Situationen, ein bestimmtes Getränk, irgendeine Bekannte, die Sie schon längst aus den Augen verloren haben, ein bestimmter Duft und so weiter. Manchmal fällt es leicht, aus solchen Einfällen die nötigen Schlüsse zu ziehen, manchmal müssen Sie sich erneut in ähnlicher Weise in diese Eingebungen vertiefen: Was fällt Ihnen zu dieser Bekannten alles ein? Welche Vorlieben pflegte sie, was unternahmen Sie gemeinsam? Auf diese Weise werden Sie nach und nach erkennen, weshalb Ihnen gerade diese Person in den Sinn kam. Deren Freude an geblumten Blusen könnte Sie darauf bringen, den Raum mit Blumen zu schmücken oder ein Bild mit Blumen an die Wand zu hängen. Halten Sie solche Übungen nicht für Zeitverschwendung, bloss weil Ihnen die Wege der Ideenfindung etwas verschlungen erscheinen! Wenn Sie sich darin etwas geübt haben, werden Sie erkennen, dass Sie in dieser entspannten Form sehr viel schneller ans Ziel einer harmonischen Umgebung gelangen.

## Allgemeines zum Elektrosmog

Erst seit ungefähr hundert Jahren kennen wir den elektrischen Strom, und seit etwa fünfzig Jahren nimmt dessen Verbreitung in rasantem Tempo zu. Heute gibt es in der westlichen Welt kaum ein Haus ohne Stromversorgung. Nicht nur das elektrische Licht, auch Elektrogeräte in grosser Zahl sind in den meisten Haushalten eine Selbstverständlichkeit: Kühlschrank, Kochherd, Staubsauger, Kaffeemaschine, Mixer, Fernseher, Radio, Stereoanlage, Telefon, Computer, Rasierapparat, Wecker mit Leuchtziffern, Waschmaschine, Spielzeuge, Handy, Fernbedienung, Bohrmaschine, Haartrockner und so weiter. Wer möchte sie missen, all diese praktischen Dinge?

Draussen erfreut uns die Strassen- und Schaufensterbeleuchtung, wir benutzen Strassen- und Eisenbahn, automatische Türen und Rolltreppen, elektronische Kassen und Geldautomaten. Auch im Betrieb erleichtern uns täglich die unterschiedlichsten elektrischen Geräte und Hilfsmittel die Arbeit.

Hochspannungsleitungen führen den benötigten Strom über Pässe, Felder und durch Wälder. Flugzeuge fliegen mit Hilfe von Funk und Radar. Satelliten und Sendeanlagen versorgen uns grossräumig mit elektromagnetischer Strahlung, damit wir überall fernsehen oder telefonieren können. Der Planet wird flächendeckend mit einem künstlichen elektromagnetischen Feld umhüllt. Kaum ein Fleckchen auf der Erde existiert, wo das natürliche Umfeld noch ursprünglich und ungestört ist. Kaum ein Fleckchen, wo wir dem dauernden Bombardement von künstlicher Strahlung entfliehen könnten.

Bis jetzt ist man mit all dem sehr sorglos umgegangen. Erst in jüngster Zeit hat sich der Begriff «Elektrosmog» geprägt und allmählich durchgesetzt. Er meint störende Auswirkungen von künstlich erzeugten elektromagnetischen Feldern. Wie beim «Smog», der einen Nebel oder Dunst meint, der aufgrund von verschiedensten Abgasen über Industriezentren entsteht, ist auch der «Elektrosmog» oft etwas Diffuses. Kabel, Elektrogeräte oder Sender können strahlen, aber man weiss nie so recht wie viel. Durch Wechselwirkungen von unterschiedlichen Elektroquellen können sich die Felder gegenseitig enorm verstärken, so dass es auf kleinstem Raum zu Spitzenwerten kommen kann. Zimmerwände können beispielsweise unter sehr hoher elektrischer Spannung stehen. Manchmal verhalten sich die Messwerte auch ganz anders, als sie eigentlich nach Lehrbuch sollten. Sie können zum Beispiel plötzlich mit zunehmendem Abstand von ihrer Quelle zu- statt abnehmen. Kriechströme verlaufen unkontrollierbar. Mehrfach haben wir erlebt, dass Wasserleitungen davon zerfressen wurden oder sogar selbst unter Strom standen. All dies ist nicht nur für Laien verwirrend und verleitet dazu, sich lieber mit einfacheren Themen zu beschäftigen.

Leider erkennt die naturwissenschaftliche Forschung erst allmählich und äusserst zögerlich, dass künstlich erzeugte elektromagnetische Felder gesundheitliche Störungen hervorrufen können. Meist sind Forscher auf diesem Gebiet Aussenseiter. Allzu viele Wissenschafter verstecken sich hinter der Feststellung, dass Auswirkungen solcher Felder auf den menschlichen Körper wissenschaftlich nicht oder nicht genügend erwiesen seien. Sie berufen sich darauf, dass Grenzwerte eingehalten würden und daher alles in Ordnung sei. Gesundheitliche Beschwerden von betroffenen Menschen werden nicht ernst genommen und anderen, meist psychischen Ursachen zugewiesen. Allzu oft dreht sich die Diskussion unter den Fachleuten darum, ob es überhaupt Elektrosmog gibt. Und sehr häufig wird viel Energie darauf verwendet zu beweisen, dass es keinen Elektrosmog geben kann, sondern alles bloss Panikmache sei ...

Erst wenn Computeranlagen reihenweise abstürzen, wenn Bordcomputer bei Flugzeugen nicht mehr zuverlässig arbeiten, kurz, wenn Maschinen von unerwünschten Wirkungen elektromagnetischer Strahlung betroffen sind, wird das Problem ernst genommen. Dann wird nach Abschirmmöglichkeiten geforscht, um Störungen zu vermeiden. Dass Menschen genauso «abstürzen» könnten, bleibt meistens ausser jeder Diskussion.

Von Elektrosmog betroffene Menschen sehen sich der riesigen Übermacht eines starren Gedankengefüges wissenschaftlicher Weltanschauung gegenüber, welche die Experten immer auf ihrer Seite weiss. Die Rechtslage besagt, dass die Betroffenen die Ursachen ihrer Schädigung beweisen müssen, was äusserst schwierig ist. Seltsamerweise müssen nicht die Verursacher die absolute Harmlosigkeit der elektromagnetischen Strahlung beweisen, was ebenfalls äusserst schwierig wäre. Trotz dieser ungünstigen Ausgangslage werden weltweit immer mehr Prozesse zugunsten der Geschädigten entschieden. Hochspannungsleitungen müssen verlegt, Sendeanlagen abgestellt werden. Doch dies sind nur ganz kleine Tropfen auf den sehr heissen Stein.

Ganz langsam setzt sich die Erkenntnis durch, dass einzelne Menschen besonders sensibel auf künstlich erzeugte Felder reagieren können. Die Diagnose «Elektrosensibilität» wird heute in gewissen Kreisen von Ärzten wenigstens in Erwägung gezogen. Zu häufig kommt es vor, als dass man sich einfach darüber hinwegsetzen könnte. In anderen Fällen wird erkannt, dass Menschen krank werden, sobald sie ein bestimmtes Gebäude betreten. Fortschrittlichere Mediziner haben dafür den Ausdruck «Sick building syndrome» geschaffen, was so viel bedeutet, wie «Krankheit als Folge des Gebäudes». Da sich rätselhafte Erkrankungen häufen, für die niemand eine materielle Ursache findet, ist ausserdem noch das «Öko-Syndrom» erfunden worden. Diese Diagnose führt uns zurück zum Anfang unserer kurzen Ausführungen, denn sie unterstellt den Patienten in unglaublicher Arroganz, sie würden lediglich aus Angst vor möglichen Umwelteinwirkungen krank!

Wenn wir uns eine oder zwei Nächte in starken technischen Feldern aufhalten, geschieht in der Regel nicht viel. Wenn Sie sehr empfindlich sind, verbringen Sie wahrscheinlich eine unruhige Nacht. Aber Sie werden deswegen noch nicht krank. Elektrosmog zeigt seine Wirkung meist erst, wenn man ihm während einer längeren Dauer ausgesetzt war. Manche Menschen erkranken bald, andere nach einigen Jahren, wieder andere erst nach 10 oder 20 Jahren. Es sind die Langzeitwirkungen, die es so schwierig machen, Ursachen und Zusammenhänge zu erkennen, wodurch die Forschung erschwert wird. Untersuchungen werden meistens für eine viel kürzere Dauer angelegt, als einzelne Faktoren wirken können.

Elektrosmog wirkt täglich und sehr unspektakulär. Für die meisten Menschen ist sein Einfluss schleichend und kaum feststellbar. Wir sind es ausserdem gewohnt, andere Erklärungen zur Hand zu nehmen, wenn wir uns unwohl fühlen: das Wetter, die kurze Nacht, das schwere Essen usw. Erst wenn der unangenehme Zustand lange andauert, kommt man auf die Idee, dass da noch etwas anderes schuld sein könnte, und beginnt zu suchen. Manchmal findet sich beim Elektrosmog die Ursache, manchmal bei anderen Umwelteinflüssen. Gar nicht selten finden aber weder Ärzte noch Umweltfachleute mit ihren Messgeräten erkennbare Ursachen. Dies bedeutet für die betroffenen Menschen meist, dass ihre Leiden nicht ernst genommen werden oder dass man sie als psychisch verursacht beurteilt.

Im Folgenden werden wir der Einfachheit halber den Begriff «Elektrosmog» für allgemein schädliche Umwelteinflüsse benutzen, auch wenn sie nicht immer ausschliesslich eine Folge von elektromagnetischen Feldern sind. Wir werden uns in diesem Kapitel auch störenden feinstofflichen Schwingungen von Chemikalien, Atomkraftwerken oder chaotischen Verbrennungsprozessen zuwenden, was man eigentlich mit einem Begriff wie «Technosmog» bezeichnen müsste.

## Materielle Gesichtspunkte

Wir möchten uns in diesem Kapitel nicht in technischen Details verlieren, dazu gibt es mittlerweile genügend gute Literatur. Hier sollen nur ein paar Gesichtspunkte für diejenigen Leserinnen und Leser kurz erwähnt werden, die sich bis jetzt noch nie mit diesem Thema beschäftigt haben. Für ausführlichere Informationen verweisen wir auf andere Autoren.

Immer wenn in einem Kabel ein Strom fliesst, entsteht darum herum ein elektromagnetisches Feld, das mit technischen Messgeräten messbar ist. Die Grösse dieses Feldes hängt von der Stärke des Stroms ab. Je mehr Strom fliesst, desto weiter ist sein Feld spürbar. Bei einem Stromkabel, wie Sie es normalerweise verwenden, reicht dieses Feld rund herum etwa 20 bis 30 cm weit. Es entsteht also bei jedem Stromfluss eine Art «Abfall» neben dem Kabel. Ein Teil dieses «Abfalls», nämlich das elektrische Wechselfeld, bleibt auch erhalten, wenn kein Strom mehr durch das Kabel fliesst, dieses aber noch eingesteckt ist. Dies ist zum Beispiel der Fall, wenn Sie die Nachttischlampe am Abend gelöscht haben. Die Lampe erzeugt also weiterhin «Abfall», das heisst ein elektrisches Feld, auch wenn sie gar nicht in Betrieb ist.

Bei einer Sendeanlage wird genau dieser «Abfall» benützt, um darauf Informationen zu modulieren. Dies heisst, dass mit Strom elektromagnetische Wellen erzeugt werden, die bis zu einer Antennenanlage reichen. Je nach der Stärke des verwendeten Stroms oder der Wellenlänge reicht dieser elektromagnetische Strahl einige Dutzend oder einige tausend Kilometer weit.

Alle technisch erzeugten Felder schwingen mit einer bestimmten Frequenz, die messbar ist. Es lässt sich zum Beispiel feststellen, dass unser Netzstrom mit 50 Hertz schwingt, das bedeutet fünfzigmal in einer Sekunde. Der Strom der Eisenbahn schwingt tiefer, nämlich mit $16^2/_3$ Hertz. Radio- und Fernsehsender hingegen geben Schwingungen mit sehr hohen Frequenzen ab. Je nach der Art sind dies Wellen im Bereich von Mega- oder Gigahertz, was mehrere Millionen bis Milliarden Mal bedeutet. Diese Art von Wellen werden allgemein «Mikrowellen» genannt. Dieser Ausdruck bezieht sich daher nicht bloss auf die Öfen, die in vielen Küchen verwendet werden, sondern auf alle hochfrequenten Wellen. Je neuer die Technik, desto höher die verwendeten Frequenzen. Wellen mit tieferer Frequenz haben grössere Wellenlängen und folgen der Oberfläche. Schnellere Wellen von kürzeren Längen können Materie, die nicht metallisch ist, durchdringen, weshalb wir auch im Innern von Räumen Radio empfangen oder telefonieren können.

Auch in unserem Körper fliesst Strom. Sie kennen die Hirnströme, die aufgezeichnet werden können. Aus ihrem Verlauf lassen sich Rückschlüsse auf den Gesundheitszustand einer Person ziehen. Nervensignale werden ebenso mit kleinen Strömen weitergeleitet. Verglichen mit der Intensität der natürlichen Felder in unserem Körper, sind die technisch erzeugten sehr viel stärker, bis zu tausendmal und mehr. Es ist wenig erforscht, wie es sich auf die Dauer auswirkt, wenn die körpereigenen Signale von fremden überlagert werden. Dass dies zu Störungen führen muss, ist eigentlich sehr naheliegend.

## Feinstoffliche Gesichtspunkte

Es gibt einige wesentliche Unterschiede zwischen dem natürlichen und dem künstlich erzeugten Strom. Einmal mehr sind es die feinstofflichen Eigenschaften. Man könnte sagen, dass der körpereigene Strom ein «Biostrom» ist. Er wirkt sich in keiner Weise schädlich auf uns aus, im Gegenteil ist unsere Gesundheit auf ihn angewiesen. Stimmt etwas mit unserer Stromversorgung nicht, werden wir ernsthaft krank. Wären die Eigenschaften des künstlich erzeugten Stroms genau gleich wie die des Körperstroms, so würde er uns nicht beeinträchtigen.

Die Schädlichkeit des künstlich erzeugten elektromagnetischen Feldes ist die Folge seiner falschen feinstofflichen Eigenschaften. Nicht der Strom an und für sich ist schädlich, sondern seine Eigenschaften. Technisch erzeugter Strom ist linksdrehend, negativ geladen und negativ gepolt. Dies führt dazu, dass dem Körper Lebensenergie entzogen wird, wenn er sich lange in elektromagnetischen Feldern aufhält. Der Strom bindet ausserdem die feinstofflichen Magnetkräfte, so dass vielerorts ein erheblicher Mangel entsteht, der durch ungünstige Baumaterialien noch verstärkt wird. Wir haben darauf im vorherigen Kapitel hingewiesen.

Man könnte auch sagen: Die technischen Einrichtungen fressen die Lebensenergie auf. Viele Menschen leiden an einer Art energetischer Unterernährung. Der Körper kann nie auftanken, sich nie erholen. Er muss andauernd von seinen Reserven leben, die irgendwann einmal erschöpft sind.

Feinstoffliche Zusammenhänge wirken aber auch noch auf andere Weise. Wir wurden von vielen Leuten gerufen, die unter schweren Symptomen litten, für die niemand eine materielle Erklärung fand. Rätselhafte Gliederschmerzen, Augenerkrankungen, Müdigkeit, Erschöpfung, Ausschläge, geschwollene Gelenke, chronische Bronchitis oder Schnupfen waren einige der Krankheiten. Wir sahen uns daher gezwungen, nach anderen Zusammenhängen zu suchen, die mit den materiellen und naturwissenschaftlichen Methoden nicht feststellbar sind. Wir fanden sie im Zusammenwirken von feinstofflichen und materiellen Ebenen.

Wir haben im Kapitel Grundlagen des Rutengehens (Seite 75) erklärt, dass es zu jeder materiellen Erscheinung gleichzeitig eine feinstoffliche gibt. Die feinstoffliche Ebene strukturiert die materielle. Sie leitet alle Prozesse, so dass eine gesunde und harmonische materielle Form entsteht. Sobald die feinstofflichen Ebenen gestört sind, wirkt sich dieser Fehler auf die Materie aus. Er führt zu Missbildungen und Krankheiten. Um es am Beispiel mit den Keksen zu erklären: Die falschen Impulse wirken sich so aus, wie wenn jemand das Rezept abändern würde. Statt «Zucker» steht dort plötzlich «Salz». Obwohl Sie sich immer noch genau an alle Vorgaben halten, wird Ihr Gebäck aus unerklärlichen Gründen völlig ungeniessbar. Ein anderer Fehler wirkt sich auf die Temperaturregelung Ihres Ofens aus: Sie stellen ihn auf 180°, und trotzdem heizt er auf über 300°. Ihre Kekse verbrennen, obwohl Sie alles wie gewohnt und richtig befolgt haben.

Von allen technisch erzeugten Feldern ist selbstverständlich ebenfalls eine feinstoffliche Entsprechung vorhanden. Die Welle eines Fernsehsenders existiert gleichzeitig sowohl materiell, wo sie mit technischen Messgeräten messbar ist, als auch feinstofflich, wo sie nur mit Rute und Pendel feststellbar ist. Man könnte diese Tatsache auch so beschreiben: Es gibt auf den feinstofflichen Ebenen die «Information» oder das «Programm» der Fernsehwelle. Diese künstlich erzeugten «Programme» können vom Körper nicht richtig verstanden werden. Sie passen nicht in den Ablauf, der alle Funktionen steuert. Sie wirken wie ein Störsender, der mit

seinen Signalen das ursprüngliche Programm bis zur Unkenntlichkeit verzerren kann. Dies führt zu Fehlfunktionen und Störungen.
Vielleicht ist vielen von Ihnen das Bild eines Computervirus geläufig. So ein Virus dringt in Ihr System ein und verändert irgendwo ein Signal, das zu einem Fehler führt. Immer, wenn Sie Ihr Dokument drucken möchten, stürzt der Computer ab oder geschieht etwas Ähnliches. Es gibt harmlose Viren und solche, die Ihren Computer in sehr kurzer Zeit völlig lahm legen können. So ähnlich wirken die Impulse, die von technischen Anlagen auf der feinstofflichen Ebene auf unseren Körper einwirken.

**Feinstofflich «verschmutzte» Erdgitter**
Bei Menschen mit unerklärlichen Krankheiten finden wir meistens eine starke Belastung durch Wasseradern, Verwerfungen, Globalgitterkreuzungen oder durch geomantische Zonen, so wie wir dies weiter vorne beschrieben haben. Diese Energieströme stören nicht nur durch ihre eigenen Eigenschaften, sondern sie wirken zusätzlich als Leiter für die feinstofflichen Anteile von technischen Schwingungen. Sie transportieren die «Informationen» von künstlich erzeugten Feldern oft über grosse Distanzen und werden dadurch ähnlich «verschmutzt» wie ein Bach, in den man Abwasser leitet.
Steht zum Beispiel ein Sender auf einer geomantischen Zone, so verschmutzt er diese Zone mit feinstofflichen Mikrowellen, die mit Messgeräten nicht auffindbar sind. Er imprägniert sie sozusagen mit den chaotischen Signalen, die er aussendet. Diese sind vergleichbar mit einem homöopathischen Medikament. Obwohl materiell nichts feststellbar ist, wirken die Mikrowellen trotzdem auf den Körper ein, der ähnliche Symptome entwickeln kann, wie wenn er vom materiellen Sendestrahl betroffen wäre. So eine Verschmutzung kann sich je nach der Art der Schwingung über Dutzende oder Hunderte von Kilometern auswirken. Meistens gilt, je höher die Frequenz, desto weiter reicht die Störung.
Diese Art von Verschmutzung wird von allen technischen Einrichtungen hervorgerufen. Verwendet zum Beispiel eine chemische Fabrik oder ein Labor viele Giftstoffe, können sich die Schwingungen oder Informationen dieser Gifte auf die Erdlinien übertragen und bei einem Menschen Vergiftungserscheinungen hervorrufen, der einige Kilometer entfernt davon wohnt. Beim Betrieb von Müllverbrennungsanlagen oder Hochtemperaturöfen entstehen während der Verbrennung viele giftige Verbindungen. Auch wenn alle materiellen Anteile aus den Abgasen herausgefiltert werden, können Menschen in der näheren und weiteren Umgebung trotzdem unter Symptomen leiden, die einer materiellen Vergiftung sehr ähneln: Juckreiz am ganzen Körper, Hautausschläge, geschwollene Gelenke, gerötete Augen usw. Solche Symptome verschwinden, sobald die Schwingungen auf der feinstofflichen Ebene «gelöscht» werden.
Sehr starke Beschwerden verursacht der Betrieb von Atomkraftwerken. Unserer Meinung nach gibt es keine friedliche Nutzung von Atomenergie, denn sie arbeitet immer mit Zerstörung und Auflösung von Materie. Die Prozesse in einem Reaktor sind höchst chaotisch und destruktiv. Die dabei entstehenden Informationen verlassen das Werk absolut ungefiltert und beeinträchtigen Mensch und Natur über Hunderte von Kilometern.
Wir haben einleitend erläutert, dass der Einfluss der feinstofflichen Ebenen stets von der höheren zur tieferen gerichtet ist. Von der Geistebene fliesst der Impuls durch die Gefühls-, Kraft- und Formebene, um sich schliesslich in einer materiellen Form zu manifestieren. Tritt ein Fehler auf der Gefühlsebene auf, kann er zwar die beiden tieferen Ebenen der Kraft und der Form ebenfalls beeinflussen, nicht aber rückwärts auf die Geistebene wirken.

Da die technisch erzeugten elektromagnetischen Felder im Verhältnis zu den natürlichen so stark sind, vermögen deren Fehler in der entgegengesetzten Richtung einen Einfluss auszuüben. Von der materiellen Ebene aus, von der sie ja stammen, beeinflussen sie zum Teil die feinstofflichen Ebenen. Wir haben herausgefunden, dass die Wirkung umso weiter reicht, je höher die ausgesendete Frequenz schwingt. Demzufolge dringen die Störungen von atmosphärischen Schwankungen nicht in den feinstofflichen Bereich vor. Sie wirken nur auf der materiellen Ebene, verursachen jedoch keine Fehler in übergeordneten Programmen.

Aufgrund der Menge der untersuchten Fälle zeichnen sich Zusammenhänge zwischen Krankheitssymptomen und feinstofflichen Schwingungen ab. Man kann dies vielleicht am korrektesten so ausdrücken: Nicht immer, wenn eine bestimmte Schwingung vorhanden ist, führt das zu einem Symptom. Aber immer, wenn ein bestimmtes Symptom auftritt, finden wir die entsprechende Störung, so dass sich für uns eine gewisse Gesetzmässigkeit ergeben hat. Die betroffenen Körperteile und die entstehenden Krankheitsbilder sind davon abhängig, ob mehr die elektrischen oder die magnetischen Kräfte gestört sind. Wir meinen damit die feinstofflichen Bereiche, wie wir sie im Kapitel Grundlagen des Rutengehens beschrieben haben. Meist gibt es nicht nur eine Störung, sondern viele verschiedene, die sich gegenseitig beeinflussen oder verstärken. Daher sollen unsere Ausführungen lediglich als Denkanstösse dienen.

Die feinstofflichen Anteile der niedrigen Frequenzen des Eisenbahn- oder Netzstroms sind in der Lage, auf der Formebene Schaden anzurichten. Dasselbe gilt für Materialschwingungen, wie zum Beispiel jene von Kunststoff, Giften oder Beton, und für die Wirkung der Erdgitter oder Wasseradern. Liegt eine Person während der Nacht im Einflussbereich derartiger Schwingungen, können sie die feinstoffliche Struktur auf der Formebene verändern. Dies führt zu ganz speziellen Symptomen. Häufig treffen wir z.B. auf chronische Müdigkeit, Rücken- oder Kopfschmerzen sowie Verspannungen, Atemwegserkrankungen, Hautkrankheiten, Störungen des Blutdrucks, Kinderlosigkeit usw. als direkte Folge solcher Störungen.

Besteht ein Einfluss von höheren Frequenzen wie Mikrowellen oder Radaranlagen, so beeinflussen sie neben der Formebene zusätzlich die Kraftebene. Auch sehr grosse Gebäude und Überbauungen, die unharmonisch in der Landschaft stehen, Tiefgaragen, Brücken, Autobahnen, Stauseen oder Tunnels besitzen die Kraft, auf dieser Ebene Unheil anzurichten. Krankheiten wie Schlafstörungen, Kreislaufbeschwerden, Allergien, sogenannt degenerative Krankheiten wie Arthrose, Krebs (wuchernder und fressender), Aids usw. nehmen hier ihren Ursprung.

Noch höhere Frequenzen wie diejenige nuklearer Strahlung dringen bis auf die Gefühlsebene vor. Aber auch die feinstofflichen Anteile von künstlichem Licht und künstlichen Farben, von chemischen Aromen und Düften, unharmonischen Proportionen und chaotischer Musik beeinflussen die Gefühlsebene in ungünstiger Weise. Menschen, die unter den Einflüssen von feinstofflicher radioaktiver Strahlung stehen, klagen meist über enorme Müdigkeit, die bis zur völligen Erschöpfung reichen kann. Häufig leiden sie unter sehr wirren Träumen, die keine richtige Erholung zulassen. Dazu werden sie geplagt von Kopfschmerzen oder einem stets «dumpfen» Gefühl im Kopf. Depressive Verstimmungen oder äusserste Gereiztheit treten ebenfalls häufig auf. Je nach der Kombination der verschiedenen Störungen leiden sie ausserdem an anderen Symptomen, da ihre Krankheitsanfälligkeit deutlich erhöht ist.

Die Geistebene wird hauptsächlich durch geistige Einflüsse gestört. Die technisch erzeugten Schwingungen vermögen sie (noch) nicht zu beeinflussen. Das andauernde Bombardement von Werbebotschaften, aggressiven Filminhalten oder weltanschaulichen Vorgaben führt zu einer Art «geistiger Vergiftung». Wir akzeptieren Gewalt und Gewaltdarstellungen als etwas «Normales» und stören uns nicht daran, dass wir uns täglich an Mord und Totschlag ergötzen. Harmonische Gebäude oder sanfte Musik werden als langweilig verurteilt, und uns wird vorgegaukelt, dass nur Unproportioniertes «in» sei. Alles andere sei hoffnungslos veraltet.

Die nachfolgende Tabelle ist als Anregung gedacht, um in dieser Hinsicht noch weiter zu forschen. Da wir selbst nicht therapeutisch tätig sind, braucht es andere Menschen, die unsere Gedanken aufnehmen und weiterverfolgen. Wir sind davon überzeugt, dass man durch diese Kenntnisse Möglichkeiten schaffen kann, viele Krankheiten nicht nur zu unterdrücken, sondern tatsächlich zu heilen. Oftmals ist nämlich eine Heilung unmöglich, solange die Ursache bestehen bleibt. Wir haben die Tabelle aus dem Kapitel Grundlagen des Rutengehens entsprechend abgeändert und ergänzt.

| Ebene | Art der feinstofflichen Störung | negative Auswirkungen, Symptome |
|---|---|---|
| Reiner Geist | keine materielle Beeinflussung möglich | |
| Geistebene (elektrisch) | Falsche Inhalte von Medien<br>Falsche Ideen und Gedanken | «Geistige Vergiftung»:<br>Das Unharmonische wird zur Norm |
| Gefühlsebene (magnetisch) | Radioaktivität: $\alpha$-, $\beta$-, $\gamma$-Strahlung, künstliche Aromen, künstliches Licht und Farben, künstliche Düfte, falsche Proportionen, chaotische Musik, Logos, Embleme, Strichcode | Gewalt, Sucht, Aggression<br>«innere Leere», Fantasielosigkeit<br>Depression, Interesselosigkeit<br>Antriebslosigkeit, geistige Erschöpfung, wirre Träume |
| Kraftebene (elektrisch) | Mikrowellen, hochfrequente Strahlung, Mobiltelefone, Radar, falsch platzierte grosse Gebäude, Tunnels, Brücken, Autobahnen, Tiefgaragen, Stauseen | Entzündungen, degenerative Krankheiten, Autoimmunerkrankungen, Tumore, Aids, Krebs, Allergien, Kreislaufbeschwerden, Schlafstörungen |
| Formebene (magnetisch) | tiefe Frequenzen wie $16\frac{2}{3}$ Hz (Eisenbahn), 50 Hz (Netzstrom), Giftschwingungen, Beton, Kunststoff, Erdgitter, Wasseradern, ELF, Telefonstörungen | Anfälligkeit für Krankheiten, Wachstumsstörungen, Bluthoch- und -tiefdruck, chronische Müdigkeit, Kopfschmerzen, Verspannungen, Asthma, Krampfadern, Hautkrankheiten |
| Materie | Atmosphärische Störungen, materielle Einwirkungen | Zusammenhänge (teilweise) bekannt, Symptom abhängig von der Art der Einwirkung |

Richtung der Beeinflussung >

**Störungen auf feinstofflichen Ebenen**

Im Folgenden möchten wir Sie auf einige mögliche Störquellen aufmerksam machen. Sie zu entdecken kann für Sie nötig sein, damit Sie entsprechende Massnahmen ergreifen können.

## Materielle Elektrosmogquellen ausserhalb des Hauses

Wenn Sie starkem Elektrosmog ausgesetzt sind, der von ausserhalb des Hauses wirkt, ist eine Sanierung mit technischen Mitteln meist unverhältnismässig kostspielig oder gar unmöglich. Auf jeden Fall ist das Problem schwieriger zu beheben, als wenn es «hausgemacht» ist. Mittlerweile gibt es jedoch Geräte, die Elektrosmog auf der feinstofflichen Ebene zu harmonisieren vermögen, das heisst mit unkonventionellen Mitteln, die wissenschaftlich nicht erklärbar sind. Wir werden weiter hinten im Kapitel Harmonisierungsmöglichkeiten (Seite 175) noch näher darauf eingehen.
In Gesetzen und Verordnungen wird geregelt, wie stark Einflüsse elektromagnetischer Strahlung auf die Wohnbevölkerung wirken dürfen, um als «unschädlich» betrachtet zu werden. Studiert man diese sogenannten Grenzwertverordnungen für verschiedene Länder, fällt auf, dass sie äusserst unterschiedlich sind. Die festgelegten Grenzwerte klaffen bis zu einem Faktor von 1000 auseinander. Das heisst, dass in einem Land ein Feld bis zu tausendmal stärker sein darf als in einem anderen, um noch als «unschädlich» beurteilt zu werden! Diese unglaubliche Tatsache allein ist Grund genug, die Diskussion um die schädliche Wirkung von Elektrosmog unter neuen Voraussetzungen von vorne zu beginnen. Es darf nicht sein, dass sich Industriezweige hinter Grenzwerten verschanzen können, die in anderen Ländern als schädlich für die Gesundheit beurteilt würden. Es darf nicht sein, dass Menschen leiden, bloss weil ihre Beschwerden nicht zu den Grenzwertverordnungen passen. Es braucht ein prinzipielles Umdenken in der Forschung, damit nicht länger schädliche Produkte als «unbedenklich» auf den Markt gebracht werden dürfen.
Ganz allgemein sind die geltenden Grenzwerte für elektromagnetische Belastung bei uns viel zu hoch angesetzt. Wir kennen Fälle von Menschen, die schwer krank wurden, obwohl die materiellen Felder nur einen Fünftel des zulässigen Grenzwertes erreichten. Die geltenden Bestimmungen verunmöglichen es, gegen die Verursacher zu klagen oder Schadenersatz geltend zu machen. Sie erweisen sich daher als höchst menschenverachtend.
Wir wollen zu einzelnen technischen Einrichtungen ein paar kurze kritische Anregungen anführen. Sie sollen Ihnen dazu dienen, mögliche störende Einflüsse aus Ihrer Umgebung zu erkennen.

### Hochspannungsleitungen

Im einleitenden Teil dieses Kapitels haben wir erwähnt, dass um jeden Stromleiter ein messbares elektromagnetisches Feld entsteht, dessen Reichweite abhängig vom Stromdurchfluss ist. Bei Hochspannungsleitungen, in denen sehr hohe Ströme fliessen, beträgt dieses Feld je nach Wetter bis zu mehreren hundert Metern. Innerhalb dieses Bereichs sind die Feldeigenschaften gegenüber dem natürlichen Umfeld stark verändert. Unserer Meinung und Erfahrung nach sind die Minimalabstände zu Hochspannungsleitungen für Wohnbauten viel zu klein bemessen. Wir halten es für sinnvoll, nicht näher als etwa 500 m von einer Hochspannungsleitung zu bauen. Falls beim Bau für Fassadenverkleidungen oder Balkongeländer viele Metallteile verwendet werden, muss der Abstand noch wesentlich erhöht werden, weil diese Teile in ungünstige Wechselwirkung mit den starken elektromagnetischen Feldern treten können.
Wollte man den elektrischen Strom mit Wasser ver-

gleichen, so sind Hochspannungsleitungen wie eine Art riesiger Staudamm. Die Spannung einer Leitung mit bis zu 400 000 Volt erzeugt ein gewaltiges Feld, in welchem Ströme fliessen können. Das dauernde Knistern unter einer Leitung beweist, dass dieser «Staudamm» nie ganz dicht ist. In der Fachsprache wird der ständige Verlust Koronaentladung genannt. Dadurch geht stets ein Teil des Stroms, der durch die Leitung fliesst, verloren.

Es liegt auf der Hand, dass sich dieser Strom nicht einfach in nichts auflöst, sondern irgendwo eine Wirkung hinterlassen muss. Eine solche Wirkung ist zum Beispiel, dass die natürliche elektrische Ladung der Luft dauernd gestört wird. Normalerweise wechselt die Ladung im Rhythmus von Tag und Nacht ab. Dieser Wechsel erlaubt der Natur, sich in der Nacht zu erholen, während sie am Tag aktiv ist. Durch eine Hochspannungsleitung entsteht in der Umgebung eine Energie, die einem «ununterbrochenen Tag» entspricht. Die Ruhepause bleibt aus. Die Folge davon ist bei Mensch und Natur Dauerstress, oft verbunden mit Schlafstörungen, Depressionen und ähnlichen Symptomen.

Die Luft wird ausserdem in ihrer gesamten chemischen Zusammensetzung verändert, einzelne Stoffe werden gebunden, andere entstehen. In der näheren Umgebung von Hochspannungsleitungen ist die Ozonbelastung zum Beispiel deutlich erhöht. Menschen mit Atemwegserkrankungen sollten daher nicht nur Ballungszentren, Industriegebiete und stark befahrene Strassen, sondern auch Hochspannungsleitungen meiden.

Schliesslich können die Leitungen auch als Antenne und Reflektor für Radio- und Fernsehwellen funktionieren. Je nach ihrer Lage und der Beschaffenheit Ihres Hauses kann die Belastung durch diese Wellen infolge von Hochspannungsleitungen deutlich erhöht werden.

Unserer Meinung nach löst das Verlegen von Hochspannungsleitungen in den Boden nur einen Teil des Problems. Durch die Erde und durch die Isolation der Leitungen werden die Felder zwar besser abgeschirmt, und sehr oft stören sie wesentlich weniger. Es kann aber vorkommen, dass sich elektromagnetische Felder auf Wasseradern oder Wasserleitungen übertragen, so dass diese dann hohe Ströme führen können und viele Beschwerden verursachen. Wir kennen einen Fall, bei dem die Menschen und die Tiere im Stall erst krank wurden, nachdem die Hauszuleitung in den Boden verlegt worden war. Bei Starkstromleitungen, die in der Erde verlaufen, besteht die erhöhte Gefahr, dass Erdlinien und geomantische Zonen zu unerwünschten Leitern werden.

### Eisenbahnlinien

Auch die Eisenbahn fährt mit Strom, der über Hochspannungsleitungen zugeführt wird. Viele der vorherigen Erwägungen gelten daher auch für das Eisenbahnnetz. Zusätzlich erzeugt jeder vorbeifahrende Zug ein gewaltiges elektromagnetisches Feld, da er mit sehr hohen Strömen fährt. Je nach der Technik der Lokomotive kann das Feld sehr intensiv sein. In der Nähe von Eisenbahnlinien gibt es daher äusserst starke Schwankungen der elektromagnetischen Feldstärke. Der Körper muss sich immer wieder auf ein anderes Feld einstellen, mal hoch, mal niedrig. Die Erkenntnis wächst, dass stets wechselnde Felder den Organismus stärker belasten als konstante.

Die Stärke der elektromagnetischen Felder, die durch die Eisenbahn erzeugt werden, beweist die Tatsache, dass Disketten im Zug so sehr beschädigt werden können, dass sie der Computer nicht mehr lesen kann. Uns jedenfalls ist dies schon öfter passiert. Auch homöopathische Mittel oder Bach-Blüten können durch die starken Felder so sehr beeinträchtigt werden, dass sie wirkungslos werden.

In der Nähe von Eisenbahnlinien finden sich auch häufig sogenannte Kriechströme oder vagabundierende Ströme, da die Eisenbahn über die Schienen geerdet wird. Damit meint man Strom, der unkontrolliert aus einem Leiter in die Umgebung entweicht. Oft frisst so ein Strom kreisrunde Löcher zum Beispiel in eine Wasserleitung. Er kann darauf auch hohe Spannungen übertragen, so dass eine Wasserleitung plötzlich unerklärliche elektromagnetische Felder verursacht. Kriechströme können bis zu mehreren hundert Meter weit reichen.

**Transformatoren**

Damit der Strom der Hochspannungsleitung im Alltag genutzt werden kann, muss seine hohe Spannung durch einen Transformator heruntergesetzt werden. Oft findet man kleine, fensterlose Häuschen, aus denen es eigenartig summt. Darin verbergen sich Transformatoren, die den Strom für ein Dorf oder ein Quartier umwandeln. Je nach dem Spannungsunterschied und der Grösse der Anlage kann sie innerhalb von einigen Metern oder mehreren hundert Metern ein starkes elektromagnetisches Feld erzeugen, bei dem vor allem der magnetische Anteil sehr hoch ist.

**Sende- und Antennenanlagen für Radio, Fernsehen, Telefon und Polizeifunk**

Es gibt verschiedene Arten von Sendern. Die einen bezeichnet man als Rundstrahler, die anderen als Richtstrahler. Rundstrahler senden in alle Richtungen ungefähr gleich stark. Sie werden oft für Radio und Fernsehen eingesetzt, um ein ganzes Gebiet mit dem Programm zu versorgen.

Bei Richtstrahlern hingegen wird der Sendestrahl gebündelt. Er ist viel stärker in einer oder mehreren Richtungen als in anderen. Richtstrahler werden eingesetzt, um das Programm von einer Sendeanlage zu einer anderen zu transportieren, bevor ein Gebiet damit versorgt wird. Durch einen Richtstrahl wird ein kleineres Gebiet beeinträchtigt. Ist ein Haus durch Reflexionen eines Richtstrahls betroffen, kann die Wirkung sehr stark sein.

Um die Strahlen des Senders auffangen und umsetzen zu können, benötigen Sie eine Antenne auf Ihrem Dach, die zum Beispiel aus verschieden langen Metallstäben besteht. Da eine solche Antenne immer einen Teil der Strahlen reflektiert, wird jede Antenne auch zu einem Sender, der stark störend wirken kann. Wir empfehlen daher, nicht mehr benötigte Antennen unbedingt vom Dach zu entfernen.

Die meisten Strahlen von Sendeanlagen können von beliebigen Metallteilen aufgefangen und reflektiert werden. Sollte sich zum Beispiel in Ihrer Nähe ein Baukran befinden, so kann er Ihr Fernsehprogramm plötzlich stören (sofern Sie kein Kabel- oder Satellitenfernsehen benutzen). Die vielen Metallteile des Krans spiegeln die Fernsehwellen wie eine Antenne, so dass Sie mehrere Nachrichtensprecher nebeneinander auf dem Bildschirm sehen. Durch diese Wechselwirkung kann es auf sehr kleinem Gebiet zu wesentlich stärkeren Belastungen durch Mikrowellen kommen als nur wenig daneben. Baukrane können auf den feinstofflichen Ebenen enorme Störungen verursachen. Da sie sich immer drehen, erzeugen sie stets andere Felder.

Eine ähnliche Antennenwirkung können auch Dachständer für die Stromversorgung eines Hauses haben. Auch Balkongeländer, Dachrinnen, Metallrahmen usw. können zu unerwünschten Reflektoren für hochfrequente Strahlen werden und lokal zu einer erhöhten Belastung führen.

Die verschiedenen Sender arbeiten alle mit unterschiedlichen Frequenzen. Wenn Sie sich an Ihre Kindheit und an Spiele mit dem Springseil erinnern, wissen Sie, dass sich Wellen gegenseitig überlagern können. Wenn sie von beiden Enden des Seiles aus

**Wahrscheinlich entstehen durch Interferenzwirkung örtlich starke Belastungen. Bei dieser Birke ist nur ein Ast betroffen.**

eine Welle erzeugten, so verstärkten sie sich manchmal gegenseitig, während sie sich ein anderes Mal gegenseitig aufhoben, je nachdem wie die Wellen aufeinander trafen. In der Technik nennt man dieses Zusammenspiel verschiedener Wellen Interferenz. Durch Interferenzwirkung kann die Belastung örtlich wesentlich erhöht sein.

Die Anzahl der Sendeanlagen ist in jüngster Zeit durch den Ausbau des mobilen Telefonnetzes enorm erhöht worden. Nicht selten wurden dazu Standorte mitten in bewohntem Gebiet gewählt. Sendeanlagen für Telefon und Polizeifunk sind meist klein und fallen daher weniger auf. Vielleicht haben Sie gar nicht bemerkt, dass ganz in Ihrer Nähe eine neue Anlage in Betrieb genommen wurde. Schauen Sie sich einmal um oder erkundigen Sie sich bei den zuständigen Behörden.

### Radaranlagen und Sender für das D- oder E-Netz des Mobiltelefons

Radaranlagen findet man meist in der Nähe von Häfen, Flughäfen oder Militäranlagen. Sie unterscheiden sich von anderen Sendeanlagen im wesentlichen durch die Art der Wellen, die ausgesendet werden. Die Impulse schwellen nicht gleichmässig an und ab, sondern es sind kurze, heftige Energiespitzen. Die Kurve dieser Wellen sieht wesentlich gezackter aus als diejenige von anderen Wellen. Die neue Technik im Telefonbereich, das sogenannte D-Netz, funktioniert mit einer ähnlichen Art von Wellen. Die kurzen, heftigen Energiespitzen dringen bedeutend tiefer in den Körper und bis in die innersten Bereiche der Zellen ein. Es ist noch viel zu wenig erforscht, welche Auswirkungen dies auf den Organismus oder gar die Genstruktur hat. Unserer Meinung nach ist äusserste Zurückhaltung im Umgang mit dieser Technik geboten.

### Satelliten

Da sich Satelliten auf ausserordentlicher Höhe befinden, streuen sie ihre Strahlen auf einem immens weiten Gebiet. Sie funktionieren zwar mit kleinen Stromstärken, aber mit noch höheren Frequenzen als normale Sender. Um die Strahlen auffangen und umsetzen zu können, benötigen Sie eine Satellitenschüssel. Diese bündelt die Strahlen im Zentrum. Gleichzeitig wird auch ein Teil der Strahlen reflektiert und an die Umgebung zurückgegeben. Durch Satellitenschüsseln wird die Belastung durch die Satellitenstrahlung meist erhöht. Es kann manchmal sinnvoll sein, den Standort der Schüssel zu verändern, wenn diese ungünstig steht.

**Röntgengeräte in Arztpraxen und Krankenhäusern**
Mit den gefährlichen Röntgenstrahlen wird manchmal recht fahrlässig umgegangen. Unserer Meinung nach sollten Röntgengeräte in Wohnhäusern nicht zugelassen werden. Röntgenapparate können sowohl auf der materiellen als auch auf der feinstofflichen Ebene erheblich stören.

## Materielle Elektrosmogquellen innerhalb des Hauses

**Beleuchtung**
Es gibt unterschiedliche Arten von Beleuchtung. Jede hat ihre Vor- und ihre Nachteile. Für uns ist die normale Glühbirne die unbedenklichste, weil sie die schwächsten Felder erzeugt. Ausserdem kommt das Licht des Glühfadens dem natürlichen Spektrum des Sonnenlichts relativ nahe. Der Nachteil der Glühbirne besteht darin, dass sie verhältnismässig viel Strom verbraucht. Daher unser Stromspartip: Nicht gebrauchte Lampen stets ausschalten!
Leuchtstoffröhren und Stromsparlampen sind einander ähnlich. Beide benötigen einen kleinen Transformator, der ein viel stärkeres elektromagnetisches Feld erzeugt als die normale Glühbirne. Diese beiden Lampen gehören nicht in stark bewohnte Räume. Die einzige Ausnahme bilden sogenannte Vollspektrumlampen. Dies sind Energiesparlampen, die das gesamte Farbspektrum des Tageslichtes abgeben. Solche Lampen vermögen sogar in einem bestimmten Umkreis harmonisierend zu wirken.
Die modischen Niedervoltlampen oder Minispots benötigen ebenfalls Transformatoren. Sie sind manchmal in den Fuss der Lampe eingebaut, so dass sie einem Laien kaum auffallen. Erkundigen Sie sich bei Ihrem Händler, ob der Stromschalter vor oder nach dem Transformator eingebaut ist. Dies ist vor allem dann wichtig, wenn Sie die Lampe auf Ihren Nachttisch stellen möchten. Ist der Schalter erst nach dem Transformator eingebaut, bleibt dieser stets unter Spannung und erzeugt ein relativ starkes Magnetfeld, auch wenn die Lampe nicht brennt. Sie sollten in diesem Fall die Lampe besser entfernen oder während der Nacht den Stecker ausziehen. Wird die Niedervoltlampe an der Decke angebracht, so muss darauf geachtet werden, dass darüber im oberen Stockwerk kein Bett steht. Ein an der Decke angebrachter Transformator vermag im nächsten Stock eine darüber liegende Schlafstelle noch erheblich zu beeinträchtigen. Die Mealldrähte, die oft zum Verteilen der kleinen Lampen verwendet werden, können manchmal eine unerwünschte Antennenwirkung für Radio- und Fernsehstrahlen ausüben. Wenn Sie im Bereich eines Senders wohnen, raten wir daher davon ab.
Auch bei Dimmern ist Vorsicht geboten, weil sie durch ihre drosselnde Wirkung stärkere Felder erzeugen. Verwenden Sie keine Dimmer im Schlafbereich.
Bei manchen Betten ist eine Beleuchtung oder gar ein Radiowecker in die Bettumrandung eingebaut. In einigen Fällen wurden dadurch erhebliche Schlafstörungen verursacht. Das Problem konnte gelöst werden, indem diese Beleuchtung während der Nacht ganz vom Stromnetz getrennt, das heisst der Stecker ausgezogen wurde.
Wir empfehlen, im Schlafbereich möglichst einfache Lampen aus Holz zu verwenden, damit sie keine Störungen auf das Bett spiegeln können, wie wir es im vorherigen Kapitel beschrieben haben. Achten Sie ferner darauf, dass sich unter Ihrem Bett keine Ansammlung von Kabeln befindet.

**Leuchtziffern**
Es gibt verschiedene Arten von Leuchtziffern. Rote wirken oft schlimmer als grüne. Die meisten Leuchtziffern stören stark, da sie wie kleine Laser sind. Wenn Sie sich ihrer Strahlung über lange Zeit aus-

setzen, kann dies zu ernsthaften gesundheitlichen Problemen führen. Richten Sie Leuchtziffern niemals genau auf Ihren Kopf und halten Sie während der Nacht mindestens eineinhalb Meter Abstand davon. In neueren Geräten werden oftmals die grauen Anzeigen aus Flüssigkristallen eingesetzt, die in der Regel harmlos sind.
In vielen Küchengeräten werden ebenfalls Leuchtziffern eingebaut. Diese befinden sich gewöhnlich auf der Höhe des Unterleibs oder des Kopfes. Da sich viele Hausfrauen mehrere Stunden am Tag in der Küche aufhalten, kann auch dies eine erhebliche Belastung verursachen. Wir haben einen Fall erlebt, in dem eine bevorstehende Unterleibsoperation unnötig wurde, nachdem die Stromversorgung für die Leuchtziffern des Kochherds unterbrochen wurde. In einem anderen Fall verschwanden chronische Kopfschmerzen, Nervosität und Übelkeit durch dieselbe Massnahme.

### Elektrogeräte

Ganz allgemein kann man sagen: Verwenden Sie in Ihrem unmittelbaren Schlafbereich möglichst wenig Elektrogeräte. Halten Sie einen Abstand von mindestens eineinhalb bis zwei Metern ein! Dies gilt vor allem auch für Radiowecker, die meistens viel zu nahe beim Kopf platziert werden. Bedenken Sie, dass Sie die ganze Nacht über, die ja eigentlich der Erholung dienen sollte, in einem starken Feld liegen, das Ihren Organismus stresst. Üben Sie auch im Alltag Zurückhaltung mit Elektrogeräten. Jedes Gerät erzeugt ein elektromagnetisches Feld, das Ihr natürliches Umfeld beeinträchtigt. Sie erkaufen sich unter Umständen den Gewinn an Komfort durch die Einbusse an körperlichem Wohlbefinden. Wir raten dringend ab von elektrischen Heizkissen fürs Bett. Brauchen Sie ein solches Kissen ausschliesslich, um das Bett vorzuwärmen, und entfernen sie es ganz, wenn Sie zu Bett gehen.

Fernseh- und Computerbildschirme verursachen auch auf ihrer Rückseite starke Felder, die dort in der Regel noch weniger gut abgeschirmt sind als vorne. Denken Sie daran, dass diese Strahlung Wände durchdringen kann, und platzieren Sie daher den Bildschirm nicht an einer Wand, die an ein Schlafzimmer grenzt. Vermeiden Sie auch Arbeitsplätze, an denen Sie laufende Computer im Rücken haben. Achten Sie darauf, dass in Ihrem Schlaf- oder Arbeitsbereich keine Ansammlungen von Stromkabeln herumliegen. Die Felder der einzelnen Kabel verstärken sich gegenseitig ähnlich wie bei einer Spule.

### Mobiltelefone und Funkrufempfänger (Pager)

Mobiltelefone und Funkrufempfänger funktionieren mit sehr hochfrequenten Wellen. Ihre Antennen strahlen einen grossen Teil dieser Wellen wieder ab. Je nach Modell kann die Strahlung so hoch sein, dass sich die Körperzellen in ihrem Einflussbereich erwärmen. Bei den neueren Telefonen des D-Netzes dringt die Strahlung tiefer ein als bei den C-Modellen. So praktisch solche Geräte sind, raten wir trotzdem zu zurückhaltendem Gebrauch. Tragen Sie diese Geräte besser in der Handtasche als direkt auf dem Körper und telefonieren Sie ohne Aussenantenne nicht im Auto. Die Karosserie des Wagens verhindert das Austreten der Strahlen, wodurch das Feld im Innern verstärkt wird. Selbst von der Autoindustrie wird davor gewarnt, im Auto zu telefonieren, da durch die schlechte Empfangsleistung im Wageninnern wesentlich mehr Leistung erforderlich ist.

### Mikrowellenherde

Mikrowellenherde sind in ihrem Aufbau mit Fernseh- oder Radiosendern vergleichbar. Beim Kochen erwärmen Sie die Speisen nicht nur, sondern Sie setzen sie gleichzeitig einem konzentrierten Feld von hochfrequenten Schwingungen aus. Diese wirken sich so auf die Struktur der Zellen aus, dass sie sich unter dem Mikroskop sichtbar verändern. Auf der feinstofflichen Ebene wird die Nahrung fast völlig ihrer Lebensenergie beraubt. Mikrowellenerhitzte Nahrung ist daher «tote Nahrung». Sie vermag den Körper nicht mit feinstofflicher Energie zu versorgen. Menschen, die über längere Zeit fast ausschliesslich mikrowellenerhitzte Nahrung zu sich nehmen, sind unserer Meinung nach viel mehr gefährdet, an bestimmten Leiden zu erkranken. Wir raten vom Gebrauch von Mikrowellenherden dringend ab.

**Kabel in den Wänden und Sicherungskästen**

Wenn Kabel ungünstig verlegt sind, können sie die Spannung des Stroms auf die Wände übertragen. Wissenschaftler nennen dies kapazitive Ankoppelung. Wer in solchen Feldern liegt, leidet meist unter Schlafstörungen, Kopfschmerzen oder Stoffwechselproblemen. Kapazitive Ankoppelung kann durch abgeschirmte Kabel vermieden werden. Elektroinstallateure, die sich für Baubiologie interessieren, können Sie darin beraten. Sie planen das hausinterne Stromnetz auch so, dass die Felder der Leitungen sich nicht gegenseitig verstärken.

Bei Sicherungskästen kommen sehr viele Leitungen zusammen. Meistens verbreiten sie daher ein ziemlich starkes Feld, das manchmal auch im unteren oder oberen Stockwerk noch stark belastend sein kann. Stellen Sie keine Betten an die Rückwand eines Sicherungskastens oder genau darüber.

**Heizungen**

Es gibt sehr verschiedenartige Heizungen, vom Kachelofen bis zur Ölzentralheizung. Kachelöfen sind die harmonischsten. In ihnen findet eine Verbrennung fast wie bei einem offenen Feuer statt. Sie stören daher nie, sondern können sogar, während sie eingefeuert werden, den Raum harmonisieren. Bei den meisten anderen Heizungen entsteht eine sehr chaotische Verbrennung, meist unter hohem Druck. Dies kann auf der feinstofflichen Ebene zu Belastungen führen. Auch Öltanks, die sich unmittelbar unter dem Schlafzimmer befinden, können stören.

Bei Bodenheizungen besteht die Gefahr, dass das Wasser in den Rohren disharmonische Schwingungen aufnimmt und diese im ganzen Haus verbreitet. In manchen Fällen wirken sie daher als Verstärker für andere Störungen.

**Wasserleitungen**

Viele Stromnetze werden an der Wasserleitung geerdet. Durch ungünstige Umstände kann sich die Stromspannung und manchmal sogar das elektrische Wechselfeld auf das Wasserleitungsnetz übertragen, was zu enormen Störungen führt und die Wasserqualität gewaltig beeinträchtigt. Es lohnt sich daher, bei Verdacht auf Elektrosmogbelastung die Wasserleitungen ebenfalls zu untersuchen.

**Netzfreischalter als einfache Möglichkeit zur Harmonisierung**

Ist die Ursache eines Problems ein starkes elektromagnetisches Feld, so kann es mit dem Einbau eines Netzfreischalters eventuell behoben werden. Solche Schalter sind unter verschiedenen Namen wie Bio-Switch, Öko-Switch, Öko-Schalter auf dem Markt. Sie unterbrechen die Spannung auf dem Netz, sobald der letzte Verbraucher ausgeschaltet ist. Dadurch wird auch das elektrische Wechselfeld aufgehoben, wodurch Sie einen ähnlichen Effekt erzielen, wie wenn Sie die Sicherungen ausdrehen würden. Gerade in Fällen von kapazitiver Ankoppelung können solche Schalter viel Erleichterung verschaffen. Es erfordert allerdings einiges an Disziplin, damit sie wirkungsvoll eingesetzt werden können. Da nämlich bei vielen Geräten, wie Fernsehappara-

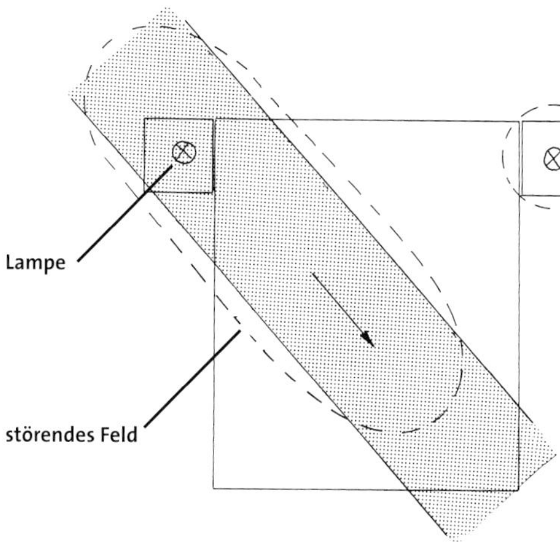


**Eine Lampe stört auf einer Wasserader oder auf einer Erdlinie viel weiter als auf einer neutralen Stelle.**

ten, Tonbandgeräten oder Fotokopierern, der Stromschalter erst nach dem Transformator eingebaut ist, verbrauchen sie zu viel Strom, auch wenn sie nicht in Betrieb sind. Dies bedeutet, dass der Netzfreischalter nicht funktioniert, solange diese Geräte mit dem Netz verbunden bleiben. Ihr Stecker muss aus der Dose gezogen werden. Selbstverständlich verunmöglicht ein Netzfreischalter auch einen Radiowecker.

In Mietwohnungen können die Störungen von Nachbarn mitverursacht sein. Um das Problem zu beheben, müssten daher die unmittelbar angrenzenden Nachbarn ebenfalls einen Netzfreischalter installieren lassen, damit sich die volle Wirkung entfalten kann.

Falls Sie sich nicht ganz sicher sind, ob Sie so einen oder mehrere Schalter erwerben möchten, raten wir Ihnen, für einige Zeit abends alle Sicherungen mit Ausnahme derjenigen des Kühlschranks herauszudrehen. Wenn Sie dadurch eine Erleichterung verspüren, lohnt sich die Anschaffung. Andernfalls müssen Sie nach anderen Störquellen suchen.

## Feinstoffliche Störquellen von Elektrosmog

Wir haben bereits darauf hingewiesen, dass die materiellen elektromagnetischen Felder sehr ähnliche Eigenschaften haben wie die feinstofflichen Energien. Es kommt daher häufig zu einer äusserst ungünstigen Wechselwirkung zwischen den beiden Ebenen. Stehen elektrische Geräte auf einer Wasserader, einer Erdlinie oder einer geomantischen Zone, so wirkt diese als Verstärker. Das Feld des Gerätes reicht viel weiter, als es der Fall wäre, wenn dieses neben der Ader stünde. Die Schwingungen werden von der Wasserader oder der Erdlinie transportiert. Das Feld dehnt sich in der Flussrichtung weiter aus als daneben und wird verstärkt. Das störende Feld ist meist ellipsenförmig. Dieses Phänomen haben zum Beispiel Funker auch schon ausgenützt. Sie haben nämlich bemerkt, dass sie eine grössere Reichweite erzielen, wenn sie ihre Sender auf einer Wasserader platzieren. Man findet daher in der Armee gar nicht so selten Rutengänger, ohne dass dies allerdings offiziell zugegeben würde.

Fatale Auswirkungen können grosse Industrieanlagen haben, die auf geomantischen Zonen stehen. Wir denken an Müllverbrennungsanlagen, Hochtemperaturöfen, chemische Fabriken, Atomkraftwerke, Sendeanlagen, Zementwerke, Röntgengeräte und nukleare Einrichtungen in Krankenhäusern, Radaranlagen und so weiter. Entsteht zum Beispiel bei einer Verbrennung Dioxin, so wird das materielle Dioxin mit Filtern zurückgehalten. Die Schwingung dieses Stoffes oder seine Information entweicht hingegen ungehindert. Über die geomantische Zone breitet sich diese Information über Dutzende von Kilometern aus. Befindet sich ein Haus auf so einer verschmutzten Zone, kann der Körper der Bewohner plötzlich ähnliche Symptome entwickeln, wie wenn er materiell Dioxin ausgesetzt wäre. Es entstehen rätselhafte Ausschläge oder unerträglicher Juckreiz, ohne dass eine materielle Ursache dafür gefunden werden könnte. Meist wird solchen Betroffenen daher vorgeworfen, die Ursache liege in ihrer eigenen Psyche, im schlimmsten Fall, sie bildeten sich ihre Beschwerden bloss ein.

Solange die Existenz der feinstofflichen Ebenen geleugnet wird, solange können solche Probleme nicht gelöst werden. Sobald wir uns mit feinstofflichen Phänomenen auseinander setzen, sehen wir unsere Umwelt mit völlig neuen Augen und erkennen, dass der Begriff «Umweltverschmutzung» wesentlich weiter gefasst werden muss. Das Ausmass ist viel gewaltiger, als wir uns vorzustellen vermögen. Die Zusammenhänge müssen äusserst grossräumig betrachtet werden, denn je höher die verwendeten Frequenzen, desto weiter reicht ihre feinstoffliche Ausbreitung. Bei Kernkraftwerken finden wir verschmutzte geomantische Zonen über Hunderte von Kilometern!

Die Wirkung der feinstofflichen Verschmutzung kann sehr unterschiedlich sein. Im oben beschriebenen Fall reagierten die Menschen und Tiere sehr schnell. Oft ist die Wirkung jedoch schleichend, verstärkt sich langsam über Jahre oder Jahrzehnte, bis krankhafte Symptome auftreten. Häufig haben chronische Müdigkeit, Kopfschmerzen, Rückenschmerzen usw. eine feinstoffliche Ursache. Wenn es gelingt, diese zu beseitigen, verschwinden oft selbst chronische Beschwerden nach einiger Zeit.

## Muten von technischen Störungen

Bevor Sie nun in heller Panik alle Ihre Geräte zum Fenster hinauswerfen, möchten wir betonen, dass nicht jedes Gerät stören muss. Es kann, muss aber nicht. Oft reicht ein Umplatzieren, um den störenden Einfluss zu vermindern. Wir leben in einer technisierten Welt. Es kann keine Lösung sein, sich allem entziehen zu wollen, sondern wir müssen mögliche Störungen erkennen und sie beseitigen oder Überflüssiges vermeiden. Wir müssen lernen, in unserem Umfeld zu leben, ohne dass es uns krank macht. Und es ist sicher sinnvoll, einen etwas bewussteren Umgang mit der Technik zu erlernen.

Sie können elektromagnetische Felder genauso aufspüren wie Wasseradern. Üben Sie am Anfang zum Beispiel mit dem Kabel eines einfachen Elektrogerätes, das bloss einen zweipoligen Stecker hat. Da dessen Felder nicht sehr weit reichen, eignet sich für solche Übungen am besten eine Einhandrute oder das Pendel. Stecken Sie das Gerät ein, jedoch ohne es einzuschalten. Machen Sie sich nun auf das Feld des Steckers oder des Kabels empfindlich. Die Rute oder das Pendel soll Ihnen das Ja-Zeichen zeigen, solange Sie sich im Feld des Steckers befinden. Sobald Sie das Feld verlassen, soll Ihnen das Pendel das Nein-Zeichen zeigen oder stillstehen. Sie können die Rute oder das Pendel direkt über den Stecker halten. Einfacher fällt die Übung in der Regel, wenn Sie die freie Hand als Fühler verwenden, während die Hand mit der Rute oder dem Pendel ruhig über einer neutralen Unterlage bleibt. Entfernen Sie langsam Ihre fühlende Hand vom Stecker, bis Sie das Nein-Zeichen erhalten. Merken Sie sich die Stelle oder bezeichnen Sie diese mit einem Papierstreifen. Drehen Sie nun den Stecker um, so dass die andere Seite nach oben zeigt, und wiederholen Sie die Übung. Das Feld sollte nun etwas grösser oder etwas kleiner sein als beim ersten Mal. Bei einem zweipoligen Stecker hängt die Grösse des Feldes nämlich davon ab, wie er in der Dose steckt, je nachdem, ob der stromführende Draht auf den Nullleiter trifft oder nicht. Zur Kontrolle können Sie diese Übung auch mit einem technischen Messgerät wiederholen. Es reagiert genauso wie Ihr Pendel.

Für eine andere Übung verwenden Sie ein langes Elektrokabel. Es muss so lang sein, dass es möglich

ist, eine daran angeschlossene Lampe ein- und auszuschalten, ohne dass Sie es sehen können. Bitten Sie jemanden, die Lampe nach Belieben ein- oder auszuschalten. Stellen Sie sich mit dem Rücken zu dieser Person über das Kabel und sensibilisieren Sie sich auf den Stromfluss. Das Pendel oder die Rute soll Ihnen mit dem Ja-Zeichen antworten, wenn Strom durch das Kabel fliesst. Ihr Partner oder Ihre Partnerin kann Ihnen das Pendelergebnis direkt bestätigen oder es korrigieren.
Bei einer weiteren Übung stellen Sie sich auf die elektrische Zuleitung zu einer Steckdose oder einem Schalter ein. Ihr Pendel oder Ihre Rute soll Ihnen mit dem Ja-Zeichen antworten, sobald Sie sich darüber befinden. Benützen Sie wiederum Ihre freie Hand als Fühler und umkreisen Sie langsam die Steckdose. Das Pendel sollte einmal ausschlagen. Reagiert es an mehr als einer Stelle, könnten mehrere Leitungen zu der Dose führen. Auf den Detailplänen des Elektrikers lässt sich das Ergebnis überprüfen. Oder Sie benützen wiederum ein technisches Messgerät zur Kontrolle.
Seien Sie geduldig, wenn solche Übungen nicht auf Anhieb klappen. Gönnen Sie sich genügend Zeit für Ihre Fortschritte. Versuchen Sie es an einem anderen Tag erneut.
Sobald Sie einige Sicherheit im Aufspüren von elektromagnetischen Feldern erworben haben, können Sie Ihre Wahrnehmung weiter verfeinern. Stellen Sie sich nun auf schädliche, störende oder krankmachende elektromagnetische Felder ein. Wiederholen Sie die erste Übung, indem Sie fragen, wie weit der Stecker für Sie schädlich, störend oder krankmachend wirkt. Je nach dem Standort des Steckers kann das Feld um einiges grösser sein als bei der ersten Übung, muss es aber nicht. Wenn sich die Steckdose genau auf einer Wasserader, einer Erdlinie oder einer geomantischen Zone befindet, vergrössert sich das störende Feld in der Regel beträchtlich, weil diese Energien als Leiter wirken. Auf der feinstofflichen Ebene ist der schädliche Einfluss meist grösser als das materiell messbare Feld.
Damit Sie nicht jedes Gerät einzeln austesten müssen, fragen Sie zuerst allgemein: «Gibt es in meinem Schlafbereich störende technische Geräte?» Falls die Antwort Ja lautet, stellen Sie die Richtung fest, aus der die Störung kommt. Zeigt die Winkelrute oder das Pendel zum Beispiel auf den Radiowecker, dann stellen Sie fest, wie weit der störende Radius reicht. Versuchen Sie nun das Gerät so zu platzieren, dass Sie nicht mehr in seinem Feld liegen. Wiederholen Sie dieses Vorgehen so lange, bis Ihnen das Pendel keine weiteren Störungen mehr meldet.
Sollte sich in der angezeigten Richtung kein Gerät befinden, so suchen Sie im Nachbarzimmer. Denken Sie daran, dass diese Störungen durch Wände, Böden oder Decken dringen können. Kommt der störende Einfluss von aussen, hilft meist nur eine grossräumige Raumharmonisierung, wie wir sie weiter hinten vorstellen.
Um technischen Störungen auf die Spur zu kommen, eignen sich Diagramme ganz besonders. Wir haben Ihnen im Kapitel Pendeln den Umgang mit Diagrammen bereits erklärt (Seite 55). Sie sind sehr hilfreich, wenn Sie trotz vieler Bemühungen keine Ursachen für Ihre Symptome ermitteln konnten.
Im Folgenden geben wir Ihnen einige Ideen für mögliche Fragen. Wählen Sie Ihre eigenen Bezeichnungen, damit das Erpendelte zu Ihnen und Ihrem Weltbild passt. Klären Sie als erstes ab, auf welcher Ebene Sie die Ursachen suchen müssen. Dies ergibt zum Beispiel ein Diagramm mit den Möglichkeiten: geopathische Ursachen, technische Ursachen, Ursachen aus der Umwelt, geistig-psychische Ursachen, organische Ursachen und andere Ursachen, die nicht auf dem Diagramm stehen. Angenommen, Ihr Pendel zeigt auf «technische Ursachen», ist es als nächster Schritt sinnvoll abzuklären, ob die Störung

materieller oder feinstofflicher Art ist. Dies erleichtert Ihnen die weitere Suche. Wenn Sie eine materielle Ursache ermitteln, fragen Sie, ob sie im Zimmer oder ausserhalb zu suchen ist. Sie können dann vorgehen, wie wir es weiter vorne im Kapitel Anwendungsbeispiele (Seite 59) dargelegt haben.
Sollte die Störung feinstofflicher Natur sein, ist es manchmal für Anfänger recht schwierig, den Fall zu lösen. Es fehlt Ihnen schlicht die Erfahrung, um genügend Ideen für mögliche Zusammenhänge zu entwickeln. Um Ihr Problem zu lösen, ist es nicht immer erforderlich, alles bis ins Detail herausgefunden zu haben. Dies brauchen Sie bloss, wenn Sie die verschiedenen Energien und deren Wechselwirkungen genauer verstehen und selbst erforschen möchten.
Sie können sich weiter behelfen, indem Sie beispielsweise abklären, ob die Störung flächendeckend ist. Sollte dies nicht der Fall sein, so können Sie einen ungestörten Platz ermitteln. Bei flächendeckenden Belastungen schlagen wir als nächsten Schritt vor, ein Diagramm mit möglichen Harmonisierungsmassnahmen zu erstellen. Wir geben Ihnen im übernächsten Kapitel einige weitere Ideen dazu. Seien Sie sehr offen und frei beim Erstellen dieses Diagramms. Je mehr Ihnen in den Sinn kommt, desto besser. Fügen Sie auch Möglichkeiten wie «Arztbesuch», «Hilfe eines Rutengängers» oder «Wohnung wechseln» bei.

# Wirkung von Elektrosmog

In den folgenden Ausführungen geht es weniger um die direkten, materiellen Auswirkungen des Elektrosmogs als um die feinstofflichen Gesichtspunkte. Diese Zusammenhänge sind unserer Meinung nach bis jetzt noch nie ausreichend dargelegt worden. Da sie den Hauptschwerpunkt unserer Forschung bilden, möchten wir sie an dieser Stelle besonders betonen.

Wir arbeiten äusserst gerne mit Pflanzen und beobachten sie intensiv. Pflanzen bleiben über lange Zeit am selben Ort, weshalb man an ihnen die Wirkung von Feldeigenschaften besonders deutlich erkennen kann. Auch scheint es «objektiver» zu sein, wenn bei einer Pflanze eine Geschwulst entsteht, sie krumm wächst oder vertrocknet, als wenn ich persönlich Kopfschmerzen kriege. Pflanzen bilden sich den krummen Wuchs nicht ein und sind weniger wetterfühlig als wir. Für die eigenen Symptome finden wir leicht irgendwelche Erklärungen, und oft zweifeln wir an unseren Beobachtungen. Es ist die kurze Nacht, der Wetterumschlag, das schwere Essen, der Stress usw. Man misstraut eigenen Beschwerden viel eher als dem Wuchs einer Pflanze. Daher erläutern wir viele unserer Erfahrungen anhand von Störungen bei Pflanzen.

Persönlich haben wir im Laufe unserer Arbeit jedoch gelernt, alle Symptome unseres Körpers zu beachten. Es sind für uns Zeichen für verschiedene Eigenschaften von Feldern. Zu oft haben wir erlebt, dass irgendein Schmerz, eine Blase oder ein Schnupfen wie angeworfen auftrat, um ebenso plötzlich wieder zu verschwinden, sobald wir das Feld änderten, als dass wir daran noch zweifeln könnten. Meist wissen wir durch die Reaktion des Körpers bereits, welche Belastungen in einer Wohnung vorliegen, ohne dass wir dazu Rute oder Pendel befragen müssten.

Auch bei der Betrachtung von Auswirkungen des Elektrosmogs geht es uns hauptsächlich um Feldeigenschaften und nicht so sehr um eine einzelne Störung. Es ist im Allgemeinen auch weder möglich noch sinnvoll, die einzelnen Einflüsse voneinander zu trennen und einzeln analysieren zu wollen. Wenn wir im Folgenden gewisse Hinweise auf die Ursachen bestimmter Missbildungen geben, so erachten wir dies als Anstoss für eigene Beobachtungen. In der Regel handelt es sich bei den Verursachern der Störungen um grosse technische Einrichtungen, die wir nicht verändern können. Zu eng ist die Wirtschaft, ja unser ganzes soziales Umfeld mit allem verstrickt, als dass wir dies einfach umkrempeln könnten oder wollten. Es geht daher in diesem Kapitel noch nicht um Lösungen, sondern um das Aufdecken von Zusammenhängen. Um diese verstehen zu können, ist es in der Regel nötig, unser Denken über viel grössere Distanzen auszudehnen, das heisst, wir müssen unseren Horizont wesentlich erweitern. Vom materiellen Betrachten der Dinge her sind wir gewohnt zu glauben, dass etwas sehr weit weg Liegendes keinen Einfluss mehr auf uns haben kann. Auf den feinstofflichen Ebenen gelten andere Gesetze. Da ist Distanz etwas sehr Relatives, je nach der Ebene, die vorwiegend betroffen ist. Viele Störungen umspannen und betreffen den gesamten Planeten! Es geht darum zu erkennen, dass unser Handeln viel grösseren Einfluss auf uns und unsere Umgebung hat, als wir normalerweise bemerken, denn erst wenn man die Probleme kennt, kann man mit ihrer Lösung beginnen.

## Wirkung auf Pflanzen

Seit ungefähr zwanzig Jahren wird in breiteren Kreisen darüber diskutiert, dass es dem Wald immer schlechter geht. Unter dem Schlagwort «Waldsterben» wurde dieser Sachverhalt in den Medien diskutiert. Da zum grossen Glück der Verlust des Waldes weniger schnell vor sich geht, als damals befürchtet wurde, hat das Interesse am Waldsterben deutlich nachgelassen. In regelmässigen Abständen wird sogar von irgendeiner Forschungsanstalt berichtet, dass es dem Wald in einem bestimmten kleinen Gebiet wieder um ein bis zwei Prozent besser gehe. Was auch immer dies heissen mag. Solche Meldungen dienen dazu, die Bevölkerung zu beruhigen. Sie tragen dem wahren Ausmass der Katastrophe keinerlei Rechnung.

Wenn Sie auf Ihrem nächsten Spaziergang mit offenen Augen durch die Gegend wandern, dann erkennen Sie leider unmissverständlich, in welch grossem Ausmass die Bäume krank sind. Dies betrifft nicht nur den Wald, sondern auch viele Obstbäume und Zierpflanzen in Parks und Gärten. Unglücklicherweise sind wir es gewöhnt, die Bäume als gesund zu betrachten, solange wir noch einige grüne Blätter an ihnen sehen. Wir täuschen uns gerne selbst, damit wir uns nicht mit den unangenehmen Tatsachen auseinander setzen müssen. Wir erfinden alle möglichen vordergründigen Erklärungen für die Krankheit von Bäumen. Sobald man einen (scheinbaren) Grund für eine Erkrankung gefunden und diese benannt hat, scheint die Tatsache weniger bedrohlich. Am häufigsten hören wir die Begründung, vor allem bei kranken Obstbäumen, dass ein Baum «alt und ungepflegt» sei. Hochstammbäume können leicht zweihundert Jahre alt werden. Es kann daher nicht am tatsächlichen Alter des Baumes liegen, wenn er nach kaum fünfzig Jahren aussieht wie ein Greis. Dann muss es etwas anderes geben, was ihn so schnell altern lässt. Es ist dringend nötig herauszufinden, was dies ist.

Wenn Sie sich dazu entschlossen haben, den unangenehmen Tatsachen ins Auge zu blicken, erkennen Sie bald, dass das Baumsterben ein erschreckendes Ausmass angenommen hat. Sie bemerken aber auch, dass es den Bäumen nicht überall gleich schlecht geht. Es gibt Gebiete, wo fast alle Bäume stark betroffen sind, dann wieder andere, wo sie es weniger sind. Beim genauen Hinsehen erkennt man oft Linien, auf denen es den Bäumen schlechter geht, während Bäume daneben weniger kränkeln. Man sieht in gewissen Regionen, dass nur einzelne Sorten von Bäumen stärker betroffen sind. Es gibt sehr unterschiedliche Symptome: Blattverlust, Wucherungen, Stresstriebe, Schädlingsbefall, Austrocknung von der Krone her und so weiter.

Da das Schadensbild so unterschiedlich und unregelmässig ist, muss es viele verschiedene Ursachen geben. Wären einzig die Abgase von Autos, von Heizungen und von der Industrie die Verursacher des Waldsterbens, dann müssten die Bäume gleichmässiger betroffen sein. Die Schadstoffe in der Luft gehören sicher mit zu den Ursachen des Waldsterbens. Es gibt aber noch andere.

Wir haben bereits darauf hingewiesen, dass Hochspannungsleitungen in ihrer Umgebung die chemische Zusammensetzung von Molekülen verändern. Die starken Eingriffe durch elektromagnetische Felder können sich nicht nur auf die Luft, sondern auch auf das Wasser und den Boden auswirken. Wenn die Böden in weiten Teilen Europas immer schlechter und immer saurer werden, müssten solche Einflüsse mit untersucht werden.

Im Laufe unserer Arbeit haben wir verschiedene feinstoffliche Zusammenhänge festgestellt, die wir noch etwas weiter ausführen möchten. Wir haben bereits darauf hingewiesen, dass Wasseradern, Erdgitter und geomantische Zonen ideale Leiter für feinstoffliche Schwingungen sind. Steht zum Beispiel ein Sender auf einer geomantischen Zone, so verschmutzt er diese auf der feinstofflichen Ebene über Dutzende bis Hunderte von Kilometern mit seiner hochfrequenten Schwingung. Die Pflanzen reagieren darauf wie auf ein homöopathisches Mittel. Sie zeigen Symptome, wie wenn sie direkt in einem Strahl von Mikrowellen stehen würden. Mit et-

was Übung sieht man den Verlauf von verschmutzten Linien und Zonen im Wald, weil darauf die Bäume stärker betroffen sind als daneben.
Gerade wenn geomantische Zonen mit im Spiel sind, breitet sich die Verschmutzung nicht nur unmittelbar darauf aus, sondern es können auch Erdlinien «angesteckt» werden, die diese kreuzen. Wenn Sie den Verschmutzer ausfindig machen möchten, denken Sie daran, dass er nicht in gerader Linie zu Ihrem Haus zu stehen braucht. Die Störung kann sehr verwinkelte Wege nehmen.
In vielen Gegenden ist der Wald in Kamm- oder Berglagen besonders schlecht dran. Dafür bietet sich aus feinstofflicher Sicht ebenfalls eine Erklärung an. Es liegt nicht nur daran, dass dort der Wald exponierter und härteren Bedingungen ausgesetzt ist. Auch bietet die Tatsache, dass in einer gewissen Höhe besonders häufig Hochnebel liegt, eine Erklärung. Darüber hinaus gilt, dass alle Berge durch ihre Form Energie bündeln und verstärken, so wie wir es mit den Kirlianbildern weiter vorne (Seite 77) gezeigt haben. Dies verstärkt leider auch die transportierten Störungen, die dann besonders heftig wirken.

**Die zwei verdorrten Büsche wachsen je auf einer verschmutzten Diagonallinie.**

Die folgenden Ausführungen gelten für Beobachtungen sowohl im unmittelbar materiellen Bereich als auch auf feinstofflichen Ebenen. Das Zusammenwirken der vielen verschiedenen Schwingungen und Frequenzen ist so vielschichtig, dass meist nicht nur eine Ursache eruiert werden kann. Es geht daher weniger darum, einen einzelnen «Bösewicht» zu finden, als auf das Problem als Ganzes aufmerksam zu machen. Viele unserer Ausführungen können wir im wissenschaftlichen Sinn nicht «beweisen». Es sind unsere Erfahrungen im Laufe der Zeit und unsere Schlussfolgerungen daraus aufgrund unserer Arbeit. Es kann sein, dass wir uns in einigen Punkten irren. Es geht uns hier vor allem darum, auf die Problematik hinzuweisen und Sie zu eigenen Beobachtungen und Forschungen anzuregen.

**Stresstriebe und chaotisches Wachstum**

Wenn Pflanzen während der Nacht keine Ruhephase haben, wachsen sie viel schneller, als sie sollten. Nicht selten findet man vor allem bei Nadelbäumen, Tannen, Fichten, Föhren und Lärchen, ein Wachstum von einem Meter und mehr in einem Jahr. Das Holz solcher Bäume ist schwammig und von schlechter Qualität. Sie brechen im Sturm leichter und sind weniger fest im Boden verwurzelt, weshalb sie oft umkippen. Gutes Holz muss langsam wachsen. Es zeugt von grosser Kurzsichtigkeit, wenn man nur den schnellen Ertrag sieht, denn solches Holz ist als Bauholz eigentlich kaum zu gebrauchen. Interessanterweise hat Viktor Schauberger schon zu Beginn unseres Jahrhunderts festgestellt, dass die Holzqualität nachlässt, und er hat vor den Folgen falscher Verwendung von Energie gewarnt. Leider ist er von der Wissenschaft weitgehend unbeachtet geblieben. Das Problem hat sich inzwischen verschärft.
Sehr oft ist neben den Stresstrieben auch zu beobachten, dass die Pflanzen unharmonisch und chao-

**Junge Tannen mit Stresstrieben. Deutlich erkennt man das chaotische Wachstum: Es bilden sich mehrere Spitzen und die neuen Triebe wachsen in alle möglichen Richtungen.**

**Krumm und wirr wächst diese Lärche. Technische Wellen (Mikrowellen) stören den Bauplan.**

tisch wachsen. Bei einer gesunden Fichte ordnen sich jedes Jahr die neuen Äste in einer harmonischen Rosette um den Stamm. Bei einem gestressten Baum ist die Anzahl neuer Triebe höchst unregelmässig, mal sind es bloss zwei, mal sind es ganz viele. Oft bilden sich mehrere neue Spitzen, die nicht gerade, sondern in vielen Krümmungen und Windungen nach oben wachsen. Der ganze Stamm wächst wirr und gekrümmt.

Wir beobachten solche Bäume vor allem im Einflussbereich von starken Sendern. Es scheint, dass die hochfrequente Strahlung die Pflanzen zum Wachsen antreibt und die Ordnung in ihrem Bauplan stört. Der Aufbau der Äste mit Nadeln ähnelt demjenigen von Fernsehantennen, so dass die Bäume selbst zu einer Art Antenne für Mikrowellen werden. Die Belastung durch Mikrowellen ist bei Nadelbäumen weit häufiger zu beobachten als bei Laubbäumen. Manchmal können auch Bäume in der Nähe von Hochspannungsleitungen ähnliche Symptome zeigen. Da solche Leitungen sehr oft als Antenne für Radio- und Fernsehstrahlen wirken, können die verschiedenen Ursachen zusammenfallen und sich gegenseitig verstärken.

Das untenstehende Bild entstand in der Nähe einer kleineren Hochspannungsleitung, die verschiedene

**Als Folge einer 50-Hz-Störung wuchsen einzelne Zweige dieser Esche ringförmig.**

Höfe mit Strom versorgt. Auf einer Erdlinie, die den Mast mit den Zweigen verbindet, fanden wir diese kreisförmigen Wuchsformen. Es ist auffällig, wie eng begrenzt das Auftreten dieser Missbildung ist.

### Gehemmtes Wachstum

Auch die gegenteilige Wirkung kann beobachtet werden. An manchen Orten wachsen Pflanzen viel zu langsam. Junge Bäume verwurzeln nicht richtig und sterben wieder ab. Vielerorts, vor allem in Städten, entstehen grosse Probleme, wenn alte Baumbestände abgeholzt und junge frisch gepflanzt werden. Sie halten den vielseitigen Belastungen nicht stand und gehen nach kurzer Zeit ein, oder sie wachsen nur kümmerlich.
Manchmal entstehen durch das Überlagern von verschiedenen Störungen eng begrenzte Gebiete, die völlig kahl bleiben. Jede Pflanze vertrocknet dort nach kurzer Zeit. Auch wenn ein Strahl von störender Energie irgendwo auf der Erde auftrifft, vernichtet er dort durch seine gebündelte Kraft jegliches pflanzliche Leben.
Wenn Pflanzen nicht mehr gedeihen können, gibt es meist sehr viele verschiedene Ursachen, die gemeinsam das Feld drastisch verschlechtern. Wenn fast alle feinstofflichen Ebenen gestört sind, ist die Energieversorgung des Baums unterbrochen. Auch bei bester Pflege kann er nicht überleben.

### Schädlingsbefall

Selbst grosse Wälder werden manchmal durch massenhaftes Auftreten von Schädlingen heimgesucht. Der Borkenkäfer geniesst einen besonders schlechten Ruf. Aber auch Mikropilze und andere Parasiten machen dem Wald zu schaffen. In einer hektischen Jagd versucht man, solche Schädlinge auszurotten, was natürlich kaum möglich ist.
Wir sind der Meinung, dass Schädlinge nie die Ursache einer Krankheit sind, sondern deren Folge. Erst wenn Pflanzen krank sind, wenn etwas am Umfeld nicht stimmt, können sich die Schmarotzer rasant vermehren und zur Plage werden. Sie gedeihen in denjenigen Feldern, die anderen Lebewesen zum Verhängnis werden. Gesunder Wald hält sich selbst im Gleichgewicht, so wie Sie keine Grippe bekommen, solange Ihr Energiefeld stimmt. Der Kampf muss nicht den Schädlingen gelten, sondern den Feldeigenschaften, die deren Vermehrung ermöglichen. Werden diese verändert, verschwinden auch die Parasiten nach einiger Zeit wie von selbst.

**Wo ein konzentrierter Strahl einer Störung auftrifft, wächst oft nichts mehr, wie hier auf dieser Bergwiese. Die Tanne, die im Einfallswinkel steht, ist ebenfalls abgestorben.**

Ein typischer Stresskragen an einem Kirschbaum.

### «Stresskragen» und Klumpfuss

Vor allem im Zusammenhang mit Hochspannungsleitungen, manchmal auch mit Radio- und Fernsehsendern beobachten wir oftmals seltsame Wucherungen am Stamm eines Baumes. Wir nennen sie «Stresskragen». Im Bereich eines solchen Kragens ist meist die Rinde viel gröber oder sogar aufgesprungen. Der Stamm sieht aus, als ob ihm jemand die Kehle zuschnüre oder den Gürtel zu eng schnalle. Die Energie kann nicht ungehindert zwischen dem oberen und dem unteren Teil fliessen. Oft verlaufen die Linien des Kragens nicht horizon-

Durch technische Strahlen entstehen Missbildungen. Bei diesem Apfelbaum entstand eine Art Klumpfuss. Die Energien können zwischen Stamm und Krone nicht richtig zirkulieren.

Noch ein Beispiel eines Stresskragens. Da der Birnbaum auf einer Wasseraderkreuzung steht, ist auch Drehwuchs zu beobachten. Die stark verschmutzte geomantische Zone bringt den Baum zum Absterben.

tal, sondern leicht schräg. Man erkennt daran den Einfallswinkel der Störung.
Nicht selten hören wir den Einwand, dass es sich beim Stresskragen um die Veredlungsstelle eines Baumes handle. Wir sind der Ansicht, dass die Veredlungsstelle eines gesunden Baumes nicht wuchert. Normalerweise ist sie nach ein paar Jahren nicht mehr sichtbar. Es muss daher einen Grund geben, wenn sie so deutlich zum Vorschein kommt. Ausserdem haben wir auch bei Bäumen im Wald ähnliche Wucherungen beobachtet; bei Obstbäumen sind sie jedoch weit häufiger anzutreffen.
Manchmal sieht man den Energiestau auch an sehr seltsamen Proportionen des Stammes. Der untere Teil ist gegenüber dem oberen viel zu dick und unförmig. Hier entsteht ebenfalls der Eindruck, als ob die Energie nicht zirkulieren könne. Man könnte solche Missbildungen mit Stoffwechselerkrankungen beim Menschen vergleichen.

Diese Ulme zeigt viele Wucherungen. Sie steht neben der Kirche auf mehreren stark verschmutzten geomantischen Zonen.

Dieser Apfelbaum wächst auf einer Wasserader sowie auf einer Globalgitter- und Diagonallinienkreuzung. Der Wasserader weicht er leicht nach rechts aus. Da die Erdgitter verschmutzt sind, entstehen Tumore. Der Baum trägt nie Früchte.

**Dieser Apfelbaum biegt sich gegen den Wind. Seine Äste stossen gegen eine unsichtbare Mauer.**

**Derselbe Baum einige Zeit später. Der Sturm hat den geschwächten Baum gefällt. An diesem Bild erkennt man, dass sich die Äste tatsächlich gegen den Wind bogen.**

### Wucherungen und aufgesprungene Rinde

Wucherungen entstehen auch in anderer Form. Manchmal ist der ganze Stamm damit übersät, so dass es aussieht, als ob er Pickel hätte. Manchmal gibt es nur an einer bestimmten Stelle eine Verdickung. Meistens liegt auch bei Wucherungen eine Belastung mit Mikrowellen vor. Wir vermuten, dass es sich um die Wirkung von Interferenz handelt, wenn wir einzelne, gebündelte Strahlen orten können. Wo sie auf den Baum treffen, entsteht eine Geschwulst.

Mikrowellen sind auch im Spiel, wenn die Rinde eines Baumes aufspringt und abfällt. Stark betroffene Pflanzen vertrocknen nach einer gewissen Zeit. Auch diese Belastung tritt häufig nur in einem kleinen Bereich des Stammes auf. Unserer Meinung nach vermag Frost allein diese Art Aufspringen nicht zu bewirken, sondern höchstens zu verstärken.

### Blattbüschel

Bei manchen Bäumen kann man neben dem Blattverlust beobachten, dass stellenweise einzelne Blattbüschel dichter stehen bleiben. Die Äste sehen aus wie Pinsel. Diese Art von Schadensbild entsteht nach unserer Erfahrung, wenn der Baum durch tiefe Frequenzen belastet ist, wie zum Beispiel durch die $16^2/_3$ Hz des Eisenbahnstroms.

### Abbiegen von Baumspitzen

Viele freistehende Bäume scheinen ab einer bestimmten Höhe nicht mehr weiter wachsen zu wollen. Ihre obersten Äste neigen sich flach, wie wenn sie oben gegen eine unsichtbare Decke stossen würden. Da diese Verformung häufig gegen die Hauptwindrichtung anzutreffen ist, schliessen wir den Wind als Verursacher aus.

Auch bei dieser Missbildung stellen wir meist eine Belastung durch Mikrowellen in der besagten Höhe fest. Es scheint, dass die Bäume durch Abbiegen dieser Störung auszuweichen versuchen.

### Verdorren

Sehr viele Bäume verdorren langsam. In der Regel setzt dieses allmähliche Absterben von oben nach unten und von aussen nach innen ein. Oft sind die

**Manchmal bleiben bei Bäumen nur einzelne Blattbüschel stehen, die aussehen wie Pinsel. Dies geschieht meist als Folge von niederfrequenten Störungen.**

kahlen Äste mit einer schwarzen Schicht überzogen, so dass es aussehen kann, als ob sie verbrannt seien. Mit der Zeit streckt der Baum immer mehr entlaubte Zweige gegen den Himmel, während er weiter unten noch grün bleibt. Dieses Siechtum kann sich über viele Jahre hinziehen, bevor der

**Dieser verdorrte Mandelbaum sieht aus, als ob er verbrannt sei. Wir haben uns von den Einheimischen bestätigen lassen, dass es dort nie gebrannt hat. Er ist an den Folgen von DOR vertrocknet.**

**Trotz der regelmässigen Form beginnt dieser Apfelbaum langsam abzusterben. Seine Äste vertrocknen von oben nach unten als Folge von DOR.**

Baum manchmal sehr plötzlich gänzlich abstirbt. Wilhelm Reich hat in den USA schon zu Beginn der fünfziger Jahre auf dieses Phänomen aufmerksam gemacht, als hierzulande noch niemand von Waldsterben sprach. Er beschrieb diese besondere Form von Baumkrankheit als Folge nuklearer Verseuchung. In seinen Forschungen fand er heraus, dass die Lebensenergie, die er Orgon nannte, mit nuklearer Strahlung in eine zerstörerische Wechselwirkung treten kann. Er nannte die daraus entstehende Energie «deadly orgon energy» oder kurz DOR, was so viel wie «tödliche Lebensenergie» bedeutet.
DOR kann nicht nur als Folge materieller nuklearer Strahlung entstehen. Es bildet sich auch aufgrund feinstofflicher Schwingungen, die zum Beispiel aus Atomkraftwerken ungehindert austreten können. Im Atomreaktor werden die feinstofflichen Magnetkräfte, welche die Materie zusammenhalten, das heisst der «kosmische Leim», aufgelöst. Die Verseuchung mit DOR ist in vielen Gebieten gravierend. DOR entsteht paradoxerweise vielfach gerade an Orten mit einem hohen Energiepegel. Es ist das Ergebnis eines Kampfes zwischen der Lebensenergie und der nuklearen Energie. Die Lebensenergie besitzt die Kraft, nukleare Energie umzuformen und unschädlich zu machen, sofern sie genügend konzentriert vorhanden ist. Meist ist dies leider nicht mehr der Fall. Vermag sie den Umformungsprozess nur anzustossen, aber nicht zu Ende zu führen, entsteht DOR. An Orten mit wenig Energie wird dieser Umformungsprozess nicht einmal in Gang gesetzt, weshalb sie weniger belastet sind. Unglücklicherweise sind daher gerade viele Kraftorte mit DOR stark belastet. Bei uns macht sich das durch Kopfschmerzen, Schwindel, Übelkeit oder Kreislaufbeschwerden bemerkbar.

**Missbildungen bei Blumen und Kulturpflanzen**

Über die Erdgitter und die geomantischen Zonen verbreiten sich die Schwingungen der nuklearen Reaktion sehr weit. Auch wenn kein DOR entsteht, sind viele Gebiete stark durch die feinstofflichen radioaktiven Schwingungen belastet. Oft vertrocknen Bäume oder Büsche, die auf solch belasteten Linien stehen, ohne erkennbare Ursache innerhalb von wenigen Wochen und gehen ein. Auf Kreuzungen solcher Linien wächst entweder gar nichts, oder es treten gehäuft Missbildungen auf. Wir fanden Blumen mit zwei Köpfen, Früchte, Beeren oder Gemüse mit zwei Fruchtkörpern an einem Stiel oder mit zwei Stielen an einem Fruchtkörper und so weiter, lauter Missbildungen, wie sie als Folge von nuklearer Verseuchung bekannt sind.
In unserem Garten entstanden an verschiedenen Orten einzelne Ringelblumen, die aus der verblühten Blume kleine Tochterblüten bildeten. Dieses Phänomen war uns zuvor nur von Emma Kunz bekannt, die solche Abnormitäten mit Hilfe der Kraft ihrer Hände und ihres Geistes hervorzubringen vermochte. Unsere Nachforschungen ergaben, dass diese Blüten stets auf Kreuzungspunkten von Erdli-

**Missbildungen entstehen durch feinstoffliche radioaktive Schwingungen.**

nien entstanden, die mit feinstofflicher nuklearer Strahlung verschmutzt sind. Seit wir den Garten entstört haben, wachsen keine solchen Missbildungen mehr.

Hier erkennt man, wie sich eine verschmutzte Erdlinie auswirkt. Der kleine Baum in der Mitte ist ganz abgestorben. Die beiden Bäume rechts und links sind zur Mitte hin teilweise geschädigt.

## Wirkung auf Menschen

Aus den Beobachtungen an Pflanzen lässt sich schliessen, dass auch Menschen von feinstofflichen technischen Störungen betroffen sein können. Oftmals muss die Ursache für ein Leiden auf dieser Ebene gesucht werden, vor allem wenn keine materiellen Zusammenhänge erkannt werden können.

### Fallbeispiele mit Elektrosmog

Damit Sie ein besseres Gespür für das vielfältige Zusammenspiel der verschiedenen Störungen mit den Erdgittern und den geomantischen Zonen entwickeln können, möchten wir nochmals ein paar Fallbeispiele anführen.

Missbildung bei einer Ringelblume. Es war nicht Emma Kunz, welche diese Blume beeinflusste, sondern eine mit radioaktiver Strahlung verschmutzte Erdlinienkreuzung.

*1. Fall: Störung durch den Radiosender*

Eine Mutter beobachtete, dass sich ihr Kind im Bett ganz in eine Ecke drängte. Es schlief sehr schlecht und hatte grosse gesundheitliche Probleme.

Bei der Hausuntersuchung stellte sich heraus, dass das Kinderbett weder auf Wasseradern noch auf Erdgittern steht. Erst als wir nach Störungen durch Mikrowellen suchten, fanden wir etliche eng nebeneinander liegende Linien, die diagonal durch das Bett verliefen. Da sie unabhängig von geomantischen Zonen auftraten, muss es sich dabei wahrscheinlich um Reflexionen handeln, die das Bett als eine Art stehende Wellen belasteten.

*2. Fall: Radiowecker am Fussende des Bettes und in fast zwei Meter Entfernung*

Ein Mann litt darunter, dass er morgens immer früh aufwachte und sich völlig unausgeschlafen fühlte. Er hatte seinen Radiowecker bereits ziemlich weit vom Bett entfernt, weil er einen Zusammenhang damit befürchtete. Dies brachte ihm aber keine Erleichterung.

Der Wecker stand am neuen Ort auf einer Wasserader, die leicht schräg durch das ganze Bett verlief. Diese verstärkte seine Schwingung so stark, dass sie noch bis ans Kopfende zu stören vermochte. Diese aussergewöhnliche Wirkung entstand deshalb, weil das Zimmer auf einer geomantischen Zone lag. In diesem Fall musste für den Wecker ein anderer Platz, ausserhalb der Zone gesucht werden.

*3. Fall: Schlafstörungen*

Wir wurden von einem Ehepaar gerufen, das unter Schlafstörungen litt. Auch zeigte es eine erhöhte Anfälligkeit für Erkältungen und Krankheiten. Da der Mann mit der Rute umzugehen wusste, hatten sie ihr Bett bereits zwischen die Erdgitter gestellt. Auch eine Wasserader verlief neben dem Bett.

Am Fussende des Bettes hing ein Spiegel, der die Schwingungen des Erdgitters auf das ganze Zimmer verteilte, was der Grund dafür war, dass das Umstellen des Betts keine Erleichterung gebracht hatte. Ausserdem war das Bett von einer flächendeckenden geomantischen Zone betroffen, die mit $16^2/_3$ Hz, 50 Hz und Mikrowellen des nahen Senders verschmutzt war. In diesem Fall vermochte die Wasserbelebung des Trinkwassers die Beschwerden zu beseitigen, ohne dass die Einrichtung des Zimmers umgestellt werden musste.

**3. Fall: Der Spiegel streut die Störung der Erdlinie im ganzen Zimmer. Zusätzlich ist es durch eine verschmutzte geomantische Zone belastet.**

## Wirkung auf Tiere

Viele Tiere, die im Laufe des Jahres grosse Strecken zurücklegen, orientieren sich an den magnetischen Erdlinien. Zugvögel scheinen eine Art «Magnetsinn» zu besitzen, der ihnen erlaubt, über weite Distanzen ihr Ziel sicher zu finden. Wird das magnetische Feld durch technische Einrichtungen sehr stark gestört, verlieren die Vögel ihre Orientierung. Sie fliegen plötzlich ziellos umher und wirken sehr hilflos.
Es ist zu vermuten, dass auch Wale und Delphine, die plötzlich ans Ufer schwimmen und dort verenden, Opfer von Orientierungslosigkeit geworden sind. Es gäbe unter diesem Gesichtspunkt sicher noch viel zu erforschen.

## Wirkung auf Wasser

Die Qualität des Wassers wird durch materielle und feinstoffliche Einwirkung elektromagnetischer Strahlung verändert. Es bleibt zwar, rein chemisch betrachtet, in seiner Zusammensetzung weiterhin gleich, doch erhält es andere energetische Eigenschaften. In derart verändertem Wasser fühlen sich beispielsweise viele Bakterienarten wohl, die sonst ein anderes Umfeld bevorzugen. In den letzten Jahren nehmen die Belastungen durch Mikroorganismen im Trinkwasser sehr stark zu.
Vielerorts veralgt das Wasser, sobald es an die Oberfläche tritt, sei dies nun auf einer Weide oder in einem Brunnentrog. Wir betrachten ein verstärktes Algenwachstum als Hinweis darauf, dass die energetische Wasserqualität schlecht ist und feinstoffliche Eigenschaften des Wassers verändert wurden, vergleichbar mit dem Schädlingsbefall von Pflanzen. Gesundes Wasser vermag sich selbst im Gleichgewicht zu halten.
Elektromagnetische Wellen sind linksdrehend und

**Unter Mikrowellenbelastung werden die Bindekräfte des Wassers gelöst. Oft rutscht daher Erde ab, auch in mässig steilem Gelände.**

negativ geladen und gepolt. Liegt Wasser in ihrem Einflussbereich, so übertragen sich diese Eigenschaften darauf. Sie bilden die idealen Voraussetzungen für Bakterien und Algen. In rechtsdrehendem Wasser können Bakterien nicht lange überleben. Wir werden darauf weiter hinten im Kapitel Harmonisierungsmöglichkeiten nochmals näher eingehen.
Energiearmes Wasser verliert zudem einen Grossteil seiner Selbstreinigungskräfte. Obwohl es durch dicke Erdschichten fliesst, bleibt es verschmutzt. Es wird immer schwieriger, genügend sauberes Wasser zu erhalten. Es ist daher dringend notwendig, dass wir etwas dafür unternehmen.
Stark geschädigtes Wasser verliert seine Bindekräfte, dies bedeutet, dass es nicht mehr so gut zusammenhält. Wasser ist in fast allem enthalten und beeinflusst vieles auf unserem Planeten. Seine Kraft bindet beispielsweise auch die einzelnen Partikel der Erde. Werden seine Bindekräfte schwächer, treten häufiger Erdrutsche auf. Auch wenn es nicht besonders heftig regnet und auch wenn das Gelände nicht besonders steil ist, rutscht der Grund immer

öfter ab, in der Schweiz teilweise auch sehr grossräumig. Wir finden an solchen Stellen immer eine starke Belastung durch Mikrowellen.
Linksdrehendes Wasser besitzt viel weniger Vitalität und Spannkraft. Dieses Wasser ist oft nicht mehr in der Lage, bis in die Spitzen der Bäume zu steigen. So ist das Verdorren von Bäumen nicht nur auf die Folgen von DOR zurückzuführen, sondern oft auch auf die mangelnde Wasserqualität, was natürlich miteinander zu tun hat. Obwohl Sie Ihre Pflanzen genügend giessen, vertrocknen manche, weil dem Wasser die nötige Energie fehlt.
Wasser ist ein idealer Träger für feinstoffliche Informationen. Es besitzt in gewisser Weise ein «Gedächtnis». Dies bedeutet, dass die feinstofflichen Schwingungen all der vielen Gifte, die wir ins Wasser leiten, normalerweise über sehr lange Zeit erhalten bleiben. Auch wenn materiell keine Belastung mehr nachgewiesen werden kann, bleibt das Wasser überaus oft mit den unterschiedlichsten Informationen verschmutzt, die ebenfalls sehr nachteilig auf den Körper wirken können. Manchmal kann eine körperliche Schwächung auf die schlechte energetische Qualität des Trinkwassers zurückgeführt werden.
Mit diesen kurzen Ausführungen wollten wir verdeutlichen, dass das Problem «Elektrosmog» sehr weit reichende Folgen haben kann, die noch viel zu wenig erforscht sind. Wir werden in Zukunft lernen müssen, den Blick nicht nur auf die Gesundheit des Menschen, sondern auf das Wohlbefinden des gesamten Planeten mit all seinen Bewohnern zu richten. Durch den sorglosen Umgang mit den vielen technisch erzeugten, künstlichen elektromagnetischen Feldern gefährden wir nämlich nicht nur die Menschen, sondern die gesamte Lebensgrundlage für alle Wesen.

# Harmonisierungsmöglichkeiten

Bei gesundheitlichen Beschwerden, die auf den Standort zurückzuführen sind, sollte man zunächst versuchen, den Störungen auszuweichen. Wir haben im Kapitel Anwendungsbeispiele (Seite 59) beschrieben, wie man dabei am einfachsten vorgeht. Ist ein Ausweichen nicht möglich, weil beispielsweise die Störungen flächendeckend sind oder die Wohnungseinteilung kein Verschieben ermöglicht, gibt es eine Menge von Hausmittelchen, die man probieren kann, um sich Linderung zu verschaffen. Ausserdem werden eine Reihe von «Rheumamatten» und «Entstörgeräten» angeboten. Je nach Art der Störung kann schon mit einfachsten Mitteln eine gute Wirkung erzielt werden. Leider nehmen die technischen Einflüsse immer mehr zu und sind dann mit diesen Mitteln meistens nur teilweise oder gar nicht zu beeinflussen.

Wir haben sehr viele Methoden zur Harmonisierung ausprobiert, weil wir für unsere eigenen massiven Beschwerden nach einer Linderung suchten. Wir bemühten uns dabei, möglichst vorurteilsfrei zu bleiben und auch scheinbar Unsinniges oder für uns nicht Verständliches zu versuchen. Dabei lernten wir, dass es sehr wenig Mittel auf dem Markt gibt, bei denen wir überhaupt keine Wirkung feststellen konnten. Die immer wieder geschürte Angst vor Scharlatanen auf dem Gebiet der Radiästhesie steht dazu in krassem Widerspruch. Wir fanden im Gegenteil sehr viele Menschen, die seit Jahren tüfteln und pröbeln, um für sich, für andere Menschen oder für ihre Haustiere und Pflanzen Hilfe bei Standortproblemen zu finden. Kaum jemandem ging es dabei bloss darum, möglichst schnell viel Geld zu verdienen, wie es Rutengängern von den Medien immer wieder vorgeworfen wird. Wohl neigt der eine oder andere von ihnen dazu, seine Fähigkeiten etwas zu überschätzen und nicht immer ganz objektiv zu bleiben. Aber viele dieser Forscherinnen und Forscher haben etwas herausgefunden, was in gewissen Fällen Erleichterung verschafft und in anderen eben nicht. Es ist eine sehr schwierige Aufgabe, gestörte Felder zu harmonisieren, weil es dabei physikalische und feinstoffliche Gesetze zu beachten gilt, die nahezu unbekannt sind.

Dazu ist zu bemerken, dass Medikamente ebenfalls nicht bei jedem Patienten gleich gut ansprechen. Man muss deswegen nicht das ganze Produkt oder sogar die gesamte Pharmazie verwerfen. Oft werden von Rutengängern wahre Wunder erwartet. Sie sollten in der Lage sein, mit einem Handgriff alle Probleme zu lösen, denen auch Wissenschaftler und Ärzte ratlos gegenüberstehen. Es ist unfair, solchen suchenden Menschen Scharlatanerie vorwerfen zu wollen, wenn sie diese schwierige Aufgabe nicht in jedem Fall schaffen. Es bedarf auf dem Gebiet der Erdstrahlenforschung unbedingt der objektiven Zusammenarbeit von Rutengängern, Wissenschaftlern und Ärzten, weil alle voneinander profitieren könnten.

Gewöhnlich untersuchen Wissenschaftler Entstörgeräte mit ihren Methoden. Meistens können sie damit keine Wirkung erkennen, auch wenn Geräte nachweislich vielen Menschen geholfen haben. Sie ziehen daraus den falschen Schluss, dass die Wirkung allein auf Einbildung und Glaube beruhe. Wir haben uns bemüht, Ihnen verschiedene Aspekte von feinstofflichen Realitäten vorzustellen. Es ist davon auszugehen, dass fast alle Entstörgeräte auf diesen Ebenen funktionieren. Sie verändern zum Beispiel nicht die Menge des Stroms, sondern dessen Qualität. Stromqualität ist jedoch ein Kriterium, das in der Wissenschaft überhaupt nicht existiert. Das wissenschaftliche Messgerät zeigt vor und nach einer Strombehandlung denselben Wert, weil es diesen qualitativen Unterschied nicht feststellen kann. Der Körper reagiert jedoch auf die biologische Wirksamkeit und nicht nur auf die Feldstärke. Meist wird bei wissenschaftlichen Untersuchungen nur das elektromagnetische Feld, zum Beispiel eines Bildschirms, gemessen. Selbstverständlich ist dieser Wert vor und nach einer Entstörung derselbe. Um die Wirksamkeit feinstofflicher Harmonisiergeräte überprüfen zu können, müssen die Felder von Versuchspersonen oder Versuchstieren gemessen werden, die sich vor dem behandelten Gerät aufhalten. Dies können beispielsweise Hirnströme, Hautwiderstand, Stresshormone, Blutdruck oder der Säuregrad des Urins sein. Ist eine Harmonisierung erfolgreich, so werden sich solche Werte im Laufe der Zeit eindeutig verbessern, auch wenn das elektromagnetische Feld laut Lehrmeinung immer gleich bleibt. Lassen Sie sich durch «wissenschaftliche Tests» nicht beirren, sondern probieren Sie selbst Verschiedenes aus, bis Sie etwas finden, das Ihnen hilft. Schliesslich zählt einzig und allein Ihr Wohlbefinden, auch wenn niemand erklären kann, weshalb es Ihnen besser geht.

Wenn Sie trotz Ihrer wachsenden Fähigkeiten die Hilfe eines Rutengängers in Anspruch nehmen möchten, achten Sie auf Ihr Gefühl. Oft spürt man bereits am Telefon, dass eine Person ungeeignet ist oder man sich mit ihr nicht versteht. Sollten Sie bei sich eine Unsicherheit bemerken, suchen Sie nach jemand anderem. Falls ein Rutengänger Ihnen ein Harmonisiergerät empfiehlt, bestehen Sie auf einem Rückgaberecht von mehreren Wochen, wenn nicht gar Monaten. Manche Geräte verlieren nämlich nach einer gewissen Zeit ihre Wirkung oder sind mit Ihrem Körper zu wenig in Harmonie, was nicht immer sofort auffällt. Erkundigen Sie sich, an wen Sie sich bei Problemen wenden sollen. Werden Sie aktiv und seien Sie sich bewusst, dass Sie selbst einen Beitrag zu Ihrer Genesung leisten müssen. Geben Sie nicht gleich auf, wenn ein Gerät nur wenig oder keine Wirkung zeigt. Versuchen Sie ein anderes Modell. Fragen Sie selbst mit Ihrem Pendel, welches Produkt für Sie am geeignetsten ist. Äussern Sie Zweifel und Bedenken, wenn Ihnen solche in den Sinn kommen. Betrachten Sie einen Rutengänger nicht als Halbgott, sondern als Menschen, der gemeinsam mit Ihnen nach einer Lösung für Ihr Problem sucht.

Wenn Sie ein Gerät prüfen, fragen Sie mit Ihrem Pendel oder mit der Rute danach, ob es mit Ihrem Körper in Harmonie ist. Fragen Sie insbesondere auch danach, ob es nicht zu stark für Sie ist. Wie bei Tabletten kommt es bei Harmonisierungsmassnahmen oft vor allem auf die richtige Dosierung an. Es gibt Geräte mit einem sehr weiten Wirkradius, die für empfindliche Personen zu intensiv sein können. Wenn Sie nach der Installation eines Geräts Beschwerden bekommen, erkundigen Sie sich nach einem schwächeren Modell.

Es könnte aber auch sein, dass Sie unter Heilreaktionen leiden. Bedenken Sie, dass sich Ihr Körper während langer Zeit an ein bestimmtes Feld gewöhnt hat und Abwehrmassnahmen getroffen hat. Verändern Sie nun plötzlich Ihr Umfeld, so muss sich der Körper umstellen und neu anpassen. Man kann dies mit Entzugserscheinungen von Drogenabhängigen vergleichen. Die Reaktionen können manchmal sehr heftig ausfallen. In der Regel treten Symptome von früheren Erkrankungen auf. Es können aber auch ganz einfach Kopfschmerzen oder Ähnliches sein. Erkundigen Sie sich bei Ihrem Heilpraktiker oder Ihrer Heilpraktikerin nach Unterstützung bei einer solchen Umstellung, falls Sie an Beschwerden leiden. Trinken Sie in dieser Zeit unbedingt viel reines Wasser, am besten zwei bis drei Liter belebtes Leitungswasser pro Tag. Dies hilft Ihrem Körper, Giftstoffe auszuscheiden und in ein neues Gleichgewicht zu finden.

Sollten Sie trotz allem auf jemand Unseriösen hereinfallen, so fragen Sie sich selbst, weshalb Sie diese Erfahrung in Ihr Leben gezogen haben. Betrachten Sie die Situation als eine Lektion, und bemühen

Sie sich um die notwendigen Lernschritte. Wahrscheinlich geht es darum, dass Sie lernen müssen, besser auf Ihre innere Stimme zu hören und Verantwortung für Ihr eigenes Leben zu übernehmen.
Bevor wir Ihnen einzelne Methoden zur Harmonisierung vorstellen, möchten wir Ihnen von einem Erlebnis mit einer Bauersfrau berichten. Es soll Sie zu eigenen Erfahrungen anspornen und zeigen, dass auch ungewöhnliche Methoden eine gute Wirkung hervorrufen können.
Die Frau hatte einen Anfängerkurs in Rutengehen besucht und wendete ihre Kenntnisse danach ziemlich unbekümmert und daher mit gutem Erfolg an. In ihrem Bienenhaus verliefen zwei Störzonen. Die Stöcke auf diesen Zonen kümmerten und brachten wenig Ertrag, während alle anderen sehr viel Honig lieferten. Die eine Störung wurde durch die Elektrizitätszuleitung zum Haus verursacht, die andere durch die Telefonleitung (Gleichstrom), die beide in unmittelbarer Nähe des Bienenhauses verliefen. Die Frau hatte viel ausprobiert, und schliesslich gelang es ihr, die Telefonstörung auf folgende Weise zu harmonisieren: Sie legte eine dicke Schicht der Zeitung «Die Tierwelt» auf den betreffenden Kasten, da die Störung ja von oben kam. Interessanterweise wirkte dies so gut, dass sich der Stock in kurzer Zeit erholte. Bei der anderen Störung zeigte ihre Methode jedoch keine Wirkung.
Aus diesem Beispiel lässt sich ersehen, dass auch sehr Unkonventionelles helfen kann. Es ist nicht anzunehmen, dass sich die Bienen bloss einbildeten, es gehe ihnen besser. Irgendetwas hat ihnen geholfen, auch wenn wir bis heute nicht verstehen, wie dies genau geschah.

## Abschirmen oder Harmonisieren?

Wenn Sie eine Wasserader entstören, ist sie danach selbstverständlich immer noch physisch vorhanden. Sie bringen sie nicht plötzlich zum Verschwinden, sondern ihre störende Wirkung ist verändert. Wie hat man sich dies vorzustellen?
Oft hört man in diesem Zusammenhang den Ausdruck «abschirmen». Man stellt sich vor, dass man etwas zwischen die Störung und den eigenen Schlafbereich legt, was für die unerwünschte Schwingung undurchdringlich ist. Dazu eignen sich naturbelassener Kork, andere Naturmaterialien oder eine spezielle Matte, in der meist Kupfer ent-

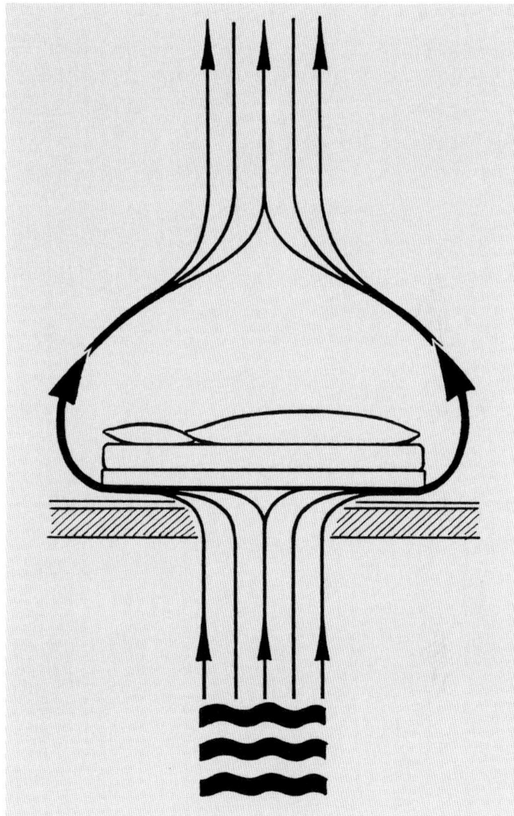

**Abschirmen: Die störenden Strahlen werden abgelenkt und gebündelt. Wenig oberhalb des Bettes hört die Wirkung auf. Die Wasserader ist am alten Ort zu muten.**

halten ist. Die Strahlen der Wasserader vermögen die Matte nicht zu durchdringen, wodurch der Bereich unmittelbar darüber ungestört ist. Sie lösen sich aber nicht einfach in Luft auf, sondern sie fliessen um die Matte herum, die wie ein Stein in der Brandung liegt. Am Rand und wenig oberhalb des Bettes ist daher die Störung wieder auffindbar.
Bei dieser Art Entstörung ist es unbedingt erforderlich abzuklären, aus welcher Richtung die Störung auf das Bett trifft. Es nützt nämlich nichts, eine Matte unter die Matratze zu legen, wenn ein Reflex seitlich einfällt. Gegebenenfalls müssen Sie etwas Kork an der Wand anbringen, um den Strahl zu unterbrechen.
Bei sehr starken Störungen besteht die Gefahr, dass solche Mittel nur für eine gewisse Zeit helfen und mit der Zeit in der Wirkung nachlassen. Die verwendeten Stoffe werden in so einem Fall in ihren feinstofflichen Eigenschaften derart verändert, dass sie die störenden Schwingungen nicht mehr aufzuhalten vermögen. Diese Methoden helfen immer nur auf einem sehr kleinen Raum. Sie empfehlen sich daher nur, wenn das Haus als Ganzes nicht ebenfalls stark belastet ist.
Einige Geräte bestehen aus mehreren Kupferstäben, die parallel und übereinander angeordnet sind, und sehen aus wie eine Antenne oder Drahtspinne. Sie leiten die störenden Schwingungen über die Enden der Stäbe ab. Die Störung wird dadurch nicht aufgehoben, sondern bloss verschoben. Es besteht daher die Gefahr, dass Sie durch diese Massnahme das Nachbarzimmer oder die Nachbarn belasten. Mit solchen Geräten muss man sehr vorsichtig umgehen. Oft erfordern sie ein hohes Mass an Disziplin, weil das Gerät immer wieder ausgerichtet oder entladen werden muss. Wir raten daher vor dieser Art Entstörung eher ab. Das Risiko, dass Sie eine Störung verstärken, ist ziemlich gross.
Eine Raumharmonisierung zielt auf eine grossflächige Entstörung. Durch geeignete Massnahmen oder Geräte wird ein harmonisches Feld aufgebaut, das stärker als die Störungen ist. Diese werden weder abgeschirmt noch umgeleitet, sondern umgewandelt. Es wird also nicht versucht, etwas gegen eine Wasserader oder gegen Elektrosmog zu bauen, sondern ein möglichst ausgewogenes Feld zu erzeugen. Alle Schwingungen im Einflussbereich eines solchen Geräts werden zu harmonischen Schwingungen, die dem Körper nicht schaden. Die Entstörung erfolgt grossräumig. Sie geniessen das wohltuende Feld nicht nur während der Nacht, sondern auch während des ganzen Tages. Alle unsere selbst entwickelten Geräte funktionieren in dieser Art.

## Prüfen einer Harmonisierungsmassnahme

Auch das Prüfen einer Harmonisierung müssen Sie üben, damit Sie sich auf Ihre Ergebnisse verlassen können. Suchen Sie eine störende oder krankmachende Wasserader oder eine andere störende Energie und markieren Sie diese an mehreren Stellen, so dass Sie deren Verlauf über einige Meter beobachten können. Stellen Sie nun einen Stein so ausgerichtet auf die Ader, wie wir es im Kapitel Pendeln (Seite 50) beschrieben haben. Sensibilisieren Sie sich erneut auf eine krankmachende Wasserader. Wenn Sie nun nahe beim Stein nach der krankmachenden Ader fragen, wird Ihre Rute nicht mehr ausschlagen, weil das Feld des Steins stärker ist als die Störung. Entfernen Sie sich langsam vom Stein, indem Sie auf der Ader bleiben. Wiederholen Sie stets die Frage nach einer krankmachenden Ader, bis die Rute ausschlägt. Markieren Sie diese Stelle. Sie zeigt, wie weit die harmonisierende Wirkung des Steins reicht. Verändern Sie nun die Lage des Steins und wiederholen Sie die Übung. Die Rute wird diesmal an einer anderen Stelle ausschlagen. Wenn Sie mit einem Rosenquarz arbeiten, waschen Sie ihn jetzt ab und wiederholen Sie die Übung nochmals. Wieder wird der Pendelausschlag anders sein. Fragen Sie nach der Wirkung des Steins für verschiedene Personen: für Sie selbst, für Ihren Mann oder Ihre Frau, für Ihre Kinder usw. Reagiert die Rute für alle gleich?

Beobachten Sie, wie Ihre Massnahmen die Wirkung des Steins beeinflussen. Sie werden bald Gesetzmässigkeiten entdecken. Probieren Sie, ob andere Materialien, wie zum Beispiel ein Stück Holz, genauso gut entstören. Kleben Sie ein Symbol oder ein Labyrinth auf den Stein und prüfen Sie wieder die Wirkung. Verwenden Sie das Symbol ohne Stein. Probieren Sie möglichst viel aus. Dadurch erlangen Sie mehr Kenntnisse und mehr Sicherheit.

Sobald Sie sich zuverlässig genug fühlen, suchen Sie genauso nach technischen Schwingungen. Suchen Sie nieder- und hochfrequente Störungen und markieren sie diese mit verschiedenen Farben. Fragen Sie zum Beispiel nach störenden Feldern des Telefons, des Netzstroms oder von bestimmten Baustoffen. Sie gehören zu den tiefen Frequenzen. Daneben suchen Sie nach Störungen von Sendern oder Satelliten. Stellen Sie nun wieder einen Stein auf und beobachten Sie die verschiedenartigen Störungen. Wahrscheinlich werden die niedrigeren Frequenzen in der Nähe des Steins nicht mehr als störend angeben. Je höher die Frequenzen, desto schwieriger ist es, sie mit einfachen Mitteln zu harmonisieren. Dies bedeutet, dass Sie beim Rutenausschlag vielleicht gar keinen Unterschied feststellen können, ob ein Stein da liegt oder nicht.

Nehmen Sie nun Ihr Diagramm zur Bestimmung der Stärke einer Störung zur Hand. Stellen Sie sich erneut auf eine Störung und fragen Sie nach deren Stärke. Sollte Ihr Wert zum Beispiel bei minus acht liegen, so handelt es sich um eine ziemlich starke Störung. Platzieren Sie nochmals den Stein oder etwas anderes auf der Störung. Sie können nun beispielsweise Ihr Pendel fragen, es solle Ihnen zeigen, wo die Störung stärker als zwei ist. Am Resultat können Sie erkennen, ob der Stein zwar in der Lage ist zu dämpfen, aber nicht gänzlich zu harmonisieren. Bei Naturmaterialien wie Schaffellen kann sehr oft eine dämpfende Wirkung festgestellt werden.

Wenn Sie Harmonisierungsmassnahmen testen, ist es ganz wichtig zuerst festzustellen, aus welcher Richtung die Störung eintrifft. Bei Wasseradern und Erdstrahlen ist dies meist von unten. Gerade bei technischen Strahlen oder bei Reflexen kann die Störung jedoch auch von der Seite oder von oben einfallen.

Diese Möglichkeiten, Entstörmassnahmen zu testen, lassen sich auf alle nachfolgenden Mittel und Produkte anwenden. Sie helfen Ihnen zu erkennen, wofür sich welche Methode am besten eignet.

## Hausmittelchen und Naturprodukte

Der Volksmund preist eine Reihe natürlicher Rheumamittel. Dazu gehören Katzen- und Schaffelle, Rosskastanien, Bienenprodukte, insbesondere Bienengift, oder Brennnesseln. Wir haben eine Reihe von Menschen getroffen, die mit diesen einfachen Mitteln erstaunliche gesundheitliche Erfolge erzielten und daher darauf schwören. Die Produkte wirken auf verschiedenen Ebenen. Zum einen erhöhen sie die feinstofflichen Magnetkräfte. Manchmal reicht dies schon aus, um Beschwerden zu lindern. Andererseits verändern sie die Polarität des Feldes. Da es sich durchwegs um Produkte von Strahlensuchern handelt, gleichen sie falsche Polaritäten aus. Sie wirken nach dem Grundsatz, der auch in der Homöopathie gilt, dass man Gleiches mit Gleichem heilen kann. Solche Hausmittel helfen bei leichteren Störungen durch Wasseradern und dämpfen die

Wirkung von stärkeren. Gegen technische Störungen sind sie hingegen nahezu nutzlos.

### Kork

Ein sehr gutes natürliches Produkt ist Kork. Sie müssen sich jedoch unbedingt um ein absolut biologisches Produkt bemühen, das keinerlei chemische Zusätze enthält, sonst hat der Kork falsche energetische Eigenschaften und ist wirkungslos. Er sollte auch eine gewisse Festigkeit haben, das heisst mindestens 0,5 bis 1 cm dick sein. Dieses Material ist im Biobauhandel als Isolationsmaterial zu erwerben. Legen Sie eine Schicht davon unter Ihre Matratze. Dies ergibt einen guten Schutz gegen natürliche und einen Teil von technischen Störungen, die von unten kommen. Bei störenden Reflexen oder Störungen, die seitlich einfallen, lässt sich dieses Material auch an der Wand befestigen und dadurch erstaunlich vieles abhalten.

### Glühbirnen

Auch Glühbirnen können zur Harmonisierung eingesetzt werden. Verbinden Sie dazu je zwei 60-Watt-Birnen mit einem Stück einer leeren Klopapierrolle und etwas Klebeband so, dass sich ihre Fassungen berühren. Die zwei Birnen müssen eine Einheit bilden, bei der die beiden Glühkörper nach aussen schauen. Auf diese Weise überlisten Sie die Natur. Sie kreieren nämlich einen Körper mit zwei positiv gepolten Enden, indem Sie die beiden negativ gepolten Enden zusammenzwingen. Einen solchen Körper gibt es sonst in der Natur nirgends. Er erzeugt ein rundum positiv gepoltes Feld. Legen Sie dieses Gebilde in der Nähe Ihres Betts in der Richtung, aus der die Störung kommt, auf eine Wasserader. Es muss parallel zur Flussrichtung des Wassers liegen. Prüfen Sie, ob der Entstörradius bis zu Ihrem Bett reicht. Sie können beliebig viele solcher Doppelbirnen im ganzen Haus platzieren. Mit dieser

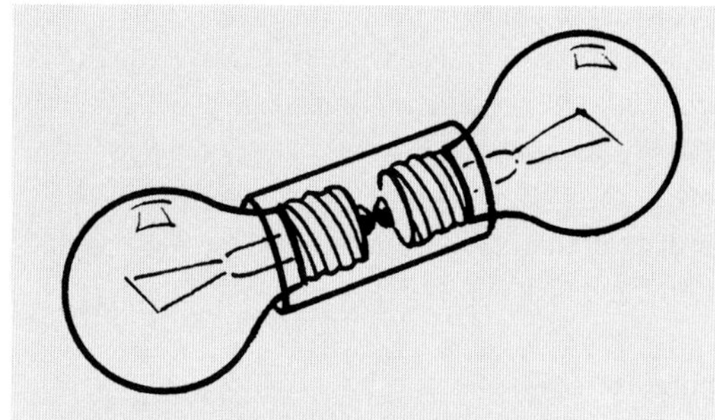

**Zwei Glühbirnen werden so miteinander verbunden, dass die beiden Gewinde sich berühren. Ein Stück einer Klopapierrolle hilft die Birnen zu fixieren.**

Methode lassen sich Wasseradern und Verwerfungen sehr gut harmonisieren. Sie zeigt gegenüber technischen Störungen jedoch nur geringen Einfluss. Falls die Wirkung nachzulassen beginnt, prüfen Sie, ob Sie die Birnen nicht versehentlich verschoben haben. Eventuell müssen Sie diese nach einer gewissen Zeit ersetzen.

### Hohlgefässe

Sehr ähnlich wie Glühbirnen wirken offene Hohlgefässe. Es eignen sich grössere Einmachgläser ohne Deckel, Betonröhren oder ähnliches. Auch sie bauen ein positiv gepoltes Feld auf, das Wasseradern und Erdlinien bis zu einem gewissen Grad zu harmonisieren vermag. Die Hohlgefässe müssen ebenfalls direkt auf eine Störung gestellt werden. Beachten Sie die Flussrichtung der Störung und unterbrechen Sie diese, bevor sie auf Ihr Bett trifft.

Hohlgefässe lassen sich auch ausserhalb des Hauses anbringen. Suchen Sie entlang Ihrer Hauswand in nördlicher und östlicher Richtung alle Erdlinien und markieren Sie diese. Wenn Sie nun auf jede ein Hohlgefäss stellen, werden Wasseradern und Erdlinien entstört.

Wenn sich beispielsweise die Ameisen an ungünstigen Stellen ansiedeln, lässt sich mit Hohlgefässen im Garten leicht experimentieren. Durch geschicktes Platzieren von Hohlgefässen lassen sich die ungebetenen Gäste ohne Gift dazu bewegen umzuziehen, weil sie ein negativ gepoltes Feld bevorzugen. Graben Sie die Gläser so weit ein, dass Sie nicht darüber stolpern. Die Öffnung muss aber immer offen bleiben.

### Spiegel oder Wasser unter dem Bett

Bekannt ist auch der Ratschlag, einen Spiegel unters Bett zu legen. Dabei muss die reflektierende Seite nach unten zeigen. Wir möchten von dieser Methode aus verschiedenen Gründen dringend abraten: Von Ihrem Bett werden dadurch zwar tatsächlich einige störende Schwingungen ferngehalten. Sie werden jedoch nach unten zurückgeworfen und dadurch verstärkt. Befindet sich im unteren Stokkwerk Ihr Wohnzimmer oder eine andere Wohnung, ist dort die Störung doppelt zu spüren, was nicht zu verantworten ist. Es besteht ausserdem die Gefahr, dass die Rückseite des Spiegels, die ja mit Metall beschichtet ist, als Reflektor für technische Störungen wirkt. Sie vertreiben in einem solchen Fall den Teufel mit dem Beelzebub und verstärken unter Umständen Ihr Problem.

Fast ebenso oft hörten wir von der Methode, eine offene Schüssel mit Wasser unter das Bett zu stellen. Auch davon möchten wir aus ähnlichen Gründen wie oben abraten. Ausser spezielle Matten sollten Sie keine Geräte direkt unter das Bett stellen. Die Gefahr, dass Sie ungewollt etwas verstärken, ist gross. Ausserdem erachten wir die Schüssel mit Wasser als äusserst unpraktisch und zu wenig wirksam.

Wir möchten von allen Methoden und Geräten abraten, die darauf beruhen, störende Schwingungen wegzuspiegeln, zu verschieben oder umzulenken, weil sie dadurch verstärkt werden. Es ist nicht zu verantworten, wenn die Nachbarn durch Ihre Abschirmmethoden doppelt gestört werden! Das Risiko von unerwünschten Nebenwirkungen ist dabei viel zu hoch.

## Kupfer

### Kupferdraht ums Bett

Kupfer hat für unsern Körper sehr günstige Eigenschaften. Aufgrund seiner grossen Leitfähigkeit kann es zum Zu- oder Ableiten von Energien verwendet werden. Es leitet sowohl die elektrischen als auch die magnetischen Kräfte ausgezeichnet. Auch das Material als solches wirkt auf Menschen harmonisierend. Die bekannteste und einfachste Harmonisierungsmöglichkeit mit Kupfer besteht darin, einen isolierten Kupferdraht ums Bett zu ziehen und diesen zu erden. Dazu verbinden Sie ihn mit einer Wasserleitung, einem Heizkörper oder montieren einen «blinden» Elektrostecker daran. Das heisst, Sie verbinden den Kupferdraht nur mit der Erdung, während die zwei leitenden Pole frei bleiben. Diesen Stecker können Sie zur Erdung in eine beliebige Steckdose einstecken. Es ist unbedingt notwendig, den Draht zu erden, sonst verliert er sehr schnell seine Wirkung. Er muss dann zur Reinigung unter fliessendes Wasser gehalten werden. Mit einer Erdung entfällt dieses Ritual, das von allzu vielen Leuten aus Bequemlichkeit nicht regelmässig genug durchgeführt wird. Der geschlossene Kupferring erzeugt in seinem Innern ein positiv gepoltes Feld, das für viele Beschwerden eine Linderung bringen kann. Bei starken technischen Störungen ist aber leider auch diese Methode zu wenig wirksam.

Bei allen Matten oder Geräten, die auf der Wirkung von Kupfer beruhen, muss unbedingt darauf geachtet werden, dass sie sich nicht «aufladen». Es ist grosse Vorsicht geboten, damit man sich durch eine vermeintliche Abschirmung nicht mehr Störungen ins Haus holt, als man beseitigen möchte.

Aus unserer Praxis kennen wir einen besonders tragischen Fall. Jemand hatte mit enormem Aufwand unter sein ganzes Haus ein Geflecht aus dickem Kupferdraht gezogen, das er an verschiedenen Stellen sorgfältig nach aussen führte, um es zu erden. Leider wirkte diese «Entstörmassnahme» als Antenne für Radio- und Fernsehwellen und brachte über die Erdungspunkte diese Wellen konzentriert ins Haus. Anstatt sich Erleichterung zu verschaffen, hat diese Massnahme seinen Gesundheitszustand weiter stark verschlechtert. Seien Sie daher bitte sehr vorsichtig und prüfen Sie Ihre Massnahmen immer wieder nach verschiedenen Gesichtspunkten!

### Kupfermatten

Es gibt Matten oder verschiedenartige Gebilde aus Kupfer oder mit Kupferbestandteilen zu kaufen. Manche von ihnen arbeiten zusätzlich mit Magneten. Sie sind in ihrer Wirkung ziemlich unterschiedlich, wobei wir viele gute Fabrikate getroffen haben. Da es eine solche Fülle verschiedener Modelle gibt, ist eine Übersicht hier leider nicht möglich. Testen Sie die Matten, bis Sie eine geeignete gefunden haben.

### Entstörgeräte

Einige Geräte aus Kupfer sind mehr spulenförmig aufgebaut, so dass ein Schwingkreis entsteht, der ein eigenes Feld aufbaut. Es spielt dabei keine Rolle, ob die Spule in einem Kästchen angeordnet oder frei sichtbar ist. In manchen Geräten sind zusätzlich elektronische Bauteile verwendet, in anderen nicht. Solche Geräte sind weniger problematisch und müssen meist weder geerdet noch entladen werden. Ist ihr Feld stark genug, zeigt es oft eine sehr erstaunliche Wirkung, sogar gegen technische hochfrequente Wellen, wie sie z. B. von Radio- und TV-Sendern ausgehen. Versuchen Sie, ob Sie die Wirkung der Geräte erhöhen können, indem Sie diese nach den Himmelsrichtungen ausrichten.

**Eine Doppelspirale aus Kupferdraht vermag manchmal sogar Mikrowellen zu harmonisieren.**

Sehr schön ist eine Doppelspirale aus Kupferblech oder dickerem Kupferdraht. Sie brauchen dazu etwa eineinhalb bis zwei Meter Material. Wickeln Sie den Draht in einigen engen Windungen um einen zylinderförmigen Gegenstand von ungefähr 7 cm Durchmesser, oder lassen Sie sich die Spirale von einem Spengler oder Kunstschlosser anfertigen. Führen Sie den Draht in grösseren Windungen aussen herum zum Anfang zurück und verlöten Sie die beiden Enden miteinander. Experimentieren Sie mit der Grösse der Windungen und deren Anzahl. Je grösser und harmonischer das Gebilde gebaut ist, desto weiter ist sein Wirkradius.

## Sand und Steine

Die harmonisierende Wirkung von richtig platzierten und ausgerichteten Steinen haben wir schon er-

**Mit Steinsetzungen können Energien harmonisiert werden. Diese Steine wurden auf eine Doppelzonenkreuzung gestellt.**

wähnt. Es gibt auch fertige Mittel zu kaufen, die auf diesem Prinzip beruhen. Solche Geräte bestehen aus Gips (der eher wenig Wirkung zeigt!) oder aus einer Mischung von verschiedenen Sandarten, in die manchmal zusätzlich ein Kupferdraht als Spule eingebaut ist. Indem der Sand geglüht wird, lässt sich seine Wirkung gewaltig steigern. Platzieren Sie ein solches Mittel stets direkt auf der Störung und in der Richtung vom Bett, aus der die Störung einfällt.

Sie können auch grosse Steine ausserhalb Ihres Hauses aufstellen. Sie brauchen dazu keinen besonderen Stein, sondern das, was es in Ihrer Umgebung gibt. Kalk zeigt zwar eine etwas geringere Wirkung als Quarz, Sie können diesen Mangel jedoch durch die Grösse des Steins wieder wettmachen. Um Steine zu setzen, suchen Sie zuerst eine Kreuzung von zwei minusgepolten Erdlinien. Wollen Sie die optimale Wirkung erreichen, sollten Sie nach einer Kreuzung suchen, wo sich auch das Diagonalgitter kreuzt. Der zu platzierende Stein darf nicht breiter als die Erdlinien sein. Sie müssen ihn daher notfalls behauen lassen. Die Höhe des Steins und seine Form bestimmen, wie weit er wirkt.

Steinsetzungen kann man als Akupunktur der Erde bezeichnen. Sie eignen sich vor allem dort, wo Sie grossräumig harmonisierend arbeiten möchten. Von verschiedenen zeitgenössischen Geomanten werden Steinsetzungen zur Heilung der Erde vorgenommen. M. Pogačnik versieht dabei die Steine zusätzlich mit einem Kosmogramm, einem Zeichen, das auf den feinstofflichen Gefühls- und Geistebenen harmonisierend wirkt.

Je grösser die Steine sind, desto grösser ist ihr Einfluss. Sie stimulieren auch Ebenen und Energieflüsse, die wir in diesem Buch nicht behandeln konnten. Wir bitten Sie daher, auch auf diesem Gebiet Vorsicht walten zu lassen und mit kleinen Steinen zu beginnen, um langsam Erfahrungen zu sammeln. Prüfen Sie Ihre Massnahmen immer wieder.

Benutzen Sie Ihre Intuition, damit Sie auf mögliche Fehler aufmerksam werden. Leicht können Sie durch ein verstärktes Ungleichgewicht der verschiedenen Kräfte mehr Schaden als Nutzen anrichten.
Wir möchten hier zur Warnung noch ein kleines Beispiel aus unserer persönlichen Erfahrung anfügen. Wir platzierten in einem Garten einen rund 1 m hohen Stein auf einer aktiven Kreuzung und verbrachten die folgende Nacht auf dem Grundstück. Alle Bewohner des Hauses, die Katze, der Hund, die Kinder und verschiedene Pflanzen mit eingeschlossen, reagierten in sehr heftiger und eindrücklicher Weise auf das neue Feld. Alle kamen morgens kaum aus den Federn und klagten über Kopfschmerzen, Rükkenschmerzen, Übelkeit oder grosse Müdigkeit. Die Pflanzen liessen sichtbar die Zweige und Blätter hängen, und die Tiere bewegten sich am Morgen ebenfalls kaum. Was war geschehen? Als wir nach den Ursachen für diese höchst unangenehme Erfahrung suchten, stellte sich heraus, dass der Stein genau auf dem Stromkabel stand, welches das Haus mit Elektrizität versorgt. Der Stein hatte daher die chaotischen Eigenschaften des Stroms enorm verstärkt und über das ganze Grundstück ausgebreitet. Sobald der Stein entfernt wurde, fühlten sich alle merklich besser.

## Symbolische Harmonisierungsmöglichkeiten

Es gibt auch Möglichkeiten, die Umgebung mit Mitteln auf rein symbolischer Ebene zu harmonisieren. Einige davon sind bereits in den Text eingeflossen. So kann die Abbildung von harmonisch proportionierten Formen wie Kreisen, Ellipsen oder Eiformen eine erstaunlich gute Wirkung zeigen. Solche Symbole lassen sich beispielsweise als architektonische Elemente einsetzen, so dass sie ihren harmonischen Einfluss eher unbemerkt auszuüben vermögen. Bei griechischen Tempeln oder alten Kathedralen wurden diese Gesetzmässigkeiten angewendet. Auch Labyrinthe, Spiralen oder Mandalas wirken in der Regel sehr ausgleichend. Es ist oft erstaunlich, wie sehr sie die Atmosphäre in einem Raum verbessern können, sofern sie richtig platziert sind. Mit ästhetischen Bildern oder mit stärkenden Segenssprüchen, wie sie früher allgemein üblich waren, kann ebenfalls viel ausgerichtet werden. Je harmonischer der Bau und die gesamte Einrichtung eines Raumes ist, desto subtiler können die verwendeten Mittel sein.

### Spirale

Eine interessante Möglichkeit, mit der Sie natürliche Störungen auch auf Distanz beeinflussen können, ist die folgende: Zeichnen Sie auf ein Blatt

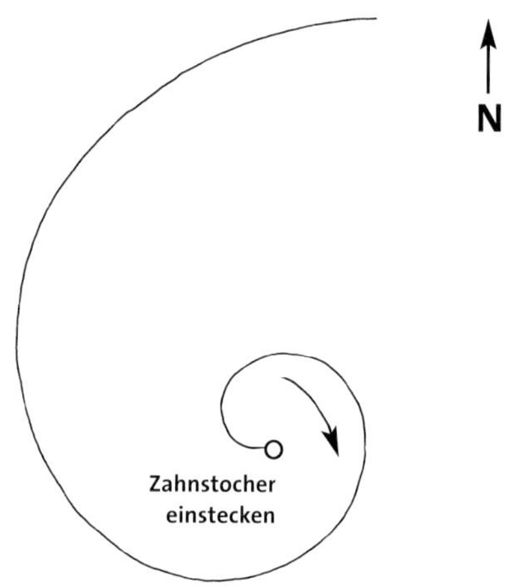

**Mit dieser Spirale können natürliche Störungen auch auf Distanz harmonisiert werden.**
**⟶ Beschriftung: Ort, Strasse, Wohnung, Zimmer**

Papier eine rechtsdrehende Spirale nach dem nebenstehenden Muster. Beschriften Sie diese mit der genauen Anschrift des Raumes, den Sie harmonisieren möchten, indem Sie in der Mitte der Spirale mit der Stadt beginnen, anschliessend die Strasse, das Haus, das Stockwerk und das Zimmer bezeichnen. Stecken Sie einen Zahnstocher beim inneren Ende der Spirale durch das Papier und befestigen Sie ihn mit einer dünnen Korkscheibe, die Sie darunter legen. Richten Sie nun das offene Ende der Spirale nach Osten aus. Dieses Gebilde baut in einigen Tagen ein Feld auf, welches auch über eine grosse Entfernung Wasseradern und Erdlinien zu harmonisieren vermag. Sie können Ihre Ferienwohnung damit auf Distanz behandeln. Für grössere Wohnungen verwenden Sie mehrere Spiralen. Oft ist es auch sinnvoll, für unterschiedlich genutzte Räume wie Arbeits- oder Schlafzimmer je eine eigene Spirale zu verwenden. Gegenüber technischen Störungen zeigt diese Methode leider keinerlei Wirkung.

Es versteht sich von selbst, dass sich so eine Art Entstörung mit materiellen Mitteln nicht erklären lässt. Am ehesten kann man sich vorstellen, dass durch die Anordnung von Symbol und Beschriftung ein Gedanke in gewisser Weise «fixiert» wird. Der Zahnstocher dient als Sender, denn die Spirale allein funktioniert nicht. Das verwendete Material hat jedoch keinen Einfluss auf die Funktionstüchtigkeit dieses Gebildes.

## Doppelkreuz

Mit Kreuzen ist es in der Regel eher schwierig, ausgleichend zu arbeiten, da sie meistens die Energie blockieren. Man kann damit zwar oftmals eine gewisse Erleichterung für die betroffenen Menschen erwirken, doch besteht immer die Gefahr, dass auch körpereigene Energien behindert werden. Die scheinbare Besserung kommt auf einem ähnlichen Weg zustande, wie wenn in der Medizin «Blocker» eingesetzt werden: Nicht die Ursachen sind behoben, sondern die vermittelnden Energieströme werden unterbrochen. Für uns ist ein solches Vorgehen eher unbefriedigend.

Weniger problematisch erwies sich die Form des Doppelkreuzes, so wie es nebenstehend abgebildet ist. Achten Sie darauf, dass Sie die Proportionen genau einhalten, weil schon geringfügige Abweichungen die harmonisierende Wirkung stark beeinträchtigen können. Am einfachsten ist es, wenn Sie sich die Form in ein Stück Holz fräsen lassen. Platzieren

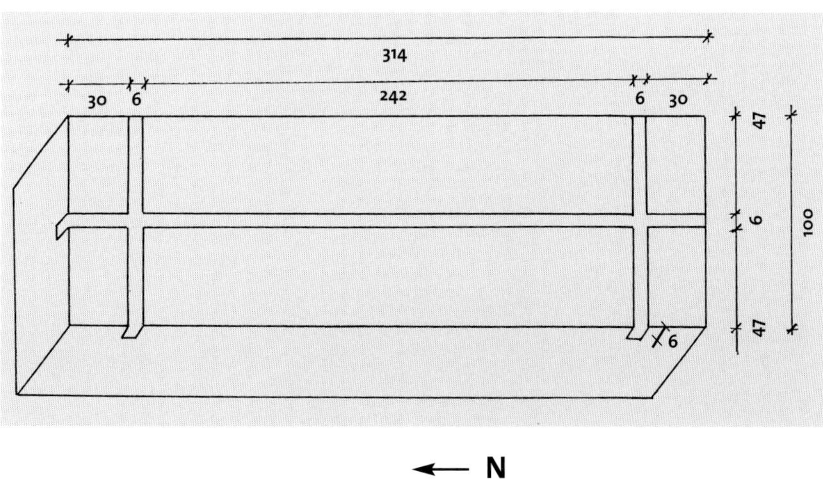


**Das Doppelkreuz muss genau in den richtigen Proportionen erstellt und seine Längsachse nach Nordsüd ausgerichtet werden.**

Sie das Doppelkreuz direkt auf der Störung und richten Sie es nach Norden aus. Prüfen Sie anschliessend die Wirkung. Es hat auch bei technischen Störungen manchmal erstaunlich viel Erleichterung verschafft.

## Pyramiden

Pyramiden wirken durch ihre vollendete Form und oft auch über das verwendete Material. Es besteht ein grosser Unterschied zwischen der Wirkung im Innern und ausserhalb einer Pyramide. Alle Pyramiden müssen nach den Himmelsrichtungen ausgerichtet werden, indem ihre Längsseiten in die verschiedenen Himmelsrichtungen zeigen, nicht die Ecken.

Das Feld im Innern von Pyramiden eignet sich, um Lebensmittel, Schmuck, Steine, Bachblüten usw. aufzuladen. Achten Sie darauf, dass Sie diese Dinge auf einer Fläche, die sich auf einem Drittel der Pyramidenhöhe befindet, anordnen. Um die geeignete Höhe zu erreichen, müssen Sie daher mit einem Stück Holz eine Art Tischchen errichten. Für diese Verwendung von Pyramiden brauchen die Seitenflächen nicht massiv zu sein. Es reicht, wenn Sie eine Pyramide verwenden, die nur aus einigen Kupferstangen besteht.

Je grösser die Pyramide und je edler das verwendete Material, desto stärker wird das Feld, das sie nach aussen aufbaut. Sie können zum Harmonisieren des Raums verwendet werden, es ist damit jedoch grosse Vorsicht angezeigt, da es sich um sehr kräftige Gebilde handelt. Pyramiden gehören sicher nie unter das Bett. Durch ihre Form bündeln sie die Energie sehr stark, was sich auf bestimmte Organe ungünstig auswirken könnte. Platzieren Sie Pyramiden so, dass sie nicht verschoben werden, und prüfen Sie unbedingt, ob das erzeugte Feld für Sie harmonisch ist.

Wir haben uns in den letzten Jahren ausserordentlich intensiv mit den Feldern von Pyramiden beschäftigt, weil wir selbst eine Pyramide zur Raum-

**Die Amanda-Energiepyramide zur Raumharmonisierung.**

harmonisierung entwickelt haben. Wir haben in dieser Zeit durch unsere Arbeit grossen Respekt vor diesem Körper gewonnen. Je fehlerhafter und unedler eine Pyramide ist, desto ungefährlicher ist sie. Sie zeigt keine grosse Wirkung und richtet auch keinen grossen Schaden an. Je hochwertiger die verwendeten Materialien jedoch sind, in unserem Fall Kupfer, Silber und Gold, umso gefährlicher kann sie werden. Jeder Fehler wirkt sich verheerend aus, weil das Gebilde viel Energie abgibt und daher den Fehler verstärkt. Auch kann durch eine Pyramide eine unerwünschte Wechselwirkung eintreten und DOR entstehen, wie wir dies im Kapitel Wirkung von Elektrosmog (Seite 161) beschrieben haben. Beim Umgang mit Pyramiden ist nicht nur grosse Sorgfalt, sondern auch viel Sachkenntnis sowie ein hohes Verantwortungsbewusstsein unerlässlich. Wir durften mit unserer Arbeit nicht ruhen, ehe wir nicht jeden Fehler, auf welcher Ebene auch immer, ausgemerzt hatten. Dies erforderte enorm viel Ausdauer in jeder Hinsicht. Wir hatten dabei keinerlei Hilfsmittel ausser den Ruten und Pendeln sowie unseren Körper, der uns mit immer neuen Symptomen auf noch vorhandene Fehler aufmerksam machte. In keinem Buch fanden wir die Antworten auf unsere Fragen, sondern mussten unsere Intuition anspornen und trainieren.

## Harmonisierung beim Bau eines Hauses

Wer in der glücklichen Lage ist, selbst ein Haus zu bauen, hat einige Möglichkeiten, bereits beim Bau harmonisierend einzugreifen. Suchen Sie sich unbedingt einen Architekten oder Bauführer, der sich mit Baubiologie auseinander gesetzt hat. Lassen Sie sich Häuser zeigen, die er bereits gebaut hat. Auf diese Weise können Sie leicht erkennen, was die Person unter Baubiologie versteht. Es reicht nicht aus, wenn dieses Wort lediglich auf der Visitenkarte steht. Prüfen Sie genau, ob seine Ansichten zu diesem Thema mit Ihren Erwartungen übereinstimmen. Seien Sie sehr kritisch und informieren Sie sich selbst ausführlich. Erteilen Sie keine Aufträge für Vorarbeiten oder Projektentwürfe, solange Sie nicht ganz sicher sind, dass der Architekt auf Ihre Wünsche eingeht und Ihre Anliegen ernst nimmt. Suchen Sie nach jemand anderem, bevor grosse Kosten entstehen und Sie in Sachzwängen stecken. Lassen Sie sich genügend Zeit für diese Vorarbeiten. Sie ersparen sich später viel Ärger und Energieaufwand, wenn Sie diese Fragen im voraus sorgfältig klären.

Wählen Sie Ihren Bauplatz sehr überlegt. Achten Sie im Besonderen auf grössere technische Anlagen in der Nähe. Gibt es Hochspannungsleitungen, Eisenbahnlinien, Sender, Fabriken, Elektrizitätswerke, riesige Gebäude usw.? Beobachten Sie die Pflanzen auf dem unbebauten Grundstück. Sind sie gesund oder kränkeln sie? Lassen Sie sich nicht damit abspeisen, dass die Bäume eben alt und ungepflegt seien. Nach allem, was Sie bis hierher erfahren haben, sollten Sie den Pflanzen grosse Beachtung schenken. Konzentrieren Sie sich auf Ihr Gefühl. Was empfinden Sie an dem Platz? Gibt es bestimmte Zweifel oder ein gewisses Unbehagen, versuchen Sie die Ursachen dafür herauszufinden. Nehmen Sie solche Bedenken ernst, und suchen Sie ein anderes Grundstück, wenn sie bestehen bleiben. Lassen Sie sich unbedingt genügend Zeit für die Grundstückssuche. Sollten Sie nicht sofort etwas Geeignetes finden, können Sie die verstreichende Zeit trotzdem nutzen, um Ihre Bedürfnisse zu klären und sich selbst fachkundig zu machen. Der Bau wird nachher umso schneller vorangehen.

Stellen Sie Ihr Haus wenn immer möglich auf die minusgepolten Linien des Global- oder Diagonalgitters. Sie erhöhen damit automatisch den Energiegehalt im Innern des Gebäudes. Vermeiden Sie eine Bodenplatte aus Beton, erstellen Sie statt dessen ein Bett aus Kalkschotter von ungefähr 10 cm Dicke oder mehr. Dies ist eine der wichtigsten Massnahmen. Es wird in der Regel nicht ganz einfach sein, Architekten oder Bauführer vom Nutzen zu überzeugen; eine gewisse Beharrlichkeit im Durchsetzen Ihrer Ideen lohnt sich aber in jedem Fall. Bedenken Sie, dass Sie selbst das Haus bewohnen werden und daher bestimmen müssen, wie es gebaut wird.

Verwenden Sie beim Bau so wenig Metall wie möglich. Richten Sie sich bei der Auswahl der Baumaterialien nach den Erkenntnissen der Baubiologie, wie wir sie schon weiter vorne beschrieben haben. Verlassen Sie sich auf Ihr natürliches Empfinden in Bezug auf Harmonie, und lassen Sie sich nicht durch moderne Ideen von Architekten verwirren. Denken Sie stets daran, dass Ihnen Ihr Haus gefallen soll und Sie sich darin wohl fühlen möchten.

Sie werden beim Bau eines etwas aussergewöhnlichen Hauses immer wieder damit konfrontiert sein, dass Ihre Wünsche mehr kosten als ein Standardbau. Sehr wahrscheinlich werden Sie um bestimmte Kompromisse nicht herumkommen. Lassen Sie sich auch für solche Fragen genügend Zeit. Sie dürfen die einzelnen Elemente nicht isoliert betrachten, sondern müssen sie miteinander in Beziehung setzen. Oft ist zwar ein biologischer Baustoff tatsächlich teurer als ein herkömmlicher, aber Sie können diese Mehrkosten durch einfachere Bauweise wieder wettmachen. Es gibt viele Möglichkeiten, Kosten zu sparen, ohne auf Qualität verzichten zu müssen. Werden Sie sich klar, welche Bedürfnisse Sie haben. Sie brauchen nicht alles, was es heute auf dem Markt gibt. Lassen Sie Überflüssiges weg und gönnen Sie sich dafür den «Luxus» eines gesunden Wohnklimas. Dies zahlt sich in Zukunft bestimmt aus.

Viele Kosten lassen sich zum Beispiel sparen, wenn Sie Ihren Garten möglichst der Natur überlassen. Verzichten Sie auf grosse Geländeverschiebungen. Lassen Sie Wege und Vorplätze unversiegelt. Pflanzen Sie einheimische Sträucher und Bäume, sehen Sie eine Naturwiese anstelle von monotonem Rasen vor. Lassen Sie auch Ihrem Garten Zeit, und beobachten Sie, welche Pflanzen sich von alleine ansiedeln. Gönnen Sie Ihren Kindern das Abenteuer einer «ungepflegten» Umgebung, in der Lebendigkeit höher bewertet wird als sterile Sauberkeit. Sie brauchen keinen Sandkasten, wenn es Erd- oder Kieshaufen gibt, wenn sich Pfützen bilden können oder kleine Rinnsale entstehen dürfen. Aus Abfällen von Brettern und Balken lassen sich herrliche Hütten errichten, die teure Spielgeräte überflüssig machen. Bedenken Sie, dass Baubiologie nicht bei der Haustüre Halt macht, sondern auch Ihre ganze Umgebung mit einbezogen werden sollte.

## Harmonisiergeräte

Auf dem Markt gibt es eine grosse Zahl von Geräten, die zur Harmonisierung von Störungen angeboten werden. Es ist hier nicht möglich, alle im Einzelnen zu besprechen. Dies ist auch nicht nötig, weil aus dem bereits Geschriebenen hervorgeht, dass sie sehr unterschiedlich aufgebaut sind und daher auch sehr Unterschiedliches leisten. Wir haben bei den etwas komplexeren Geräten viele angetroffen, die auch bei einem grossen Teil von technischen Störungen eine gute Wirkung zeigen. Ein kompliziertes Gerät ist aber keine Garantie für eine bessere Wirkung. Manchmal helfen schon Hausmittelchen. Prüfen Sie die verschiedenen Modelle, denen Sie im Laufe der Zeit begegnen werden, bis Sie dasjenige gefunden haben, das Ihnen am besten hilft.

Wir haben unsere Kenntnisse, die zu diesem Buch geführt haben, durch jahrelange, intensive Forschung erworben, haben selbst Geräte entwickelt, die unseren Bedürfnissen entsprechen und die inzwischen auch schon vielen Menschen zu helfen vermochten. Unsere langjährigen Beschwerden sind heute vollumfänglich verschwunden, und wir fühlen uns wieder kräftig und gesund.

## Wasser

Die Bedeutung des Wassers wird in unserer «zivilisierten» Welt bei weitem unterschätzt. Es ist verkommen zu einem Wasch- und Putzmittel und zu einem Beförderungsmittel für Fäkalien und Schmutz. Sonst kommt ihm keine besondere Aufmerksamkeit zu. Viele Mediziner erachten Wasser als nebensächliches Transportmittel für chemische Substanzen, die einzig und allein etwas bewirken. Sie lassen ausser Acht, dass unser Körper zu mehr als 70% aus Wasser besteht. Es ist für ihn von grösster Wichtigkeit, genügend Wasser zu erhalten, sonst vertrocknet er, und eine Vielzahl von Krankheiten sind die Folge.
Durch Industrie und Werbung wurde Wasser zu einer langweiligen, faden Flüssigkeit degradiert. Uns wird suggeriert, dass sie mit Süssstoffen, künstlichen Aromen und Kohlensäure verfeinert werden müsse. Manche Menschen decken ihren Bedarf an Wasser ausschliesslich mit Limonaden, Kaffee, Tee oder Alkohol. Doch in dieser Form kann der Körper das Wasser sehr schlecht nutzen. Er wird durch die vielen Chemikalien irritiert und in seinen Funktionen fehlgeleitet. Obwohl ihm genügend Flüssigkeit zugeführt wird, leidet er an Wassermangel. Sehr viele Zivilisationskrankheiten lassen sich durch die Einnahme von genügend Wasser lindern, wenn nicht sogar heilen. Doch stellt sich auch die Frage, was für Wasser man trinken soll.

**Wasseraufbereitung**
Unser Trinkwasser unterliegt strengen gesetzlichen Richtlinien, welche die Wasserqualität definieren. Es darf gewisse Grenzwerte bei bestimmten Bakterienarten (z. B. Kolibakterien und aeroben Keimen) und bei Schadstoffen wie Nitrat oder Schwermetallen nicht überschreiten. Trinkwasser muss periodisch kontrolliert werden. Entspricht es den gesetzlichen Normen nicht, das heisst, werden höhere Bakterienzahlen festgestellt, als die Vorschrift zulässt, müssen auf behördliche Anweisung Massnahmen getroffen werden, die sicherstellen, dass das Wasser zu jedem Zeitpunkt den Richtlinien entspricht. Die gebräuchlichsten Methoden dazu sind in der Schweiz die Bestrahlung mit ultraviolettem Licht oder das Beimischen von Chemikalien wie Chlor oder Ozon. Verunreinigungen werden mit sehr feinporigen Filtern entfernt. Bestrahlung, Chlor und Ozon bezwecken das Abtöten sämtlicher Bakterien und Mikroorganismen im Wasser. Diese Methoden werden allgemein Wasseraufbereitung genannt. Es gibt in stärker bewohnten Gebieten kaum Wasser, das nicht aufbereitet wurde, das heisst, wir finden praktisch kein naturbelassenes Wasser mehr. Moderne Trinkwasserversorgungen erinnern in ihrer sterilen Sauberkeit an Kliniken. Die unspezifische Jagd auf alle Keime ist hier dieselbe.
Das «klinisch reine» Trinkwasser verursacht vor allem in der Sanitärbranche grosse Probleme: Das Wasser wird immer aggressiver und zerfrisst die Leitungen. An manchen Orten müssen daher Chromstahlrohre verlegt werden, damit die Leitungen einige Jahre halten. Auch scheidet dieses Wasser übermässig viel Kalk aus, der ausserordentlich hart wird. Das Kalkproblem ist in letzter Zeit so enorm geworden, dass Entkalkungsgeräte aller Art boomen. Dies müsste eigentlich nachdenklich stimmen. Weiter ist zu beobachten, dass auch in Brunnen, die von reinem Trinkwasser gespeist werden,

immer häufiger Algen wuchern. Würden diese nicht wöchentlich gefegt, sähen viele Tröge äusserst unappetitlich aus.
Solche Massnahmen täuschen leicht darüber hinweg, dass etwas mit dem Wasser nicht mehr stimmt. Offensichtlich reicht es für eine hohe Wasserqualität nicht aus, lediglich Verunreinigungen und Bakterien zu entfernen. Wasser ist viel mehr als eine chemische Formel. Es ist ein Lebenselement, das für alle Wesen auf dem Planeten von grösster Wichtigkeit ist. Wenn das Wasser krank ist, werden auch alle Bewohner der Erde darunter leiden.
Wasser ist eine Substanz, die sehr leicht Informationen speichern und leiten kann. Das Wasser besitzt also in gewisser Weise ein Gedächtnis, ähnlich wie auch Quarz, Glas oder Plastik. Dies trifft sowohl auf materielle als auch auf feinstoffliche Schwingungen zu. Materielle Schwingungen lassen sich mit Spektrographen nachweisen, feinstoffliche bis jetzt nur mit Rute und Pendel. Solche Informationen werden durch die Wasseraufbereitung weder beseitigt noch gelöscht. Dies bedeutet zum Beispiel, dass die Information eines Giftes im Wasser erhalten bleibt, auch wenn es materiell nicht mehr nachweisbar ist. Es wirkt in homöopathischer Form. Diese falschen Schwingungen können im Körper zu ähnlichen Fehlfunktionen führen wie materielle Stoffe. Der Unterschied besteht darin, dass keine materielle Ursache erkannt werden kann.
Es gibt aber auch viele materielle Bestandteile, die durch die Wasseraufbereitung nicht genügend entfernt werden. Wir möchten hier nur an die Problematik durch den übermässigen Gebrauch von Hormonen, sowohl bei der Kinderverhütung als auch bei der Tiermast, erinnern. Hormone gelangen durch die Abwässer und deren Aufbereitung ins Trinkwasser, was nicht nur bei Tieren zu erhöhter Unfruchtbarkeit führt.
Durch die Bestrahlung verliert das Wasser seine Vitalität, das heisst den grössten Teil seiner pulsierenden Magnetkräfte. Auch der hohe Druck, dem das Trinkwasser in den Leitungsrohren ausgesetzt wird, und die gerade Bewegung, die ihm aufgezwungen wird, lassen es erlahmen. Es wird kraftlos und schmeckt schlecht. Kein Wunder also, wenn es niemand trinken mag. Seine feinstofflichen Eigenschaften werden stark verändert. Bestrahltes Wasser ist linksdrehend und negativ geladen, meist auch negativ gepolt. Solches Wasser entzieht dem Körper Energie, anstatt ihm solche zuzuführen. Er ist nicht in der Lage, das Wasser aufzunehmen und zu nutzen, weil es die Zellwände ungenügend zu durchdringen vermag. Oftmals dürsten die Zellen, obwohl dem Körper genügend Flüssigkeit zugeführt wird.

**Wasserbelebung**

Wasserbelebung hat mit wissenschaftlicher Wasseraufbereitung wenig gemeinsam. Der Blickwinkel, unter welchem Wasserqualität betrachtet und definiert wird, unterscheidet sich grundsätzlich vom naturwissenschaftlichen, denn für die feinstofflichen Qualitäten gibt es in der Wissenschaft keine Entsprechung.
Es gibt unterschiedliche Methoden und Systeme zur Wasserbelebung von unterschiedlicher Qualität. Meistens werden harmonische Schwingungen auf einer Trägersubstanz (Quarz, Wasser, Metallfolie usw.) verankert. Diese arbeitet wie eine Tonbandkassette oder Diskette, die ihre Eigenschaften und Informationen auf das Wasser überträgt, ohne sich dabei zu verbrauchen. Sie können jedoch durch technisch erzeugte Schwingungen und Felder gelöscht und somit wirkungslos werden, ähnlich wie Tonbandkassetten auch. Andere Methoden arbeiten mittels harmonischer Formen und hochwertiger Materialien (Gold, Kristalle, Symbole, Proportionen usw.). Sie können nicht gelöscht werden. Es besteht

höchstens die Möglichkeit, dass die technischen Schwingungen stärker sind, wodurch auch solche Geräte an bestimmten Orten keine Wirkung zeigen. Wasserbelebungsmethoden beheben die energetischen Ursachen der schlechten Wasserqualität, indem sie dem Wasser seine Vitalität zurückgeben. Die meisten erhöhen die magnetischen Kräfte des Wassers, wodurch es mehr sprudelt, perlt und eine erhöhte Oberflächenspannung gewinnt. Das Wasser wird rechtsdrehend und erhält eine positive Ladung, im Idealfall werden Ladung und Polarität ausgeglichen. Belebtes Wasser schmeckt wesentlich besser und fühlt sich samtiger an als gewöhnliches Hahnenwasser. Eine gute Wasserbelebung verleiht dem Wasser dieselben Energieeigenschaften, die frisches Quellwasser auszeichnen. Daher verzichten viele Anwenderinnen und Anwender von Wasserbelebungssystemen auf Mineral- oder Sprudelwasser. Da unser Körper zum grössten Teil aus Flüssigkeit besteht, übertragen sich die positiven Eigenschaften von belebtem Wasser sehr einfach auch darauf, wodurch er viel mehr Energie erhält. Die Körperflüssigkeit übernimmt dieselben energetischen Eigenschaften. Der Körper kann belebtes Wasser einfach aufnehmen und nutzen. Dadurch unterstützt es alle Heilungsprozesse. Belebtes Wasser besitzt viel mehr Energie als normales Trinkwasser. Prüfen Sie dies mit der Bovisskala oder Ihrer persönlichen Skala, die wir weiter vorne vorgestellt haben (Seite 100, 102).

Durch die Wasserbelebung werden feinstoffliche Schwingungen gelöscht. Dies ist eine wesentliche Voraussetzung, um Wasser als Heilmittel einsetzen zu können. Aus diesem Grund empfiehlt zum Beispiel die ayurvedische Medizin, das Wasser nur abgekocht zu trinken. Durch genügend langes Abkochen lassen sich störende Schwingungen nämlich ebenfalls löschen.

Der Wert des Wassers wird von der Medizin fast gänzlich verkannt. Wir sind der Meinung, dass viele Medikamente vollständig überflüssig werden, wenn genügend hochwertiges Wasser getrunken wird. Verdauung, Ausscheidung, Stoffwechsel, Gelenkschmerzen, Übergewicht, Hautprobleme können durch gesundes Wasser reguliert werden. Es gibt auch in diesem Bereich noch viel zu erforschen. Wir erachten belebtes Wasser als Grundvoraussetzung für den Erhalt der Gesundheit.

Durch die Energie von belebtem Wasser verändert sich die Struktur des Kalkes. Er setzt sich weniger fest und wird weniger hart. Dies ist die einfachste Möglichkeit, um die Wirkung einer Wasserbelebung zu erfahren und zu erkennen, dass sie nicht bloss auf Einbildung beruht. Es ist nicht nötig, den Kalk mit Filtern aus dem Trinkwasser zu entfernen. Da er in gelöster Form auftritt, kann der Körper so viel davon aus dem Wasser aufnehmen, wie er braucht. Der Rest verlässt den Körper über die Ausscheidung. Belebtes Trinkwasser ist ein wichtiger Lieferant für Spurenelemente und Mineralien.

Sollte Ihr Trinkwasser materiell stark belastet sein, so empfiehlt sich dennoch, einen Filter einzubauen. Eine gute Wasserbelebung vermag zwar viele Stoffe in ihrer Wirkung unschädlich zu machen, doch hat alles seine Grenzen. Übersteigt die Verschmutzung ein bestimmtes Mass, so kann sie mit rein energetischen Mitteln nicht genügend behoben werden.

Sie können Ihre Gesundheit erhalten oder wieder erlangen, wenn Sie täglich etwa zwei bis drei Liter reines, belebtes Wasser trinken. Nehmen Sie einen halben Liter Wasser etwa ein halbe Stunde vor jedem Essen zu sich, und trinken Sie auch während des Tages immer wieder Wasser. Sollten Sie bereits an Nierenproblemen leiden, erhöhen Sie den Wasserkonsum nur langsam. Kontrollieren Sie die Farbe und die Menge des Urins. Ist er sehr dunkel, liegt eine Nierenschädigung vor. Lassen Sie sich unbedingt von einer Heilpraktikerin oder einem Arzt beraten. Stellen Sie sicher, dass der Körper gleich viel Urin ausscheidet, wie Sie ihm Wasser zuführen, sonst besteht die Gefahr, dass es sich an einem falschen Ort, zum Beispiel in der Lunge, ansammelt. Die meisten Menschen können jedoch ohne jedes Risiko Wasser trinken und daraus neue Lebenskraft schöpfen.

Sollte Ihr Körper bereits stark übersäuert sein, empfiehlt es sich, zusätzlich zum belebten Wasser mit basischen Salzen, Mineralien und eventuell Kräutertees eine Entschlackungskur zu machen. Dadurch lässt sich die Zeit der Entgiftung verkürzen und die Wirkung verbessern.

Sorgen Sie dafür, dass Ihr Körper genügend Bewegung an der frischen Luft erhält. Gönnen Sie sich täglich einen ausgedehnten Spaziergang. Auch ausreichend Bewegung und Sauerstoff gehören zu den Voraussetzungen, um die Zellwände elastisch und dadurch durchlässig zu erhalten.

Wir haben vorher erwähnt, dass die materielle Wasseraufbereitung das Abtöten sämtlicher Bakterien bezweckt. Dabei liegt der Blickwinkel auf den Bakterien, die als unsere Feinde betrachtet werden. Wie in einem Krieg wird ihre vollständige Vernichtung angestrebt, im Glauben, dass danach alle Probleme der schlechten Wasserqualität behoben seien. Die Idee der Wasserbelebung geht davon aus, dass im Wasser ein Mangel vorliegen muss, wenn sich Bakterien darin übermässig vermehren können, leben sie doch sonst in einem ganz anderen Umfeld. Bakterien sind die Folge und nicht die Ursache der schlechten Wasserqualität. Deshalb studiert man das «Milieu», in dem Bakterien gedeihen. Verändert man dieses Milieu, dann verschwinden auch die Bakterien, weil ihnen die Lebensgrundlage entzogen wird. Durch Wasserbelebung ist es daher möglich, gutes Trink- und Badewasser zu erzielen, ohne dass Bakterien bekämpft werden müssen. In belebtem Wasser können sie einfach sehr schlecht leben.

Ähnliches gilt für viele Arten von Algen, die in Teichen und Weihern übermässig wuchern. Auch hier wird das Milieu derart verändert, dass sie sich nicht mehr ausbreiten können, ohne dass dadurch das natürliche Gleichgewicht gestört würde. Es ist daher kein «Wunder», wenn Gewässer mit höchst einfachen Mitteln gesunden, sondern es ist die konsequente Anwendung feinstofflicher Gesetzmässigkeiten.

Belebtes Wasser besitzt erhöhte Selbstreinigungskräfte. Es kann mehr Sauerstoff binden. Indem es mehr sprudelt und perlt, baut es Schadstoffe leichter ab. Sie geben mit belebtem Wasser daher auch dem Planeten eine erhöhte Chance, sich selbst zu heilen.

Genauso wie die Menschen profitieren Tiere und Pflanzen von belebtem Wasser. Auch viele von ihnen leiden unter Wassermangel, obwohl sie materiell gesehen genügend davon erhalten. Tiere und Pflanzen werden weniger krank und gedeihen üppiger dank belebtem Wasser.

Wasser gehört zu den Lebensgrundlagen auf unserem Planeten. Wollen wir ihn für uns, aber auch für alle Tiere und Pflanzen lebenswert erhalten, müssen wir unbedingt mehr Sorge zum Wasser tragen. Wasserbelebung ist eine äusserst wirkungsvolle Möglichkeit, dies zu tun.

# Ausblick

Sich mit Erdstrahlung und Elektrosmog zu beschäftigen, kann zuweilen deprimierend wirken. Gerade wenn man feinstoffliche Aspekte in die Betrachtung mit einbezieht, erkennt man ein sehr düsteres Bild. Die Lage ist viel ernster, als der Grossteil der Bevölkerung wahrhaben will. Die Auswirkungen unseres unbekümmerten Umgangs mit technisch erzeugten Schwingungen sind gravierender, als man es sich eingestehen möchte. Angesichts solcher Tatsachen stellt sich die Frage: Was können wir dagegen tun?

Es nützt sicher nichts, in Pessimismus zu erstarren. Die Absicht dieses Buchs besteht darin, dass Sie neue Fähigkeiten entdecken, die Sie zur Lösung von anstehenden Problemen nutzen können. Die Situation ist so bedrohlich, dass wir nicht länger darauf warten können, bis uns Fachleute oder Experten irgendwann vielleicht Hilfe bringen. Jede und jeder ist gefragt, jetzt einen Beitrag zu leisten, jede und jeder ist auch fähig dazu. Wo auch immer Sie im Leben stehen mögen, Sie können heute mit einer Änderung beginnen, Sie können heute etwas bewirken. Glauben Sie nicht, dies sei sowieso sinnlos. Denken Sie daran, dass viele Tropfen ein Fass füllen, aber nur einer bringt es zum Überlaufen! Es macht einen Unterschied, was Sie tun. Vielleicht sind gerade Sie es, der oder die eine Veränderung bewirken kann. Versuchen Sie es wenigstens!

Wir sind der Meinung, dass alle Menschen mit einer ganz bestimmten Lebensaufgabe auf die Erde kommen. Leider versuchen die wenigsten, sich an diese Aufgabe zu erinnern und sie dann auch zu erfüllen. Eine Lebensaufgabe bedeutet nicht, dass Sie allein die Welt aus den Angeln heben müssen. Sie würden nach kurzer Zeit völlig überfordert aufgeben. Versuchen Sie winzige Schritte, die realisierbar sind. Beginnen Sie in Ihrem Alltag mit kleinen Dingen, die Ihnen leicht fallen. Ändern Sie Gewohnheiten wie zum Beispiel bei den Wasch- und Putzmitteln. Es bedeutet nur einen winzig kleinen Schritt, Produkte zu kaufen, die keine problematischen Zusatzstoffe enthalten. Trotzdem kann schon dieser eine Schritt die Welt verändern, wenn viele ihn tun.

Seien Sie mutig. Wagen Sie es, eine eigene Meinung zu haben. Stehen Sie zu Ihrer Überzeugung. Verstecken Sie sich nicht länger aus Angst, denn dadurch ändert sich nichts. Haben Sie Vertrauen in Ihre Erkenntnisse und lassen Sie andere davon profitieren.

Setzen Sie Ihre neu erworbenen Kenntnisse in Ihrem Alltag zu Ihrem Nutzen und zum Nutzen aller ein. Versuchen Sie mit den Werkzeugen Rute und Pendel von Ihrem Unterbewusstsein neue, unerwartete Ideen zu empfangen. Wagen Sie, eine solche Idee ein wenig zu verfolgen, bevor Sie entscheiden, ob es bloss Fantasie ist oder ob sie zu einer unkonventionellen Lösung führt. Lernen Sie Ihrer Intuition vertrauen, doch bleiben Sie trotzdem immer kritisch.

Wenn wir in diesem Buch immer wieder von Harmonie gesprochen haben, so meinen wir damit nicht Bequemlichkeit. Die Suche nach Harmonie ist meistens anstrengend und unbequem. Sie werden überall auf Widerstand stossen. Die meisten Menschen sträuben sich gegen Veränderungen. Sie möchten lieber in einer bekannten Situation verharren, auch wenn sie sehr unangenehm ist, als dass sie etwas Neues ausprobieren. Sich auf die Suche nach Harmonie zu begeben und etwas dafür tun zu wollen, bedeutet daher zuerst einmal Widerspruch, manchmal gar Kampf. Es ist nicht einfach, aber dringend notwendig. Erwarten Sie keine Anerkennung, Sie werden zunächst Kritik ernten. Beharrlichkeit und Ausdauer werden nötig sein, damit Sie sich nicht entmutigen lassen.

Daher noch einmal: Beginnen Sie mit kleinen und einfachen Veränderungen in Ihrem persönlichen Alltag. Vergessen Sie nicht, dass auch Sie selbst sich zu Beginn sträuben und erst langsam wachsen müssen. Seien Sie geduldig, auch mit sich selbst. Sollten Sie im Besitz eines Gartens sein, lohnt es sich zum Beispiel, diesen mit viel Liebe zu pflegen. Dies verändert die Welt! Überdenken Sie alle Ihre Gewohnheiten. Betrachten Sie Ihre Pflanzen als lebendige Wesen, denen Sie mit Respekt begegnen. Versuchen Sie zu fühlen, was diese brauchen. Benützen Sie Rute und Pendel, um die Ursachen für Krankheiten zu ergründen, bevor Sie zur Giftspritze greifen. Hinterfragen Sie alle lieb gewonnenen Rituale, die Sie im Garten verrichten, «weil man dies so tut». Könnte man vieles nicht auch anders machen, ohne dass sich der Ertrag vermindert? Braucht es so viel Dünger, müssen Pflanzen wirklich stets geschnitten werden? Wirken Wildpflanzen, die in Ihren Beeten wachsen, tatsächlich «unordentlich» und müssen sofort gejätet werden? Beobachten Sie mehr und lenken Sie weniger. Sie werden erkennen, dass schon ein Quadratmeter Boden ausreicht, um Ihr ganzes Weltbild zu hinterfragen und zu verändern. Zur Not reichen auch ein paar Blumenkästen.

Versuchen Sie in Ihrem Alltag etwas bewusster zu leben. Überdenken Sie ab und zu, welche Folgen Ihre Handlungen haben, ohne sich deswegen zu lähmen. Welche Musik hören Sie? Welche Programme schauen Sie sich an? Möchten Sie nicht mal statt dessen einen Abendspaziergang unternehmen? Welche Geräte verwenden Sie? Was essen Sie?

Nachdem Sie Ihre Gewohnheiten langsam verändert haben und in eine neue Sichtweise der Dinge hineingewachsen sind, eröffnen sich Ihnen wie von allein neue Möglichkeiten, Grösseres zu tun. Vielleicht schliessen Sie sich einer Bürgerinitiative an, die neue Sendeanlagen zu verhindern versucht. Oder Sie schreiben Zeitungsartikel über Elektrosmog. Oder Sie erfinden neue Geräte, die keine schädlichen Felder erzeugen. Oder Sie entwickeln sonst etwas «Unmögliches». Solche Aufgaben kann man nicht suchen, man findet sie im Laufe der Zeit. Sie treten an einen heran. Wenn man reif dazu ist, wird man sie lösen, mögen sie noch so herausfordernd sein. Rute und Pendel sind Werkzeuge, um versteckte Störquellen aufzuspüren. Sie helfen Ihnen, auf einfache Weise Lösungen für sich selbst zu finden. Sie dienen Ihnen aber auch dazu, unkonventionelle Hilfsmittel zu erfinden.

Wenn wir in diesem Buch auf die feinstofflichen Hintergründe unserer Technik hinweisen, wollen wir Sie nicht mit Schreckensvisionen lähmen. Vielmehr sind wir der Ansicht, dass man Probleme kennen muss, um sie überhaupt lösen zu können. Es nützt nichts, den Kopf in den Sand zu stecken in der Hoffnung, die Wirklichkeit hole einen nicht ein.

Die Kenntnis von feinstofflichen Dimensionen befähigt, mit sehr einfachen Mitteln Lösungen für grosse Probleme zu finden. Die Lage ist keineswegs aussichtslos. Wenn geomantische Zonen zu Trägern für chaotische Schwingungen werden können, ist auch das Gegenteil der Fall. Mit genügender Sachkenntnis können sie auch zum Verstärker von ausgewogenen Schwingungen werden. Sie können lernen, selbst harmonische Schwingungen zu erzeugen, die wohltuende Eigenschaften verbreiten und dadurch in einem weiteren Umfeld positiv wirken. Wenn viele Menschen dies versuchen, ist die Lage keineswegs aussichtslos.

Wir hoffen, dass es uns mit diesem Buch gelungen ist, Ihnen den Umgang mit den nützlichen Werkzeugen Rute und Pendel zu zeigen und Sie zu ermuntern, damit eigene Erfahrungen zu sammeln. Dadurch möchten wir einen Beitrag leisten, damit es dem Planeten Erde und all seinen Bewohnern bald ein wenig besser geht.

## Amanda Energieprodukte

Wir haben selbst Geräte zur Raumharmonisierung und zur Wasserbelebung entwickelt, die wir unter dem Markennamen Amanda Energieprodukte anbieten. Die verschiedenen Geräte zur Raumharmonisierung vermögen die schädlichen Einflüsse in einer Wohnung oder in einem ganzen Einfamilienhaus zu neutralisieren. Die Produkte zur Wasserbelebung erhöhen die Qualität des Trink- und Brauchwassers in Ihrer Wohnung oder Ihrem Einfamilienhaus.

Nähere Informationen erhalten Sie bei:
Amanda Energieprodukte, E. Tschopp, Betpurstrasse 23, CH-8910 Affoltern a. A.
Tel./Fax ++41/(0)1/761 33 77
Internet: www.amanda-energie.ch

## Literaturhinweise


### Rutengehen und Pendeln

Bachler Käthe: Erfahrungen einer Rutengängerin, München 1994

Hartmann Ernst: Krankheit als Standortproblem, 2 Bände, Heidelberg, 5. Aufl., 1986

Hürlimann Gertrud: Pendeln ist erlernbar, Zürich/St. Gallen 1988

Pohl Gustav Freiherr von: Erdstrahlen als Krankheits- und Krebserreger, Feucht 1983 (Nachdruck von 1932)

Purner Jörg: Radiästhesie – Ein Weg zum Licht? Zürich/Chur 1988

Stangl Anton: Pendeln. Grundlegung, Persönlichkeit, Gesundheit, Lebensalltag, Geopathie. Düsseldorf, 2. Aufl., 1988

van Tuil G. J. F. und van Heerde E. R. A.: Wünschelruten-Gehen. Anwendung in der Praxis, München 1988

### Zeitschriften zum Rutengehen

Forschungskreis für Geobiologie: Wetter – Boden – Mensch. Zeitschrift für Geobiologie, D-69429 Waldbrunn-WK. Erscheint vierteljährlich.

Schweizerische Zeitschrift für Radiästhesie, Geopathie, Strahlenbiologie (RGS), St. Gallen. Erscheint vierteljährlich.

Verein Radiästhesie und Geobiologie Luzern VRGL, Burgacher 6, CH-6207 Nottwil: Radiästhesie + Geobiologie. Erscheint zweimal jährlich.

### Geomantie

Jauch Kurt: Kosmisches Mass und Heiligtum. Kultgeometrie und ätherische Kräfte, Schaffhausen 1996.

Mettler Matthias L.: Atmosphärische Reizstreifen. Das Mass-System antiker Völker, Zürich 1986

Pogačnik Marko: Elementarwesen. Die Gefühlsebene der Erde, München 1995

Pogačnik Marko: Schule der Geomantie, München 1996

Pogačnik Marko: Wege der Erdheilung, München 1997

Schule für Geomantie: Hagia Chora, Moltkestrasse 12, D-84453 Mühldorf

### Baubiologie

Day Christopher: Bauen für die Seele. Architektur im Einklang mit Mensch und Natur, Staufen bei Freiburg 1996

Schillberg Klaus und Knieriemen Heinz: Naturbaustoff Lehm. Moderne Lehmbautechniken in der Praxis – Bauen und sanieren mit Naturmaterialien, Aarau, 2. Aufl., 1996

Stahel Hans Peter: Baukunst und Gesundheit, Aarau 1995

Stewen Raimund: Biologisch renovieren. Handbuch der praktischen Baubiologie, Köln 1987

Ziesemann Gerd, Krampfer Martin, Knieriemen Heinz: Natürliche Farben. Anstriche und Verputze selber herstellen, Aarau 1996

### Elektrosmog

Becker Robert O.: Der Funke des Lebens, Bern 1991

Fritsch Manfred: Ein Leben unter Spannung, München 1994

Fritsch Manfred: Gefahrenherd Mikrowellen, München 1994

Köhnlechner Manfred: Man stirbt nicht im August. Gesicherte Gesundheit, München/Zürich 1976

König Herbert L.: Unsichtbare Umwelt. Wetterfühligkeit, Feldkräfte, Wünschelruteneffekt, München 1977

Maes Wolfgang: Wohngifte, Elektrosmog, Pilze. Praktische Baubiologie für Arzt und Patient, Heidelberg/Schaffhausen 1997

Maes Wolfgang: Stress durch Strom und Strahlung, Neubeuern 1998

**Wasser**

Alexandersson Olof: Lebendes Wasser. Über Viktor Schauberger und eine neue Technik, um unsere Umwelt zu retten, Steyr, 3. Aufl., 1994

Batmangheldij Faridun: Wasser – die gesunde Lösung. Ein Umlernbuch, Freiburg i. B., 4. Aufl., 1997

Bragg Paul C. und Bragg Patricia: Wasser – das grösste Gesundheitsgeheimnis. Die Wahrheit über Wasser, Ritterhude 1987

Hacheney Friedrich: Levitiertes Wasser in Forschung und Anwendung, Andechs 1992

Honauer Urs: Wasser – die geheimnisvolle Energie für Gesundheit und Wohlbefinden, München 1998

Will Reinhold D.: Geheimnis Wasser. Von heilenden und krankmachenden Wässern, München 1993

**Pflanzen und Kristalle**

Das grosse Lexikon der Heilsteine, Düfte und Kräuter, Neu-Ulm, 4. Aufl., 1996

Holzer Hans: Das Seelenleben der Pflanzen. Verblüffende Experimente, München 1980

Maclean Dorothy: Du kannst mit Engeln sprechen, Grafing 1988

Paungger Johanna und Poppe Thomas: Vom richtigen Zeitpunkt. Die Anwendung des Mondkalenders im täglichen Leben, München, 2. Aufl., 1996

Tompkins Peter und Bird Christopher: Das geheime Leben der Pflanzen. Pflanzen als Lebewesen mit Charakter und Seele und ihre Reaktionen in den physischen und emotionalen Beziehungen zum Menschen, Frankfurt am Main 1977

Tompkins Peter und Bird Christopher: Die Geheimnisse der guten Erde. Neue und wiederentdeckte natürliche Methoden, mit denen wir verhindern können, dass der Mutterboden noch weiter zerstört wird, Bern 1991

Tompkins Peter: Das geheime Leben der Natur. In Harmonie leben mit der verborgenen Welt von Elfen und Feen bis zu den Quanten und Quarks, Bern, München, Wien 1998

**Krankheit/Gesundheit**

Dethlefsen Thorwald und Dahlke Rüdiger: Krankheit als Weg. Deutung und Be-deutung der Krankheitsbilder, München, 6. Aufl., 1983

Arnoul Franz: Der Schlüssel des Lebens. Heilung durch die biologische Therapie nach Professor Dr. Enderlein, St. Goar 1996

**Medialität und Schutz**

Harbour Dorothy: Achtung, Energievampire! Das Praxisbuch für den psychischen Selbstschutz, München, 2. Aufl., 1999

Röthlisberger Linda: Der sinnliche Draht zur geistigen Welt. Ein Lehrbuch zur Entfaltung der medialen Anlagen und der eigenen Persönlichkeit, Freiburg i. B., 2. Aufl., 1996

**Pyramiden**

Liekens Paul: Die Geheimnisse der Pyramiden-Energie. Mit vielen Anwendungsbeispielen und Erfahrungsberichten, Windpferd Verlag, 2. Aufl., 1989

**Biophotonen**

Bischof Marco: Biophotonen. Das Licht in unseren Zellen, Frankfurt 1995

**Forscher**

Ferzak Franz: Karl Freiherr von Reichenbach (1788–1869), München 1987

Ferzak Franz: Wilhelm Reich, Neuhinzenhausen 1991

Ferzak Franz: Nikola Tesla (1856–1943), Neuhinzenhausen 1993

Reich Wilhelm: Orop Wüste, Verlag 2001, Frankfurt/Main 1995
Reich Wilhelm: Die Bionexperimente. Verlag 2001, Frankfurt/Main 1995
Reich Wilhelm: Das Oranur-Experiment, 2 Bände, Verlag 2001, 1997
Reich Wilhelm: Die kosmische Überlagerung, Verlag 2001, 1997

David Pearson
**Das natürliche Haus**
Gesund, harmonisch und ökologisch bauen, gestalten und wohnen
304 Seiten, durchgehend farbig illustriert

Das umfassende Grundlagenbuch und Nachschlagewerk zu allen Bereichen des natürlichen und ökologischen Bauens und Wohnens: von der Platzierung und Ausrichtung eines Baus über die verschiedenen ökologisch sinnvollen und energiesparenden Systeme bis zur Wahl der Materialien. Für Hauskäufer und -besitzerinnen, Heimwerker, Architekten und Innenarchitektinnen.

Klaus Schillberg
**Altbausanierung mit Naturbaustoffen**
264 Seiten, zahlreiche Farb- und Schwarzweissabbildungen, Illustrationen und Tabellen

Angesichts der schädlichen Auswirkungen von Wohngiften und Elektrosmog sowie zunehmender Bauschäden gewinnen natürliche Baustoffe und Bautechniken wieder an Bedeutung. Dieses Praxisbuch für Fachleute und Selbstbauer behandelt alle Fragen der Altbausanierung mit baubiologischen Mitteln.

Klaus Schillberg, Heinz Knieriemen
**Naturbaustoff Lehm**
Moderne Lehmbautechniken in der Praxis – Bauen und sanieren mit Naturmaterialien

196 Seiten, zahlreiche Farb- und Schwarzweissabbildungen
Lehm ist ein jahrtausendealter ökologisch und ökonomisch sinnvoller Naturbaustoff. An zahlreichen Beispielen werden moderne Lehmbautechniken für den Hausbau in allen Details erläutert und Altbau- sowie Fachwerksanierungen vorgestellt. Ein umfassendes Praxisbuch für Selbstbauer, Handwerker und Architekten.

Gerd Ziesemann, Martin Krampfer, Heinz Knieriemen
**Natürliche Farben**
Anstriche und Verputze selber herstellen
144 Seiten, zahlreiche Farb- und Schwarzweissabbildungen

Die heute gebräuchlichen Anstriche und Verputze schaden oft der Gesundheit und der Umwelt. Das Buch bietet eine reiche Sammlung alterprobter und neubewährter Rezepte für natürliche Alternativen. Es erklärt die Herstellung und Anwendung natürlicher Anstriche und zeigt anhand vieler Beispiele das bauphysikalische Zusammenspiel. Mit zahlreichen Tabellen und ausführlicher Rohstoffliste.

Adrian Fisher, Howard Loxton

**Geheimnis des Labyrinths**

Ein interaktiver Führer zu den faszinierendsten Labyrinthen der Welt

96 Seiten, durchgehend farbig illustriert

Eine Entdeckungsreise in die Zauberwelt des Labyrinths, von seinen mythischen Ursprüngen im Altertum bis zu faszinierenden modernen Neuschöpfungen. Ein Buch für die ganze Familie – zum Entdecken, Erleben, Spielen und Meditieren.

Paul Devereux

**Das Gedächtnis der Erde**

Die Erdmysterien und die Entschlüsselung der Rätsel heiliger Kultstätten der Menschheit

384 Seiten, zahlreiche Schwarzweissabbildungen

Unsere Ahnen lebten noch in enger Verbindung mit den Kräften der Erde. Ein Zugang zu diesem alten Wissen sind ihre Kultstätten. Dieses Grundlagenwerk der Geomantie wandelt unseren Blick auf heilige Landschaften und die prähistorischen Kultstätten und entschlüsselt die Geheimnisse, die sie uns vermitteln wollen.

Werner Anderhub/Hans Peter Roth

**Das Geheimnis der Kornkreise**

144 Seiten, über 120 Farb- und zahlreiche Schwarzweissabbildungen

Sommer für Sommer tauchen weltweit urplötzlich und scheinbar aus dem Nichts Kornkreise auf. Bis heute sind Entstehung, Geschichte und Sinn der rätselhaften Zeichen noch wenig erforscht. Das Buch zeigt die schönsten Beispiele von Kornkreisen, zeichnet ihre Geschichte nach und beschreibt die verschiedenen Erklärungs- und Deutungsversuche.

AT Verlag
Bahnhofstrasse 39–43
CH-5001 Aarau
Telefon ++41-(0)62-836 62 46
Fax ++41-(0)62-836 66 67
E-mail: info.buchverlag@azag.ch
Internet: www.at-verlag.ch